永嘉文史资料

资料

第三十六辑

永嘉县政协文化文史和学习委员会 编

中国文史出版社

目录

我的南戏与

文史研究

徐顺平口述

林倩倩整理

家庭出身与求学经历

1936 年 11 月 24 日（古历十月十一日），我出生于浙江省永嘉县沙头区花坦乡垟下村。初名徐泽民，后改名徐顺平。虚龄五岁时祖父去世，六岁父亲病故，靠母亲守寡将我抚养长大。1941 年上小学读书，因为家中没有劳动力，我从八九岁开始就一边砍柴务农一边读书。

我的家乡是共产党东港区委活动的主要据点，母亲早年参加党的地下活动，经常有被捕的危险。一度党组织将她安排到温州某处隐蔽起来。为了保密，母亲去的时间和地址都没有告诉我。我见母亲久不归来，在家孤苦伶仃，日夜想念。

当时我也参加了党的一些地下活动，经常为游击队同志引路、送信等，还替区委保存《工农先锋》等内部报刊。

母亲有一次为躲避国民党浙保四团的追捕，在一个风雨交加的日子里跌断了腿，送到下箬溪村外婆家里去接骨养伤。暑天炎热，骨又接不牢，半年后还不能行走，母亲怕自己日后拖累子女，准备上吊自杀。我呼天抢地，跪求母亲不要这样才作罢。那一段时间我母亲受尽了苦难，我也吃了不少苦头。

母亲小时候上过学，对民间曲艺、戏曲很爱好，小时候常给我讲故事。我有个表兄滕朝楚是个小学教员，家里藏有很多通俗小说，也常给我讲故事，我耳濡目染，从小就爱好文艺。

1949 年春，家乡解放了，我积极参加演剧宣传活动。这个由我们学生组成的剧团，在各村巡回演出。因为我在演出时的扮相、台步、歌唱颇受称赞，祖母、母亲都感到非常高兴。我当时人虽小，但积极性很高，剧团演出结束后，我就到本村动员村里能够参加演剧的妇女、青年。由我改编、

导演的《柳树井》《破除迷信》等剧，在这个一百多户的埭下村，有史以来第一次自己组织演剧。演出那晚，邻村的群众也来观看，演出效果良好，我很受鼓舞。原准备再次排演其他剧本，后因我上中学读书就没有继续。

1950年冬，我毕业于花坦高等小学，因为父亲去世后家境困难，母亲又半残疾，所以她不准备让我继续进中学读书。幸亏我小学班主任朱多先生做我母亲工作，而我也想继续念书，要求母亲让我去考考看，不一定去读。终于，得到母亲许可，我在毫无准备的情况下去参加了升学考试。当时全县只有在岩头有一所济时初级中学，是抗日战争时期办的，待放榜时，我以第三名被录取。家里经过反复思想斗争，又经朱多先生工作，母亲终于决定向亲戚借钱谷，千方百计让我上学。

1953年夏天，我在初中读了两年半提前毕业了。那时我16岁，怎么办呢？摆在我面前有三条路：一是回家务农，帮助母亲干农活，减轻母亲的负担；二是设法找个工作，在当时可能性最大是当个小学教师；三是继续升学。我想继续升学，但由于家庭经济困难，普通高中学费高没钱读，于是几个要好的同学商量决定到温州报考普师，因为师范学校公费，除了食宿，还有生活困难补助费。1953年7月考试，8月份就收到了入学通知书，我考取了省立处州师范。不用钱读书，在这个小村里似乎也有些轰动。据我所知，民国以来这个村子还没有人离家远出读高中过，这样，我可称得上是这个小村里近代第一个秀才了。

从家乡到丽水城不过三百多里地，不能算怎么远，但对于还未曾远离过祖母、母亲的我来说，已是异乎寻常了。祖母、母亲念我人还小，也有点不放心。为了让我能去读书，还得借路费，准备简单的行装。时间一到，我就和纬中表兄动身离家远行了。

省立处师是所老校，学校图书馆藏书不少。我因为小时候听母亲讲天地日月星辰等天体神话故事的影响，凭个人兴趣，几乎把图书馆里有关宇宙空间、天文物理和人类起源进化的书都借来读了，对于宇宙的形成、状况，人类的起源及进化、火星人，以及地核构造等感到神秘和好奇。当时，我想将来做一个天文学家去探索宇宙和人生的奥秘，因此，我当时对数理化也比较感兴趣和重视。同时，我对文史方面的书籍也继续有所涉览，对诗歌产生了一些兴趣。

1956年7月，我毕业于浙江省立丽水师范学校。按规定师范毕业生是分配到小学当教师的。可是那一年，由于国家经济建设与高等教育事业发展的需要，当年全国高校要招收新生199000人，这在现在看来是很少的，可当时连这个数字都很难招满。因为应届毕业生生源不足，中央决定，除了动员符合条件的机关干部、转业军人、职工与中小学教师投考外，还特许本届中师毕业生可以参加升学考试，限报师范类。这对我来说是有望升大学的好机会。

按我个人的志愿和兴趣，是要去报考天文系的，但师范类里没有天文系，我只能准备报考与天文关系密切一些的物理专业。当时已经温课准备了半个月，与我同桌的同学郑汉宝，因为数理化基础较差，就动员我与他共同报考文史，好将来继续一起学习。我这人很讲友谊感情，而且我对文史也还有些基础和兴趣，就中途改变了志愿报考文史。

1956 年 7 月，我们赴温州考点参加高考。这时，省里决定创办温州师专，考试时动员大家改填志愿，于是汉宝与我都将第一志愿改到温州师专了，结果我被录取到中文科学习。

这所还在筹备中的温州师专，校址设在信河街蛟翔巷 29 号，借用了温州地委行政干校校舍，各方面条件较差。当时大学是全国统一招生的，被录取到温州师专的来自浙江、上海、江苏、福建、广东、河南等省的学员，还有刚从国外归国的华侨。绝大部分人事先并不知道有这所学校，应届高中毕业生也没有填报这所学校的志愿，突然被录取到这所学校来后，自然都不安心，没有心想要在这所学校读下去，于是他们给中央教育部、人民日报社等处纷纷写信、拍电报要求转校或并校，只有原来的小学教员和应届普师毕业生才稍稍安定些。

1958 年 9 月，我大学毕业被分配到台州师专文史科任助教，就是现在的台州学院。那时我才 21 岁，马上就上讲台讲课。我认真备课，勤奋工作，很受领导重视。不久，又宣布我负责音乐科，音乐科 36 个学生，男女各半，五年制，声乐、器乐兼学。当时正是大炼钢铁时期，我带领学生长途跋涉，到临海桐峙区康谷群山中挑矿石；带领他们上山下乡巡回演出宣传和采集民歌；与著名女高音歌唱家、上海音乐学院声学系主任周小燕教授，男中音演唱家王钟鸣教授，小提琴家陈又新教授等一道下乡下厂，在罗马岩水库工地演出。

我既负责音乐科的组织领导工作，又兼任音乐、体育、文史等科的中文课教学工作，还为音乐科下乡演出时创作歌词，如反映大峃村人民斗争历史故事的《大峃颂》《灵江水》等。我还曾组织主持了全校对杨沫《青春之歌》小说的讨论会，协助王华东副校长编辑刊出了《台州师专》校刊 3 期。对我个人来说，刚出校门就上大学讲台教课，并带领学生上山下乡演出，开阔了眼界，经受了一番锻炼。

1959 年 9 月，我奉命调到温州师范学院中文系任教，兼任中文预科班主任，教中文、外语、体育、生化等科的语文课。1960 年上半年，开始任中文系语文教研组副组长。

1961 年 9 月，我在高校从事三年专业教学工作之后，学校推荐我到杭州大学中文系古典文学教研室、中国语言文学研究室学习，按中央高等教育部的规定，研究生学制为三年，我学中国古典文学。胡士莹[①]、王焕镳[②]教授为我的指导老师。姜亮夫[③]教授给我们讲文字、音韵学，夏承焘[④]教授讲词论、辛稼轩词，王焕镳教授讲先秦散文，胡士莹教授讲话本小说，任铭善[⑤]教授讲目录学，潘锡九[⑥]先生讲日本语等等，这些导师都是当时全国

[①] 胡士莹 (1901-1979)，字宛春，平湖人。杭州大学中文系教授。研究范围主要为说唱文学、戏曲、小说三个方面，而以话本小说的研究成就最大。

[②] 王驾吾 (1900-1982)，著名文史学家，名焕镳，号觉吾，江苏南通人。曾任江苏省立国学图书馆保管、编辑两部主任，浙江大学图书馆馆长，杭州大学中文系主任，浙江省政协常委等职。

[③] 姜亮夫 (1902-1995)，国学大师，著名的楚辞学、敦煌学、语言音韵学、历史文献学家，教育家。云南昭通人。

[④] 夏承焘 (1900-1986)，字瞿禅，晚年改字瞿髯，浙江温州人。毕生致力于词学研究和教学，是现代词学的开拓者和奠基人。

[⑤] 任铭善 (1912-1967)，江苏如东人，1935 年毕业于之江大学国文系。曾任之江大学讲师、浙江大学教授。建国后，历任浙江师范学院教授、副教务长，杭州大学教授，民进浙江省委第一届副主任委员。

[⑥] 潘锡九，字寄群，浙江省诸暨市枫桥区视北乡潘家坞 (今属阮市镇) 人。1923 年毕业于浙江第一师范学校，后留学日本，回国后曾任县参议员。1945 年后，调任杭州第一中学 (杭高) 校长，浙江师范学院教授及浙江博物馆馆长。

我的南戏与文史研究

宗师级的人物，此外还邀请了陈望道①、方光焘②、高亨③、张世禄④、钱仲联⑤、马茂元⑥等名家教授来讲学。除了自己的专业，学校还把别的专业的

① 陈望道（1891–1977），上海复旦大学校长，中国著名教育家、修辞学家、语言学家、民盟中央副主席。

② 方光焘（1898–1964），南京大学教授，语言学家、作家、文艺理论家、文学翻译家。

③ 高亨（1900–1986），初名仙翘，字晋生，吉林双阳人，山东大学教授，古文字学家、先秦文化史研究和古籍校勘考据专家。1924 年考入北京大学，1925 年秋考入清华大学研究生院，师从梁启超、王国维。1926 年毕业任教，历任河南大学、东北大学、武汉大学，齐鲁大学教授等。

④ 张世禄（1902–1991），字福崇，浙江浦江县人。上海复旦大学教授，中国当代著名语言学家。

⑤ 钱仲联（1908–2003），号梦苕，浙江湖州人，生于江苏常熟。著名诗人、词人，古典文学研究专家，国学大师，苏州大学终身教授。

⑥ 马茂元（1918–1989），字懋园，上海师范大学文学研究所教授。安徽桐城人。专于唐诗、楚辞研究。

老师都请来上课，比如画家潘天寿[1]、京剧表演艺术家盖叫天[2]等。

这段时间不光是对我专业上，还有人生价值观都产生了深远的影响，提高了我的境界。以前我忙于给大学生上课，没想过要在专业领域走出自己的特色来，这时候我开始搞研究。我的指导师胡士莹教授为当代著名的俗文学家，他对戏曲也有很深的研究，在胡先生的指导下，开始对南戏进行研究。

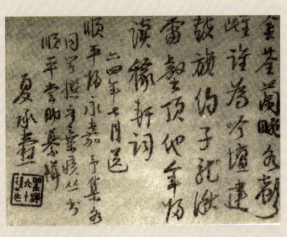

1964 年 7 月，徐顺平回温时夏承焘赠诗

在这三年，我还参加了夏承焘教授主持的《辛稼轩丛书》的部分编纂工作，撰写了《稼轩词韵》，编写了《稼轩词人名索引》《稼轩词地名索引》等。这时，夏承焘先生出于对温州故乡历史文化的热爱，提示我研究温州历史文化，鼓励我将研究南戏与研究地方历史文化结合起来，我撰写了《温州历史概述》《温州诗史》。1964 年 7 月，告别学校时，我的导师和许多朋友热情地写诗勉励。夏承焘先生赠诗："约子龙湫雷垫顶，他年归读稼轩词"[3]。王焕镳先生嘱勉"登山必自麓"。

1964 年 11 月，我调省人民政府教育厅担任《浙江教育》编辑和记者。因为工作的关系，我几乎跑遍了浙江省各个地、县，对浙江省的基层教育工作状况有了更多了解。但是，由于工作性质和环境的改变，我只能在业

---

① 潘天寿 (1897—1971)，字大颐，自署阿寿、寿者。原浙江美术学院教授，现代画家、教育家。浙江宁海人。

② 盖叫天 (1888—1971)，京剧演员。原名张英杰，号燕南，河北高阳县人。

③ 原文详见徐顺平的《怀念夏承焘先生》。原载于《温州日报》1996 年 5 月 11 日，后刊于台北《温州会刊》1997 年 4 月第 2 期。

我的南戏与文史研究

余时间对南戏与文史继续进行学习和探索。

1966 年春节后，我被抽调参加中共浙江省委社教工作团四分团去缙云县搞社教工作。先后在仙都、东方红公社的梧源、上山头大队任工作组组长兼党支部书记。但社教工作只搞了半年，惊动中外的无产阶级"文化大革命"开始了，中共浙江省委办公厅下文将我们调回杭州参加原单位运动。

1968 年 7 月 15 日，浙江省革委会发了 (68)41 号文件，成立浙江省教育厅革命领导小组，由 5 人组成，原厅长刘星华为组长，我为组员。我还是浙江省 1968 年省退伍军人安置领导小组成员，负责全省那年分配到教育系统退伍军人的安置处理。接着，1969 年 7 月进省斗批改干校学习。1969 年 12 月参加省革宣队进驻平阳县，任原省教育厅机关分队队长，搞过平阳县宗族武斗案的调查。1970 年 5 月回到杭州，不久就被调到省革委会政工组工作。

我青春时期的美好光阴是在杭州度过的，从西溪河畔的杭州大学到板桥路浙江省教育厅，后又从省府大楼省革委会政工组工作。我对杭州有着深深的感情。但我于 1971 年夏天为什么要主动要求离开杭州回温州呢？因为与妻儿分居两地，有许多具体问题难以解决，自己有着不可推卸的责任。我原来是大学教师，回温州也想去大学，当时温州医学院是温州唯一的一所大学，所以我便到了温州医学院。为了个人的专业与爱好，业余时间继续进行南戏与文史研究。

努力撰著文史

1958 年大学毕业后，我先后在台州师专、温州师范学院、温州医学院、温州大学等校从事中文、历史教学，先后担任过语文、历史、医古文、古代文学、大学语文、地方史等多门课程教学，较长时间行政管理与教学双肩挑，教学与科研相结合。

为了更好地研究南戏，必须要重视研究文史。南戏首先在温州形成，为探索原因和影响，必须对温州地方历史文化进行研究探索。研究南戏也要研究中国戏剧发展史，研究元杂剧。夏承焘老师嘱咐我将研究南戏同研究温州历史文化结合起来。所以我在研究南戏的同时也重视文史的研究。

为了研究南戏为什么首先在温州产生，我首先对温州地方历史与温州诗史进行研究。先说温州地方历史。现存最早的温州地方志是明弘治王瓒编撰的《温州府志》与明嘉靖张孚敬编撰的《温州府志》，但由于时代的局限，内容的繁杂，体例的陈旧，未能科学地阐述温州地方历史发展过程。

我于 1961 年冬，在杭州大学着手搜集温州地方史史料，撰著了《温州历史概述》。

在当时，这是前人未曾做过的工作，无所资考。夏承焘先生对我说："这是一项开拓性的工作，一定会遇到困难，要有毅力，要坚持不懈。"所以我认真阅读了温州府、县志；阅读、记录有关温州地方历史的文献、笔记、小说等；阅读札录《永嘉丛书》《敬乡楼丛书》《永嘉诗人祠堂丛刻》等丛书有关内容，还考察了温州出土的历史文物等。我当时年轻，精力充沛，经过努力，在 1963 年 12 月写成初稿。后将书稿寄给中央考古研究所所长夏鼐[①]先生和中山大学王季思[②]教授请教，得到了两位先生的肯定和勉励。

书稿在 1987 年 9 月由《温州师范学院校报》分期全文连载。1990 年春，我应聘为温州大学教授"温州地方史"课程，书稿被刊为教材。1996 年 5 月，收入"永嘉百家丛书"之《怀乡集》。2000 年 11 月，被台北《温

---

① 夏鼐 (1910–1985)，男，原名作铭，浙江温州人，考古学家、社会活动家，中科院院士。
② 王季思 (1906–1996)，学名王起，字季思，以字行。祖籍龙湾区水中街道永昌堡。浙江永嘉人，生于南戏的发源地温州，从小就热爱戏曲。著名的戏曲史论家、文学史家。

州会刊》全文连载。2001年2月，被台北温州同乡会收入《温州历史渊源》一书。2004年11月，由香港新新出版社出版。2011年9月，收入《徐顺平集》。浙江大学历史系教授、博士生导师徐规[①]先生为这本书撰写了序，他在序中说道："据我所知，这是建国后科学系统概论温州地方历史文化的第一部著述。"又说这本书"广搜史料，详加分析，审慎论断，正确反映了温州历史发展风貌，在当时这是前人未曾做过的开拓性研究工作，为温州地方历史探讨奠定了基础。"[②]

我在书中论述，宋王朝的建立，结束了五代十国的混乱局面，促进生产与文化的发展，在温州历史上，这是最光辉灿烂的一个时期。由于温州工商业经济发展和繁荣，温州地方风俗"多敬鬼乐祠""尚歌舞"的影响，温州人民和民间艺人在村坊小戏的基础上，广泛吸收唐宋以来的杂剧和各种歌舞说唱伎艺的成分和养料，在温州人民和民间艺人的共同努力创造下，一种新型的戏剧艺术，就是温州杂剧，后被称为"戏文""南戏"，它于北宋宣和南渡期间在温州产生。

南戏的产生，标志了中国完整戏剧艺术的正式形成。现在知道最早的南戏，比如《赵贞女蔡二郎》《王魁负桂英》，就是温州人所作的。早期南戏以通俗的曲白，生动的表演，或是批判书生负心，或抨击封建婚姻，或揭露社会黑暗等等，深受广大群众的喜爱，很快就由温州传到杭州、海盐、

① 徐规(1920—2010)，出生在平阳县江南区丰浦村，中国著名宋史专家、浙江大学历史系终身教授、博士生导师、温籍学人。

② 详见徐规的《温州历史概述·序》。载于《温州历史概述》，香港新新出版社，2004年，第1页。

2008 年 10 月 18 日，徐顺平（左）与徐规（右）合影，

余姚、昆山、弋阳等地方，向南流传到福建、广东等地，中国的戏剧艺术从此迅速发展和繁荣起来。

当然，宋时温州在农业、工业、商业发展，经济繁荣，人口发达，市民阶层不断扩大，必然会促进温州的学术文化大大发展和兴盛。

还有就是撰著《温州诗史》。在夏承焘先生的提示和勉励下，于1964年3月，在杭州大学完成初稿。这是温州最早的诗歌史。也是前人未曾做过的开拓性工作。我在当时的条件下，对一千年来的温州诗歌历史进行论述，自然感到力不从心。我在这本书的"前言"中坦诚说："我的这一工作，仅仅作为一个开端，以引起大家重视并继续研究，整理致使大成，这便是我的内心的真实愿望了。"在撰著《温州诗史》时直接与南戏研究有关的问题，就是发现了南宋瑞安诗人曹豳的一首诗《冯公岭》，里头有"村南村北梧桐树，山后山前白菜花"，这两句被温州九山书会编演的《张协状元》剧本第二十二出引用。据此，可以考证出现存最早的南戏剧本《张协状元》

我的南戏与文史研究

不会早于南宋中期，编演《张协状元》的温州九山书会也属于南宋中叶，这是南戏研究中的重要问题。胡忌①先生看见我的论文后来信称赞说："兄之《张协状元》不会早于南宋中叶之说，当成定论。日后他人著作提及此戏写作年代，应从大作。这是一件有功戏史之事。"

撰著《王十朋评传》。1996年到1998年，我担任《瓯越文化丛书》副主编，这部丛书共计12册，其中有一册是《王十朋评传》，由我负责撰著。王十朋是南宋温州乐清状元、一代名臣。我于60年代初在杭州大学撰著《温州诗史》时读《梅溪王先生文集》，他的爱国刚毅、清政爱民，使我深感敬仰。他的诗文很有特色，也给我留下了深刻印象。我在半年的时间内完成书稿。我以传主本人的著作为基础材料，广泛搜集有关史料，到王十朋家乡乐清左原进行实地调查考察，做到言之有据。这本书由作家出版社于1998年1月出版，广获好评。

就在撰写这本书的过程中，我发现《梅溪后集》卷一七《悼亡》诗"注"云："予一日忽言穷，令人曰：'君今胜昨日书会时矣，不必言穷。'"讲的就是王十朋任泉州知州时，他的夫人去世，他在悼念夫人的诗里回忆起自己叹穷时，夫人劝他不要叹穷了，说："你在书会里读书时比现在更穷苦，现在好多了。"这指的就是王十朋当年在梅溪书会（即书院）读书会讲时的情况。

这里的"书会"是教育团体，与家塾、会馆、书院是相同性质。这就证明了编演南戏剧本的团体"书会"，是由"教育团体"演变来的，这是我的首次发现。

以上是与南戏有关的文史研究。其他方面，我还于1998年6月至1999年9月，参加"高等院校21世纪人文素质教育教材"编纂，担任《中

---

① 胡忌，戏曲史家，浙江奉化人。

国文化概论》《中国文学阅读与欣赏》两书的副主编，并参与其中部分章节的审稿工作。本书由中央教育部牵头、北京首都师范大学出版社于1999年9月出版。参加《浙江方志概论》（1984年）、《浙江姓氏志·浙南徐氏》（2004年）编纂等等。

1984年5月，当温州成为全国对外开放的14个港口城市之一后，我便对温州港及历史进行探索，撰写了《秦汉时期温州的海上交通》《"横屿船屯"的建立》等10余篇文章刊于《温州日报》。为探讨王羲之有否曾任永嘉郡太守，撰写刊出了《否定王羲之曾任永嘉郡太守证据不足》，还撰写刊出了《怀念》《真巧事录》《岁月拾零》等散文著作。

在诗歌创作方面，我从上世纪50年代开始诗歌创作并发表作品。在报刊发表的诗词作品300余首，作品被收入《全球当代诗词选集》《中国当代律诗精选》《中国当代诗词选》《百年律诗精选大典》等多种书籍。曾任温州诗词学会副会长，出版《岁月咏怀》诗集。

粉碎"四人帮"后，我于1978年4月，参加了国家重点科研项目《汉语大词典》的编纂工作，任《汉语大词典》浙江省温州地区编写组总负责人。编《汉语大词典》，是周恩来总理生前的愿望，他感到我们是世界上历史悠久的大国，要编一部有史以来最大的词典。他于1975年重病中，亲自审理签批编纂大型辞书《汉语大词典》，并列入国家重点项目，组织上海、山东、江苏、安徽、浙江、福建等五省一市的语言学家共同编纂。

《汉语大词典》温州地区编写组于1978年5月2日正式建立，全组15人，由徐顺平、马锡鉴、金徐銮为负责人。徐顺平总负责，马锡鉴分管专业，金徐銮分管行政。成员有：徐顺平、马锡鉴、金徐銮、苏渊雷（顾问）、胡福畴、陈增杰、郑张尚芳、沈洪保、杨奔、马允伦、洪瑞钦、周梦江、张如元、阮延陵、高益登等。我本人除了收词、编写工作外，重点还做了以下工作：一、争取在整顿中保留温州组。1978年9月中旬，《汉语大词典》

于安徽黄山召开编写工作会议，在结束收词制卡转入释文编写时，要对现有编写组进行整顿。浙江省据此精神拟撤销各地区编定组，我在省里召开的各编定组负责人会议上提出不同意见，要求温州编写组继续保留。我说，温州组人员素质水平良好，能胜任编写工作，领导重视，中共温州地委宣传部正、副部长对词典组非常关心支持，温州图书馆藏书丰富，且能提供使用。经过我努力争取，省里最后决定《汉语大词典》温州组保留，地区其他组全部撤销。二、为稳定词典组人员队伍做好工作。编写组人员是从有关县、市推荐选调来的，属于借用，工资由原单位发，时间久了单位里便有意见，致使人员队伍不稳定。我拿浙江省委宣传部介绍信，亲自到有关县、市单位做工作，说明国家编纂《汉语大词典》的重要意义，希望得

1979年冬，《汉语大词典》温州编写组同事合影，前排左起：高益登、马允伦、洪瑞钦、徐顺平；后排左起：沈洪保、周梦江、金徐銮、杨奔、郑张尚芳、陈增杰

到他们的支持。经过我的努力工作，编写组队伍的人员得到稳定。三、与马锡鉴老师一道组织领导全组保质保量完成收词、编写工作，并取得好成绩，得到上级表扬。我在《汉语大词典》工作期间，连续三年被评为先进工作者。

《汉语大词典》是我国有史以来最大的语词词典，是我国文化史上的大事，我参加了《宛陵集》《冷斋夜话》等书的收词制卡与"寸"、"巾"等部的编写工作，本人在释文撰写条目中，如"寸节"、"带"、"帔缕"等等，纠正了旧辞书的错误，对提高《汉语大词典》质量作出了努力。《汉语大词典》编纂工作完成出版时，本人被中华人民共和国新闻出版署颁发荣誉证书表彰。

1981年春，因为原单位的工作需要，我从《汉语大词典》编写组提前回到温州医学院，先后担任过党委宣传科（部）长，党委（院长）办公室主任，党委组织部长、院纪委书记兼党委组织部长。还担任温州医学院的《医古文》《大学语文》《古代文选》等课程的教学，又组建了温州医学院人文科学教研室，担任主任，行政、专业双肩挑。1990 年春，还应温州大学之聘为学生讲授《中国古代文学》《温州地方史》课程。我在《温州历史概述》基础上，又撰写了《温州现代革命史概述》，由温州大学刊印为教材。

在搞好行政与教学工作的同时，也为解决学校的领导体制做了努力。温州医学院是从浙江医学院自杭州分迁来温州地区，改名为温州医学院。下放后办学十分困难，为改变学校为省属领导体制，我去省里找有关领导汇报情况。经过努力，终于收归省属省管，为温州医学院的办学与更好发展出了力。

在医学院期间，因为专业不对口，我只能利用业余时间进行专业研究。早在 1971 年 7 月至 1975 年 3 月我就利用业余时间继续研究南戏，撰著《南戏》一稿（油印）。1980 年 2 月，与胡雪冈[1]老师合作于《戏剧艺术》发表《谈早期南戏的几个问题》，引起国内外学者重视，中山大学王季思教授来函称赞鼓励，日本山口大学教授岩城秀夫寄来《温州南戏传存考》《还魂记的蓝本》等论文交流。同年 7 月在时任中共温州地委宣传部副部长吴军同志的支持与领导下，我与胡雪冈、唐湜[2]等酝酿后建立了南戏研究小组。此后，我继续坚持研究南戏，并陆续发表研究论文。

1985 年 1 月 5 日，南戏学会筹备小组成立，我被推举为副组长。之后，又参加了 1985 年 1 月 18 日于温州召开和 1985 年 12 月 22 日于杭州召开的第二、第三次筹备工作会议。1987 年 5 月 5 日参加了于温州华侨饭店召开的南戏学会成立大会，来自全国各地的专家、教授与会，我代表南戏学会筹备小组向大会作筹备经过情况汇报。王季思教授被选为名誉会长，

---

① 胡雪冈，原名胡焕光，1925 年出生在温州市区，原温州师范学院中文系副教授。
② 唐湜（1920-2005），原名唐扬和，诗评家、诗人。

徐朔方①教授为会长，我为干事会干事。

我还不时参加学术研讨会议与活动。1988 年 3 月、6 月我先后两次赴杭州参加《中国戏曲志·浙江卷》审稿工作；1989 年 11 月起，我参加《中国曲学大辞典》编纂，承担撰写"南戏"部分的《赵贞女蔡二郎》《王魁负桂英》等 100 多条条目，这书于 1992 年 12 月由浙江教育出版社出版；参编《元曲鉴赏辞典》(1990 年 7 月上海辞书出版社出版)、《明清传奇鉴赏辞典》（2004 年 12 月上海辞书出版社出版）。1997 年 10 月参加于海宁召开的全国关于王国维戏曲理论学术研讨会，并于大会上就南戏产生问题作了发言；1985 年 5 月参加温州诗词学会换届大会，被选为副会长；1994 年 10 月于北京大学参加中国俗文学学会全国代表大会，被选为中国俗文学学会理事（每省一位理事，我代表浙江省）；2000 年 8 月参加南戏

---

① 徐朔方（1923-2007），原名徐步奎，浙江东阳人。浙江大学中文系教授、博士生导师。我国著名古代文学研究专家，尤专元明清戏曲小说研究领域。

　　　　　　　　　　　　　　　　　我的南戏与文史研究

1997 年 10 月 17 日，
徐顺平在海宁召开
的全国王国维戏曲
理论学术研讨大会
上对南戏产生问题
作发言

国际学术研讨会，被安排在大会上发言，论文收入了《南戏国际学术研讨
会论文集》；2014 年 10 月，我参加第六届南戏国际学术研讨会，被安排
在大会作中心发言，论文刊于《戏曲研究》。

深入探究南戏

前面也谈到过，我从小喜欢戏曲，但是对戏曲的真正开始研究是 1961
年的下半年。那时，我到杭州大学中文系古典文学教研室、中国语言文学
研究室研究生班学习。胡士莹、王焕镳教授为我的指导老师。

胡士莹先生是我国著名的话本小说和戏曲研究家，胡先生的《话本小
说概论》，由中华书局 1980 年出版，赵景深[①]先生评价这是"研究话本的
百科全书"，跟鲁迅的《中国小说史》排同列，是研究俗文学不可缺少的

---

① 赵景深 (1902—1985)，曾名旭初，笔名邹啸，祖籍四川宜宾，生于浙江丽水。
教育家、作家。

1994 年 10 月 29 日，中国俗文学学会第三次代表大会全体理事合影于北京大学，前排左 5 为会长吴小如，二排左 5 为徐顺平，左 9 为陈翔华

2000 年 8 月 14 日，南戏国际学术研讨会暨温州南戏新编系列剧目展演留影于温州，二排右 10 为徐顺平

我的南戏与文史研究

必读书。另外他还对戏曲也有很深的研究，他与南戏研究大师钱南扬[1]先生是同乡挚友，两人合作对南戏《牧羊记》进行校注，他对汤显祖的《紫钗记》《紫箫记》进行校注，还对关汉卿、杨显之、杨潮观都有研究著作。胡先生对我说："通俗文学是个亟待研究开发的领域，话本小说和南戏剧本都是俗文学，温州是南戏的发源地，你是温州人，可对南戏做重点研究。"

胡士莹（1901—1979）

胡先生还跟我讲，小说、戏曲是连在一起的，一定要一起研究。南戏的出现，是我国戏曲正式形成的标志，有着划时代的意义，但是那个时候这个领域（南戏）还没有很好地开发，几乎没有多少人在研究。

研究南戏，该如何进行呢？我首先就是阅读剧本。现存的南戏剧本不多，只有 10 余本，我首先读《永乐大典戏文三种》，即《张协状元》《小孙屠》《宦门子弟错立身》，这是现存最早的 3 个南戏剧本。接着读《荆》《刘》《拜》《杀》《琵琶记》等。

在此基础上要阅读学术界南戏研究的论著。如明朝徐渭的《南词叙录》，这是宋元明清四代唯一的一部研究南戏的专著，比较全面地论述了南戏的源流与发展，艺术风格特色，声律与作家作品等方面；其次要阅读近代王国维的《宋元戏曲考》，这本书对南戏渊源及时代、作家作品等列专章进行论述，是中国戏曲历史研究的开山之作，对研究南戏是极为重要的，我作了认真阅读；接着需阅读的有钱南扬的《宋元戏文百一录》、赵景深的

---

[1] 钱南扬（1899-1987），名绍箕，字南扬，以字行，浙江平湖人，著名南戏研究大家。

《宋元戏文本事》，陆侃如①与冯沅君②的《南戏拾遗》，还有后来钱南扬先生的《戏文辑佚》《戏文概论》，赵景深的《宋元南戏考略》；研究南戏，必须要了解整个戏曲发展历史，还需要读日本青木正儿的《中国近世戏曲史》，周贻白的《中国戏剧史长编》等等。

我对南戏的基本面貌与研究情况有了初步了解后，发现大多研究者引用了徐渭③、祝允明④、叶子奇⑤等人的记述，肯定南戏在北宋末、南宋初首先在温州产生，但为什么首先在温州产生却很少有论述。于是我便决定将这一问题就作为我的研究课题，并得到了胡士莹先生的赞许与支持。

为了探索南戏首先在温州产生的原因，除了了解戏剧艺术本身产生发展的规律外，还必须了解温州地方历史文化发展情况，于是我便着手搜集这方面的资料。从"温州工商业经济的发展和繁荣""温州地方风情习俗对南戏产生发展的影响""广泛地汲取唐宋以来的杂剧和各种歌舞说唱伎艺成分和养料""温州南戏植根于民间艺术土壤，是劳动人民的智慧创造"等四个方面进行论述，撰写了《南戏为什么首先在温州产生》一文，得到了胡先生的肯定。

在此之后，我对明徐渭的《南词叙录》进行研究，我感到徐渭在明代中叶剧坛崇尚声律辞藻的情况下，在对待南戏问题上，能够针对时弊，奋起抗击，对南戏进行总结性研究。所以我撰写了《论徐渭〈南词叙录〉的戏剧观》一文，论述了他进步的思想观点。我着重从三个方面进行论述：一、

---

① 陆侃如（1903-1978），著名学者。原名侃，又名雪成，字衍庐，笔名小璧。祖籍江苏太仓，出生于江苏海门的一个爱国士绅家庭。

② 冯沅君（1900-1974），河南南阳唐河人，现代著名女作家，中国古典文学史家，大学一级教授。

③ 徐渭，明代文学家、书画家、军事家。

④ 祝允明（1460-1527），字希哲，号枝山，与唐寅、文徵明、徐祯卿齐名，明历称其为"吴中四才子"之一，著名书法家，文学家。

⑤ 叶子奇（约1327-1390），元末明初大学者。

反对戏曲语言的典雅、绮丽，主张通俗化；二、批判一味崇尚北曲，鄙视南戏的错误观点，对南、北戏曲做了科学的评价；三、反对"寻宫数调"，主张声律自由。文章的观点与论证得到了胡士莹先生的赞同和勉励。

根据有关文献记载，南戏首先产生于温州，温州是南戏的故乡与发源地，学界对此本来有着较为一致的认识。但近些年来，有学者根据自己的调查研究，提出了南戏是在闽、浙两省的泉州、莆田、仙游、温州一带许多点同时出现，对南戏起源于温州提出了质疑与否定，对此我不同意。

于是我撰写了《南戏产生于温州考论》一文，先后发表于《温州学刊》与《文化艺术研究》《曲学》第三卷。我从以下进行了考证：一、南戏产生于温州的依据：从有关文献记载，我国现存最早的南戏剧本，温州九山书会编演的《张协状元》，是记录与见证温州南戏的最早文献。宋末江西人刘埙①《水云村稿·词人吴用章传》中云："至咸淳，永嘉戏曲出。"这里的"永嘉戏曲"，就是指产生于永嘉（温州）的戏曲，也称"永嘉杂剧""温州杂剧"。明叶子奇《草木子》云："俳优戏文，始于《王魁》、永嘉人作之。"明祝允明《猥谈》："南戏出于宣和之后，南渡之际，谓之'温州杂剧'。"明徐渭《南词叙录》云："南戏始于宋光宗朝，永嘉人所作《赵贞女》《王魁》二种实首之。"等等。宋元明三朝的文献记载都一致，而且未见有福建或其他任何地方首先产生南戏的记录，所以可以认定南戏是在温州产生的。从剧本来看，现被定南宋时的8个剧本中，《赵贞女蔡二郎》等5个剧本是温州人所作；编演南戏的"书会"，现知"九山书会""永嘉书会"等属于温州地方的书会。上述记录证明南戏是首先产生于温州的，这是千真万确的。

---

① 刘埙（1240-1319），字起潜，号水云村，学者称水村先生，江西南丰人。南丰著名丈人隐士刘镗之侄。宋末元初学者、诗人、评论家。

否定论者列举福建漳州禁戏，刘克庄①诗词记述，福建南戏有老剧目流传等，但经考查在时间上均在温州南戏产生之后，不是源，而是温州南戏南传后的流，所以，温州是南戏的故乡。

虽然从王国维算起，研究南戏已历经 90 余年。但到底什么叫南戏，学术界至今仍未妥善解决。记得 1987 年"南戏学会"成立时，与会专家上海的蒋星煜②先生住在温州华侨饭店的时候，服务员问他："南戏到底是什么？瓯剧、越剧就是南戏吗？"蒋先生一时难以答复。

为此我在不久前专门撰写了《关于"南戏"名称的考释》，先后发表于《温州大学学报》《戏曲研究》等处，通过大量文献资料考证与对南北戏曲进行比较分析，纠正了《中国大百科全书》《中国曲学大辞典》《戏剧辞典》及许多学者对这一问题的诠释，提出了："南戏，是指北宋末产生于温州，主要流布宋元时期各地，用南曲演唱长篇故事体制的中国最早形成的戏曲艺术。"引起了学术界的重视，并在第六届国际南戏学术研讨会上宣讲。

学界一直认为"书会"是编写剧本的团体，其实并非完全如此。我通过研究发现，"书会"的性质在变化，可分三个阶段：

第一阶段是读书会讲的教育团体。"书会"的出现跟工商业经济发展与社会组织出现有密切关系。北宋时，城市中的各种买卖、技作成立了"行""团""作"，文人学士组合读书会讲的书会。《都城纪胜》③就记录了杭州城市中一里之内有乡校、家塾、会馆、书会的设立。《梅溪后集》卷一七《悼亡》诗"注"证明了"书会"是教育团体。

第二阶段是编演戏剧与其他说唱伎艺的文艺团体。刚开始书会里的人

---

① 刘克庄（1187 –1269），初名灼，字潜夫，号后村，福建莆田人，宋末文坛领袖，辛派词人的重要代表。
② 蒋星煜，男，1920 年生，戏曲史家。江苏溧阳人。
③ 《都城纪胜》，南宋笔记。又名《古杭梦游录》一卷。与《梦粱录》《武林旧事》同为研究临安以及南宋社会和城市生活的重要文献。

看不起演戏的，后来南戏发展起来了，这些读书人有考不取功名而生活困顿的，他们就与艺人结合一起搞戏曲了。他们自编自演，书会就演变成文艺团体了。改编演出《张协状元》的温州九山书会就是属于这一性质的书会。《武林旧事》中将编唱赚词、弹词、耍猴子时的说唱者列入"书会"中人，可见一斑。

第三阶段是编撰戏曲剧本和其他说唱伎艺脚本的创作团体。这时剧本的文学性提高，那些在元蒙统治下的文人受到压抑、无出路便从事编创剧本给剧社演出。书会中的那些才人不再自己参演，即使有也只是偶然的客串了。

考证"书会"的文章发表后，引起了学术界重视。王季思先生来函说："在全面掌握材料的基础上提出新见，甚见功力。"胡忌先生来函鼓励说："分三个阶段进行说明，脉络清楚，很有说服力，大有价值。"徐朔方教授来函说："书会是有意义的大题目，但材料十分缺少，老兄搜集已见功力。见兄文之考述，甚喜。"这篇文章在 2000 年 8 月 18 日的南戏国际学术研讨会上也作了宣讲。

有人说我在南戏研究领域做出了贡献，贡献谈不上，只能说还做了一些工作。在戏曲声腔的问题上，现今戏曲史只说了明代的"四大声腔"是不对的，中国戏曲的最早声腔就是早期南戏的"温州腔"，或称"永嘉腔"，这是有史料文献证明的。我还对南戏开头的"副末开场"进行了研讨，撰写了《"副末开场"说略》论文，发表在《文献》杂志，对"副末开场"这一形式的名称渊源、内容、形式、作用等方面进行了系统的考述，得到了徐朔方先生的肯定。

在《谈南戏剧本的作者》一文中，我认为南戏大都是无名氏的集体创作，并在长期流传与演出过程中不断修改，不断创新。后来，我又注意将研究的重点放在南戏与民间俗文学的关系上。通过研究，发现南戏在形成与发展过程中，继承和吸收了俗文学中多种成分与养料，兼收并蓄，综合众长，合歌舞白为一体，以代言体表演故事，称为具有综合艺术特点的新型艺术体制。我通过研究民间歌舞、宋人词、大曲、唱赚、诸宫调、话本小说等多种民间俗文学样式与南戏的关系，提出南戏本身就是将许多俗文学戏剧化了的综合体，是种艺术新体制。南戏之所以宋时在温州产生，与这一时期俗文学的繁盛发展有着密切的关系，为此，我撰写了《南戏与俗文学》论文，刊于《温州大学学报》。

在这个过程当中，曾经想过从文物角度，寻找温州当地南戏的留存。但是有两个因素的困难，一个就是当时温州没有发现南宋时的戏曲文物（包括文献资料）；第二个，当时我从杭州来温州时间短促，难以深入考察，所以没有在文物方面取得发现。

南戏研究，过去很长时间是传统的研究方法，一是从文献到文献，当然文献的搜集、保存、研究也很重要，但现在不能单靠此，要想到多种方法；第二个是考古，说温州没有宋元时文物。我却认为《永乐大典》收集保存下来的《张协状元》，这是我国现存最早的南戏剧本，是温州九山书会编的，时间就是南宋，这很重要；第三条是田园调查，现在如刘念慈、叶开源、徐宏图等对古老剧种的调查研究，从中研究南戏流传的踪迹与遗存；第四条就是温州南戏新编的演出，我认为这也是一个新的研究，将已死的南戏剧本改编搬上舞台，使它复活，连接古今，这是一条新的途径。王季思先生早就提出南戏研究要和现代的舞台艺术结合。南戏之所以有生命，就是因为不断改变，不断适应，不断继承，不断创造。高则诚如果不去研究《赵贞女蔡二郎》也写不出《琵琶记》，所以创作和研究是紧密相连的。

1976 年粉碎"四人帮"，至 1978 年文化研究各方面都开展起来了。当年 4 月，我被调参加国家重点科研项目《汉语大词典》编纂，并担任温州地区编写组负责人。这个时候，胡雪冈老师多次来我家叙谈学术研

究问题。

一次，我拿出上世纪六十年代初在杭州大学，胡士莹教授指导下撰写的论文《南戏为什么首先在温州产生》。我认为南戏要继续进行研究，胡老师同意我的意见，两人都有合作研究的愿望，于是我将这篇文章交给了他，他作了补充修改，改题目为《谈早期南戏的几个问题》，我看了后同意，他在文稿署名上将我的名字放在前面，我说让他的名字在前，就提笔将他的名字改放在前面，此后发表文章便都按此署名，本文投寄到上海《戏剧艺术》杂志，于 1980 年 2 月发表。

另外，早在 1967 年上海嘉定宣氏墓中就发现了明成化年间北京永顺堂刊印的永嘉书会才人编写的南戏剧本《白兔记》，1975 年 12 月广东潮安县发现了明宣德抄本《刘希必金钗记》。我虽然早就知道这些消息，但没法看到实物。这时听说已影印刊印了，对从事南戏研究的我来说自然心急，我就叫《汉语大词典》编写组负责图书采购保管的高益登同志设法买到，终于如愿，十分欣喜！我对这两个剧本进行认真阅读研究，撰写了《明成化本＜白兔记＞与元明南戏》《谈＜金钗记＞的时代、作者和流传》两文，先后交给胡雪冈老师，他作了补充修改，以《温州南戏二题》《谈＜金钗记＞的时代、作者和流传》合作署名刊出。

我在1980年12月10日的上午，收到了北京孙崇涛代购寄来的张庚[1]、郭汉城[2]主编的《中国戏曲通史》上册，当时孙崇涛正在中国艺术研究院读研究生，所以一出版就能及时寄来。我收到后连夜认真阅读，感到这本书对戏曲发展规律的论述比以前同类著作有很大进步，但是在对南戏产生的时间及南北戏曲关系问题上论述存在较大问题，特别是将元杂剧置于南戏之前是错误的。另外，在论述戏曲声腔问题上，未能对早期南戏的"温州腔"做应有的论述与介绍。我感到上述问题必须撰文提出商榷。

关于南戏与北杂剧的问题，重点要论证南戏产生于北宋末南宋初，而元杂剧在金末才萌芽形成，两者前后时间相差甚远。关于早期南戏的"温州腔"，应将如下内容论述明确：1."温州腔"是否存在？2."温州腔"的特点；3."温州腔"与四大声腔的关系；4."温州腔"的遗踪。

我将上述内容记在自己的日记里，当时我还有与胡雪冈老师合作研究南戏，两天后我就将上述意见告诉了胡老师，这时他还没有书，我便将《中国戏曲通史》上册给了他，他阅后来我家表示同意我的意见，并表示由他起稿后再讨论。他当时缺少参考书籍，我便将叶德均的《明代南戏五大腔调及其交流》、周贻白的《中国戏剧史长编》、日本青木正儿的《中国近世戏曲史》等给了他。以上两文写出初稿经我阅定后，先后投寄刊出。我们合作的文章或由他起稿，或由我起稿，然后相互阅定，《谈南戏与话本

---

① 张庚，原名姚禹玄，生于1911年1月22日，湖南长沙人。中国戏剧理论家、教育家、戏曲史家。

② 郭汉城，著名戏曲评论家，1917年出生于浙江省萧山。

小说》一文就是先由我起稿，经他补充修改后刊出。

我们当时的合作是大公无私的，完全是为了如何把温州南戏研究搞起来，不计较署名先后，没考虑到名利。事实上，我们合作，在粉碎"四人帮"后，率先开展南戏研究，建立南戏研究小组，引起国内外专家学者的重视，为全国南戏学术研究的开展起了推进作用，也为后来南戏学会的建立打好了基础工作。

我们研究南戏的文章陆续发表后，引起了国内外专家的重视。我们的研究成果也引起了时任中共温州地委宣传部副部长吴军同志的重视，1980年6月6日，吴军同志找我跟胡雪冈商量，酝酿成立研究南戏的组织。1980年7月5日市里召开会议，吴军宣布建立南戏研究小组，成员就是我、胡雪冈、唐湜、陈又新（后为温州地区文联党组书记）、沈国鋆（后为温州地区文化局局长）5人，这是中国有史以来第一个研究南戏的组织。

会议决定由唐湜负责编刊《南戏探讨集》。先后刊出两期，主要文章有：《谈早期南戏的几个问题》《温州南戏二题》《南戏研究小述》《南戏探索》《〈琵琶记〉的作者问题》《温州杂剧传存考》《有关南戏与北杂剧形成几个问题的商讨》《从〈张协状元〉谈起》《关于〈琵琶记〉作者高则诚的一些考证》等文章，这是我国有史以来第一个专门研究南戏的刊物。

不畏艰难进取

从王国维《宋元戏曲考》发表至今90多年来，我认为南戏研究所取得的成绩是巨大的，主要表现在：一、南戏研究资料的搜集、汇编、考辨、刊印已做了大量工作并取得很大成绩；二、现存南戏剧本的校勘、注释、辑佚、出版与研究已取得很大成绩；三、对南戏的产生、发展、作品文辞、声腔格律等方面进行了研究考证，并取得可喜成绩；四、南戏产生的时间是北宋末、南宋初，首先产生的地点是温州，大多数学者已取得较为一致的认识；五、南戏文物的发现与研究已取得了成绩。如明成化本《白兔记》的出土与研究，明宣德本《金钗记》的校注与研究，西班牙藏本《风月（全家）锦囊》的考释研究，还有南方出土的南戏戏俑的研究等等；六、结合对现存古老地方剧种的研究，如梨园戏、莆仙戏、潮剧、永昆、婺剧等，给南戏研究开辟了新途径；七、南戏在中国戏曲史、文学史上应有的地位已被基本确立；八、对宋词歌唱音乐与曲谱的读译研究，探索南戏歌唱音乐的组合变化，取得了新的进展，等等。但是，存在问题，不足之处仍不少，如：一、关于南戏如何产生的问题，尚有种种不同说法，对南戏产生的源流研究得还不深刻；二、关于南戏的流传发展，各大声腔的产生与演变，有待深入探讨；三、南戏是否首先在温州产生？南戏是否是东南沿海等地多点同时产生相互交融发展？南戏在温州首先产生的原因？声腔"温州腔"是否出现过？都需深入研究；四、外来文化、戏剧对南戏产生的影响如何？有待研究；五、"温州杂剧"是否已经是成熟的南戏？成熟的南戏究竟产生于何时？六、南戏与元杂剧的相互关系？南戏与明传奇的关系？需进一步研究；七、南戏的含义与科学定义，至今尚无准确的概括表述；八、南戏的作品作家需进一步深入研究等等。

在南戏研究的道路上，至今还存在尚未深入解决的许多问题。要树立信心，不惧艰难，不断进取争取研究工作取得新的业绩！

我从 1961 年开始研究南戏，至今已经 60 多年了。

研究南戏的人原来就不多，要现在的年轻人走这条路会更难，一是辛苦，要掌握这研究领域各方面知识不容易，短时间内难以上马；二是这条路现在经济效益不好，后继乏人是可以想见的。我们过去搞研究，是出于对学术文化研究的热爱，作为温州人，为继承发扬故乡文化做奉献。

回顾半个多世纪以来研究南戏的生涯，有体会，也有感慨。前面也有

中国戏曲南戏故里行·南戏研讨会合影留念 2011.12

2011年，南戏研讨会合影，一排左3为徐顺平

提到，在较长的时间里，我主要从事党务行政工作，可想而知，在非专业的工作岗位上搞专业研究，是非常艰难的，也曾为此心感不安。1994年10月，我在北京大学参加中国俗文学学会理事会议暨学术研讨会，许多著名专家得知我的情况时，感到惊讶与叹息。虽然，温州师范学院曾多次设法要调我去，1983年机构改革后，中共温州市委决定调我去任市文化局副局长兼文管会主任，并找我谈话，但是温州医学院是省委直管学校，单位不肯放最后都没有成功。但是不管如何，我始终坚持南戏文史研究，主要原因还是由于夏承焘、胡士莹两位老师对我的深切关怀与勉励。在"文革"动乱的时候，他们俩还嘱咐我不要停止研究工作，我感到心灵震撼，便下定决心，不论在何时何地任何情况下，都要将研究工作继续下去。我还深深记得，1973年3月去杭州看望夏承焘、胡士莹先生，夏先生问我南戏研究进行得如何，并说："凡是有价值的东西，总是有生命力的。"胡先生已经中风，不能说话，用笔歪歪斜斜地写了"快搞专业"四个大字，我知道他一直不希望我从事行政工作，看了后隐隐泪水，铭感于怀。

我工作很忙，白天没有时间，只能利用休息日与晚上，靠平时早起晚睡来进行研究。我撰著《王十朋评传》就是居住在双井头周转房的斗室里加班加点完成的。长期以来，我对人生的深刻感受与体会是："苦中求乐，其乐无穷。"由于客观条件不利与种种因素，我常有心有余而力不足之感。

回顾自己多年来的治学过程，自己始终坚持三个原则：一是要拥有资料，不做无米之炊；二是研究的态度要实事求是，据实论理，有多少材料说多少话；三是解决别人未曾解决的问题，但问题不分大小。虽然，前进的道路有时很不平坦，但只要不畏艰难，不断进取，努力克服困难，总会有所收获。

附录

徐顺平简历

1936 年 11 月 24 日

出生于浙江省永嘉县沙头区花坦乡垟下村。父亲徐贤亲，母亲周玉花。父亲毕业于龙沙高等小学，1941 年患"天花"病去世，终年 24 岁。

1941 年至 1950 年

先后就读于垟下村初级小学、花坦高等小学并毕业，期间因母亲参加共产党地下活动，1946 年起也参加地下党活动，负责保管地下党区委文书资料，为地下同志送信、带路。

1950 年春至 1953 年夏

就读于永嘉县济时初级中学，并毕业。

1953 年 9 月至 1956 年 8 月

就读于浙江省立丽水师范学校，并毕业。

1956 年 9 月至 1958 年 9 月

就读于温州师范学院中文科，并毕业。

1958 年 9 月至 1959 年 9 月

大学毕业被分配到台州师专文史科担任助教。不久，负责音乐科工作，带领师生与上海音乐学院浙江演出队一道下乡演出。参加大办钢铁运动。

1959 年 9 月至 1961 年 8 月

被调温州师范学院任教，担任语文教研组副组长。

1961 年 9 月至 1964 年 8 月

杭州大学中文系古典文学教研室、研究生班学习三年。在夏承焘、胡士莹、王焕镳等著名教授指导下，从事南戏与文史工作。这期间，撰著了《南戏为什么首先于温州产生》《论徐渭〈南词叙录〉戏剧观》等文，撰著《温州历史概述》《温州诗史》，参加夏承焘教授主持的《辛稼轩丛书》编纂。

1964 年 10 月至 1966 年 1 月

调浙江省人民政府教育厅工作，任《浙江教育》编辑兼记者。业余继续研究南戏。

1966 年 2 月至 8 月

中共浙江省委社教工作团四分团工作，任社教工作组组长兼党支部书记。

1966 年 8 月至 1969 年 11 月

浙江省教育厅参加"文化大革命"。1968 年 7 月浙江省革委会 (68)91 号文件，任命为浙江省教育厅革命领导小组成员，并任浙江省 1968 年退伍军人领导小组成员。分管负责当年分配至浙江省教育系统退伍军人安置的领导工作。

1969 年 12 月至 1970 年 5 月

浙江省革宣队省教育厅机关分队队长，进驻平阳县金乡区炎亭，后参加平阳县江南宗族武斗调查。

1970 年 5 月至 1970 年 8 月

浙江省省级机关斗批改干校，任原省教育厅机关分队队长。

1970 年 9 月至 1971 年 6 月

浙江省革委会政工组工作。

1971 年 7 月至 1978 年 3 月

因家庭分居要求调回故乡温州，至温州医学院政工组，负责党委宣传工作，业余时间继续研究南戏。

1978 年 4 月至 1981 年 1 月

参加国家重点科研项目《汉语大词典》编纂。任《汉语大词典》温州地区编写组负责人。在整顿调整中争取温州编写组继续保留，组织领导本组收词、编写工作。继续研究南戏，1980 年 2 月与胡雪冈合作于《戏剧艺术》发表《谈早期南戏的几个问题》，引起国内外学者重视，日本山口大学教授岩城秀夫赠《温州杂剧传存考》等论文交流。

1980 年 7 月

在时任中共温州地委宣传部副部长吴军同志领导下，与胡雪冈、唐湜等酝酿建立南戏研究小组，这是我国第一个专门研究南戏的团体，编刊《南戏探讨集》，为我国第一个专门研究南戏的学术刊物。

1981 年 2 月至 1984 年 6 月

任中共温州医学院宣传科（部）长，继续研究南戏，兼任《医古文》《大学语文》的教学。1983 年 9 月 10 日，母亲去世。母亲 27 岁守寡，1942年参加地下党活动，历尽艰辛。为此悲痛万分，撰写《痛苦的怀念》一文刊《浙江日报》悲悼纪念。

1984 年 6 月至 1988 年 11 月

任中共温州医学院党委（院长）办公室主任，兼任本院人文学科教学

1985 年 1 月 5 日

南戏学会筹备小组建立，被推举为副组长，参加 1985 年 1 月 18 日于温州召开，1985 年 12 月 22 日于杭州召开的第二、第三次筹备工作会议。1987 年 5 月 5 日，在南戏学会成立大会上，代表筹备组向大会作筹备会议报告，被选为南戏学会干事会干事。

1988 年 3 月、6 月

先后两次赴杭参加《中国戏曲志·浙江卷》审稿工作。

1988 年 11 月至 1993 年 9 月

任中共温州医学院党委委员，党委组织部部长，兼任本院《大学语文》、温州大学《中国古代文学》课程教学。1990 年 9 月起兼任温州大学《温州地方史》课程教学。所著《温州历史概述》被刊印为教材。

1989 年 11 月起

参加《中国曲学大辞典》编纂，承担撰写"南戏"部分《赵贞女蔡二郎》《王魁负桂英》等 100 余条目。

1993 年 7 月至 1997 年 7 月

中共浙江省委（1993）97 号文件任命，任温州医学院纪委书记（为副厅级省管干部），兼党委组织部长。

1994 年 10 月 27 日至 29 日

参加于北京大学召开的中国俗文学学会全国代表大会，被选为理事（每省一位理事，徐顺平代表浙江省）。

1996 年 5 月

由"当代永嘉百家丛书"编集的《怀乡集》出版。

1996 年 11 月至 1998 年 1 月

任《瓯越文化丛书》副主编，撰著《王十朋评传》，1998 年 1 月由人民文学出版社出版。

1997 年 3 月至 1998 年 12 月

任温州医学院顾问，组建人文学科教研室，任教研室主任。组织开设《中国古代文选》等 3 门课程，任《温州医学院校史》主编。

1997 年 10 月

于海宁参加全国关于王国维戏曲理论学术研讨会，在大会上就南戏产生问题作了发言。

1998 年 5 月

在温州诗词学会换届大会上，被选为温州诗词学会副会长。

1998 年 6 月至 1999 年 9 月

参加"高等院校 21 世纪人文素质教材"编纂，担任《中国文化概论》《中国文学阅读与欣赏》两书副主编、参加部分编写与审稿，该书 1999 年 9 月由北京首都师范大学出版社出版。

2000 年 8 月

参加南戏国际学术研讨会，安排在大会上发言，论文被收入中华书局出版的《南戏国际学术研讨会论文集》。

2004 年 11 月

1963 年 12 月于杭州大学编撰的《温州历史概述》，1987 年 9 月连载于《温州师范学院校报》，此时由香港新新出版社出版。

2009 年 7 月

《岁月留痕》《岁月咏怀》(2012.12)、《岁月拾零》(2013.10) 等先后出版。

2011 年 9 月

编辑本人主要论著的《徐顺平集》，由黄山书社出版。

2014 年 10 月

　　参加第六届南戏国际学术研讨会，被安排在大会作中心发言，论文刊于《戏曲研究》。

红十三军军长胡公冕访谈录

徐顺平

1965年8月7日，星期六，晴。上午8时到北京府右街小菜园15号国务院宿舍，访问红十三军军长胡公冕。眼前的他，剪平头、身材略显瘦小，朴实和蔼，甚象乡村老农。如果不是事先知道，我怎么相信他就是当年叱咤风云、威名显赫的中国工农红军十三军军长胡公冕呢？他热情接待我，当我告诉他是永嘉楠溪同乡时，他显得特别高兴，感到分外亲切！他询问故乡情况，我这时在杭州浙江省教育厅工作，除了回答他关于楠溪、温州的一些情况外，也向他说了杭州的一些情形。

胡公冕告诉说："我去年曾回楠溪，算是了却我多年在外的思乡心愿。家乡人得知我回来，怕我年纪大走不了路，便用箯到沙头接我，被我当场拒绝了！我对他们说，平生坐过车船，骑过马，但从不坐箯，我还能走得动路呢！他们听了也就不勉强了。"他又说："这次回乡，一看到五漈村庄，我便回忆起离乡半个多世纪的风云岁月，眼见村中父老乡亲生活仍较艰难，不禁感慨万分！"接着，他介绍了回乡后的活动情况。在他的叙谈中，我感觉到他对两件事感慨特深：一是当年参加红十三军战斗牺牲的烈士，许多至今未被承认。他说："我看到这些生活贫困艰难的烈士家属，不觉泪下！我给他们一一写了证明，并给县里写了信，请县政府予以关怀安抚。否则，烈士的英灵怎能安息？"二是他参观了温州江心屿烈士纪念馆，看了馆中陈列介绍，说红军十三军军长是陈文杰。他对此生气地说："这是违反历史事实的。陈文杰是红十三军政治部主任，从没当过军长，怎么说他是军长呢？"接着说："红十三军军长是我，周恩来总理知道的，他当时是中央军委书记。红十三军最后失败了，这是事实；我是军长，也是事实！"我说："应该尊重历史事实，陈文杰历史上没有当过军长，现在怎么可以说他是军长呢？您明明是军长，在介绍十三军时却反而一字不提，应该按事实纠正。"①

一

接着，我请胡公冕谈谈参加革命和领导红十三军的一些情况。

我说：小时候我就听大人们讲述您指挥红军转战浙南的故事，心中很是敬慕！长大后学习历史，得知大革命失败后，党中央为了挽救革命，组织全国武装起义，建立红军与革命根据地。您指挥的浙南红十三军就是当时全国红军的一支，我所在的埭下村就有徐保福、徐定金等参加。之后，浙南人民历经抗日、解放战争，在共产党领导下，英勇奋斗，解放了温州，取得革命胜利。浙南人民革命斗争的历史是可歌可泣的！建国以后，由于宗派主义影响，浙南革命斗争的历史被贬低，浙南游击出身的干部在使用和工作中受到压抑，为此我心中愤愤不平。于是，我从1959年开始，进行调查访问，搜集革命史料，

准备写浙南革命史，还其历史真实面目。我早就想访问您，但由于客观原因与条件限制，直到今天才实现愿望。现在我请您谈谈离家参加革命的主要历程与红十三军的情况。

胡公冕说：听了你刚才说的话，我感到你很有正义感，有志气，很高兴！你要我说说离家参加革命的事，其实我离家与参加革命并不是一回事。我19岁那年（清光绪三十三年，公元1907年）离家，是想离开五溇穷山沟，到外面寻找生活出路。因为我知道生活在五溇山沟里的人，世世代代贫穷受苦，无出头之日。我感到蹲不下去了，就瞒着父亲离乡出走。到了杭州

---

① 这里指1964年前，现早已改正。

之后，像我这样既没有什么文化又不通语言的乡下佬，有什么门路可寻呢？没奈何，只好去当兵，当了学兵。

我问：我听中学老师李仲芳先生说，您离乡去杭州找亲戚徐定超，请他给您找个工作，有这事吗？

胡公冕说：仲芳我早年认识，他说的也是事实。徐定超是我姑丈，当时他刚好在杭州，我到杭州后找到了姑母要求找个工作，姑丈说这里没有适合我的工作。他通过别人介绍我去随营学校当学兵。我到了那里，有饭吃、有衣穿，学习操练、学习文化，也感到满足了。我在那里勤奋学习文化，认真操练，进步较快。后来被我父亲知道，他找到杭州把我叫回家去了。我在学兵营只有一年多时间，但对我的人生影响极大。我原来不知天下究竟有多大，这次出去可说是见世面了。在兵营里听到许多情况和消息，感到天下确实很大。这时我虽然被父亲勉强叫回家，但我从此决心不再在五濑山沟受苦，先是到岩头小学当了一年体育教员，后经人介绍去孝丰县兵营当教练。辛亥革命起来后，我在温州参加革命军，带一个排经宁波到了上海，我由排长升为队长，蒋介石当时任团长，开始与他认识。不久，南北议和，部队遣散，我到了杭州，姑丈通过浙江省体育会会长沈钧儒先生，介绍我到杭州专门体育学堂当教员。不久，转到浙江第一师范学校当体育教员，一教就近 10 年。

我问：一师有个学生叫邹彭年，又名孟时，您还记得起吗？

胡公冕想了一下，说：记得，个子瘦瘦长长的，聪明活跃，一师闹学潮时亦很积极，好像他与谢文锦同一班，他现在哪里？

我说：他也说与谢文锦同班，现家住杭州红门局，退休后来省教育厅《浙江教育》杂志社搞事务，与我较接近。他说您教体育课时，对同学要求很严格，您对学生说："体育不仅育人体魄，更重要的要育人意志。"这些话他至今深深记得。他说您在"五四"运动时，积极支持一师学潮，是吗？

胡公冕说：有这回事。我当时剪平头，夏天烈日下、冬天严寒中带头操练，一些怕苦的学生见我以身作则带头，便振作起精神。我认为体育课不只是操操练练锻炼身体，还要磨炼意志。我在一师任教期间，爆发了反帝反封建的"五四"运动。我与陈望道、沈玄庐、刘大白、夏丏尊等，对北洋军阀签订丧权辱国条约感到愤怒，支持学潮。当局派军警来包围学生，我参与学生指挥与之斗争，后来其他学校也来声援，军警见势不妙便退去了，斗争取得胜利。

二

胡公冕说：经过"五四"运动，我认识到要使中国独立自主，必须推翻军阀政府与帝国主义在国内的势力，于是我要求参加革命。1921年10月，由陈望道、沈定一介绍，我在上海参加了中国共产党。第二年春天，党指派我去苏联莫斯科参加远东各国共产党与民族革命团体代表大会。张国焘为中国代表团负责人，骄傲自满，我看不惯，就批评他。在苏联期间，我们参观了些地方，受到列宁同志接见。会后不久我便回国，到杭州继续在一师任教。

胡公冕说：1923年9月，由邵力子、戴季陶推荐介绍，我在上海谒见了孙中山先生。当时国共合作，我经组织同意，以个人身份加入国民党。中山先生派我到福建许崇智部做军队改造工作。到了那里后，见蒋介石已在许部任参谋长，我与他两人商量议论了一下，感到许部官兵系广东籍，宗派意识严重，外人难以插进开展工作，我便告辞返回上海了。这时中山先生从上海到广州，不久我便去广州中山先生大本营，在兵站工作。奉中山先生之命，我到浙江办理国民党第一次全国代表大会代表选举事宜，事毕回广州参加一次国大会议。会后，参加筹建黄埔军校，到浙江招考第一期学生。军校建立后，我任卫兵长。因学生人数不足，我再次去浙江等地招生。1925年春，东征陈炯明，蒋介石率两个团，我在教导二团二营任营长，后兼前卫司令。我在攻打龙烟洞战斗中受伤，伤愈后升任团党代表。东征结束回校，军校政治部主任周恩来提议同意，我到军校政治部任大队长。

胡公冕说：1926年7月北伐，我任北伐军宣传大队大队长。与郭沫若、周恩寿往前线视察战场。当时情况，郭沫若在《革命春秋》自传中有所记述。北伐军打下南昌、九江后，蒋介石任我为北伐军总司令部副官处处长，未赴任，即率部一团先头进入浙江。1926年11月，我任东路军前线总指挥部政治部主任。何应钦为东路军总指挥，白崇禧为参谋长。杭州光复后，由我临时负责浙江省政务工作。我尽量将共产党员分派各县任县长，白崇禧甚为不满，与我争吵，何应钦也有意见。"四·一二"蒋介石公开反共，上海实施大屠杀，我遭通缉。1927年5月，我离上海到了武汉，被派往张发奎部任团长。"八一"起义前我奉命率部去南昌，但由于接到命令迟了，部队行至九江时，听说南昌起义部队已离南昌南下。党派聂荣臻来九江与我联络，这时张发奎正要抓我，我与聂荣臻商量决定，将部队交给参谋长，立即上庐山隐避。后闻张发奎欲上山抓我，我便化装下山去上海了。

三

胡公冕说：我隐蔽在上海，至1928年8月，潜回家乡五溇，准备组织武装暴动。不料被国民党发觉，密令捕我，幸有人暗中告诉我消息，我便连夜离开楠溪返回上海。1929年10月我受中央周恩来同志委派再次从上海秘密返回楠溪，在潘坑组建浙南红军游击队，约400余人，建立总指挥部，我任总指挥。开展游击战，曾攻入丽水城。1930年5月，中央军委授予番号，浙南红军改编为中国工农红军第十三军，我任军长，金贯真任政委，陈文杰为政治部主任，刘雄蜚为参谋长。下辖三个大队，活动地区扩大到温、台、处3州10多个县。在游击战中，缴获了乐清警察所枪支，解放虹桥，缴获虹桥警察所枪支。攻下大芙蓉，打败伪警一个连。1930年冬攻打青田县城，途中遇省防军阻击，歼敌两个连，缴获大批武器，不断扩大队伍，到达瑞安时人数已达5000余人。1931年春攻入平阳县城，一度占领国民党县府、警察局，在敌我激战中，我军伤亡甚大，主动撤退，返回五㵬。1931年5月，我去上海向中央汇报请示工作，中央派遣从苏联回国的几名干部支援浙南红十三军，充实了部队参谋与教官。接着，率部打败碧莲李茅十八地反动武装，解放缙云县，沿途歼灭省防军一个营并县城守敌二个连，缴获大批武器弹药。1931年9月中旬，我在温州城内搞兵运工作，准备组织温州大暴动。正在此时，红十三军政委金贯真被捕牺牲，暴动计划又因叛徒告密而失败。温州全城戒严搜捕红军，并悬重赏抓我，我化装潜出温州城，回到五㵬，研究对策，决定我赴中央请示汇报，将队伍暂交雷高升指挥。

胡公冕说：1931年12月我到达上海，向中央请示，中央军委李得昭同志告诉我"九·一八"事变后，党中央决定要扩大民族革命战争运动，派了几名干部协助我，准备在上海训练一批干部，带回浙南扩大游击战争。同时又派我去南京、杭州策动黄埔系军官起义，牵制敌人对各地红军的包围。正在这时，由于叛徒出卖，我于1932年4月一个夜里在上海英租界被捕。后来我听说红十三军在雷高升率领下坚持了一个时期，被反动派诱捕杀害，部队被镇压了。

四

胡公冕说：我被押送南京关在军法司一间牢房里，不准出牢门一步，达两年之久。后移送我至江西南昌伪总司令部行营监狱继续关押。后来，随着全国抗日救亡运动的进一步高涨，要求释放政治犯，1936 年 2 月被释放出狱。

我问：对您释放出狱，外界有不同传闻议论，一是说您在狱中登报声明，表示出狱后不再顾问政治；一是说您的亲信学生胡宗南与陈诚保释您出狱，未知真实情况如何？

胡公冕说：你说的两种传闻都是错的。我在狱中没有登报声明，也不是胡宗南、陈诚保释我出狱的。我说过，主要是抗日救亡运动高涨，提出释放政治犯，党组织与我的亲朋也为营救我活动工作过，还有我自己在黄埔军校和东征、北伐时有一些名声，我与国民党上层人物与黄埔学生有来往，蒋介石要杀我也是有些顾虑的。当然，胡宗南在黄埔是我学生，我对他有过关心照顾，他对我也有感恩，陈诚是黄埔同事，他们在蒋面前为我说些话是可能的，但保我出狱不是他们，而是邵力子，他当时任陕西省政府主席，这情况是我出狱后才知道的。

胡公冕说：因为邵力子保我出狱，我出狱后，他便告诉我并要我到西安居住，实际上要控制我自由行动。我在西安住在浙江一师我学生龚贤明家里，他当时任西安市建设委员会主任。1936 年 12 月 12 日发生西安事变，党派周恩来同志来西安，两人久别重逢，很是高兴！恩来同志派我带他和杨虎城的亲笔信去找胡宗南，劝阻他的部队东犯。回来后，我又在恩来同志指示下，在西北军和东北军中做些思想工作，去西京招待所、新城与蒋方被押人员谈话，宣传停止内战，一致抗日。

胡公冕说：西安事变后，国共再次合作，抗日统一战线形成，我较以前自由些。由于各方面提出要求国民党废除一党专政，国民党不得不做出一些姿态，对党外知名人士作些安排，任我为甘肃平凉专员。

五

我问: 外界传说胡宗南早期是您一手培养, 他后来积极反共, 您又在他"反共"军事辖区内任专员, 人们议论较多, 未知您与胡宗南关系究竟如何?

胡公冕说: 我 1910 年在孝丰县兵营当教练时, 胡宗南当时是孝丰县高等小学高年级学生, 是个农民子弟, 喜欢体育打球, 因此认识。他几次来兵营看我, 跟我学体操。后来他读中学, 毕业后在小学当教员亦与我有联系, 来杭州一师看过我几次。1924 年 6 月, 胡宗南来广东黄埔军校看我, 说自己事先不知, 未能赶上黄埔军校招考, 想直接进来就读, 要我帮助。这时黄埔军校一期招考已经结束, 马上就要开学。加上他这时年龄已 28 岁了, 超过军校招收学生年龄为 18 至 25 岁规定。我虽然参与负责黄埔一期招生工作, 但到这时我也不好随便答应, 我给他说了情况, 叫他先当预备生, 如有人不读便让进去。他听后感到很委屈难过, 在我面前流泪。我同情他, 叫他揩掉眼泪, 表示为他说说看, 可以的话, 你进来读就是了。为此我找了蒋介石, 他答应了, 于是胡宗南便进了军校一期。

胡公冕说: 当时军校 6 个月短期训练即毕业。1925 年初胡宗南一期毕业, 由见习官升任排长。1925 年春, 东征讨伐陈炯明, 共两个团, 我任教导二团二营营长, 将胡宗南调入本营。以军功提升他为连长, 不久又升任他为营副。后我兼任前卫司令, 在战斗中负伤, 我指定胡宗南代营长。他晋升之快, 为黄埔一期毕业生中独一无二。胡宗南深知我对他的关心帮助, 为他以后的发展打下基础, 所以他对我也是记恩的。胡宗南出身贫苦, 早期思想是进步的, 受我影响, 也是反对蒋介石的。他被蒋介石拉去反共是他当了师长以后。1937 年春我就任平凉专员, 是听从党的指示而行的。先是蒋鼎文要我任西安行营第三厅厅长, 被我拒绝。后来公布我为平凉专员, 我亦不去, 后来恩来同志知道了, 通过潘汉年同志动员我去, 说平凉是交通要道，对统一战线和党的工作有利，我便去了。

胡公冕说：我曾于 1937 年初夏，参加陕北参观团去延安，受到毛泽东主席单独接见。在他房间里，他与我进行亲切谈话，勉励我为抗日救国与统一战线多做些工作。我到平凉后，即与延安保持联系，苏联许多军火和通讯器材都通过我处运往解放区。一些解放区军事人员与伤员也由我处予以方便过境。结果，我的行动引起国民党反动派的注意。至 1941 年第二次反共高潮之后，甘肃省政府主席换为反动的 CC 头子谷正伦，我感到自身安全不保，便辞去了专员职务。

胡公冕说：辞职后我居住在西安，与胡宗南有时相见，我曾责问胡宗南为什么大军封锁边区，不去抗日？胡宗南却借口"延安要打出来"来搪塞。1943 年初，宗南突然来找我，要我去陕北访问，我估计他有他的意图，而我却想乘机去延安看看毛主席和中央其他领导同志，听取工作指示。我怕受到同行人的监视便特地向胡宗南提出同行之人要由我选定的条件，胡宗南答应了。我挑选了当过我秘书的程海寰（后因反蒋被捕牺牲），在我属下任过科员的唐治平、林壮志（中共党员）等人同去延安。不料临行前胡宗南突然通知我，要副师长侯声和与我同行，我对胡宗南说话不算数感到生气，我说不去了，后因已与延安说好了，八路军办事处同志告诉我侯去亦无碍，结果我还是去了。到延安后我将情况告诉了叶剑英、李富春同志，谈论如何通过工作使胡宗南解除封锁线，加强抗日战线等问题。毛主席单独接见了我，希望我能去重庆向蒋介石讲述两党团结抗日的重要性与利害关系等，毛主席还非常关切我的家庭生活情况。事后我与富春、剑英同志商量拟去重庆，但后来胡宗南反对，不让我去而未能成行。抗日战争后期，国民党更加积极反共，胡宗南警告我说："你要当心，中统在注意你"。1943 年秋，周恩来、邓颖超离开重庆返回延安，路过西安时来我家，特务密探跟踪而至，我与彭猗兰送恩来、颖超同志出门时，看见特务在严密监视我们。抗战胜利后，国内情势更趋复杂，安全不保，处境困难，我便离开西安去上海了。

胡公冕说：解放战争开始后，党指示我对胡宗南进行策反工作。其实，我早在红军十三军时期就曾策反过胡宗南。当时我在上海遇到胡宗南的弟弟胡琴轩，我叫他拿着我的亲笔信到南京策动胡宗南起义，他只犹豫了一下而没有行动。解放战争后期，眼看国民党大势已去，我曾三次往返西安劝说胡宗南起义，他有些动摇，答应考虑，但后来他又说："我这样做，会给黄埔同学骂死。"未能下决心，最后一次是西安解放以后，胡宗南逃往汉中，这时他手下还有几十万军队，周恩来同志叫我到西安策动胡宗南投诚起义。我在西北军区领导下进行此项工作。与彭德怀及军区领导商量，挑选了 2 个人，一个是孟丙南，他的妻子为胡宗南义女，由胡宗南主婚，关系亲密。孟原在胡部某师任参谋主任，兵败后进入解放军行列；另一个是张新，为胡宗南同乡，原为胡部旅长，深得胡喜爱。我在西安原西北军杨虎城公馆亲自找他两人谈话，作了一些吩咐。将我给胡宗南的亲笔信交给他们，连同西北局关于争取蒋军投明弃暗的文件，密封在张新的鞋底里，然后两人分头前往。当时国民党已穷途末路，当胡宗南看了我的亲笔信，并听了王、张的谈话，思想斗争很激烈，开始动摇，但他对我方的起义政策仍怀有疑虑。正在此时，蒋介石亲临汉中，做他工作，说第三次世界大战很快起来，形势马上改变等等，胡宗南受蒋蒙骗，最终没有起义。军队覆没，匆匆逃往台湾。总之，胡宗南这个人，对我只是感恩，讲点义气，但在关键问题上仍不真正听我，与我走的是两条路。我与胡宗南的关系就是上面这些。有些情况外界不一定很清楚，今天在这里给你说了。

六

胡公冕说：解放战争后期，在周恩来同志关照下，我与上海社会部吴

克坚同志取得联系，在上海地下党的指示下，我于 1947 年冬几次往返西安劝说胡宗南起义，未成功（前面已述）。1948 年冬至 1949 年我劝说 200 师师长兼温州专员叶芳起义，温州和平解放。1949 年春我派人去福建策动国民党第九军军长徐志勖起义。徐是我黄埔学生，又是同乡，他表示考虑。不久蒋介石召开福州军事会议，加紧对徐的控制与工作，最后被拉回去了。

胡公冕说：上海解放，周恩来同志即来电报叫我去北京，命我去西安配合西北军区最后一次做争取胡宗南起义工作。曾随贺龙、习仲勋同志乘铁甲车奔驰西北。由于过度紧张劳累，致使生病住进医院。直至 1950 年秋病愈回北京即在国务院参事室任参事至今。

胡公冕说："只凭个人记忆，由于时隔久远，难免有误。"

我感谢他热情接待与谈话。胡公冕今年已 78 岁了，身体精神依然很好。夫人彭猗兰年稍轻些，红光满面，精神焕发！在访谈过程中，猗兰同志一直陪伴在侧，有时还插插话。她告诉自己是安徽徽州人，随公冕先后去过楠溪两次，第一次是 1928 年 8 月随公冕回乡准备组织武装暴动，因敌人追捕返回上海，不久便去南洋新加坡教书谋生；第二次是去年随公冕回乡访问老区乡亲。这时，胡公冕特地到房里拿了一张半身照片，送给我留作纪念，我向他与夫人握手告别。

1965 年 8 月 20 日

据记录整理于杭州

后 记

1965 年 8 月在北京访问红十三军军长胡公冕至今忽已 38 年了。世事沧桑，万象更新。随着党史资料征集与研究工作的深入开展，胡公冕回忆谈话中许多内容已得到印证；同时也发现有些内容、时间与事实不符，应以后来组织上调查核实为准。正如胡公冕本人访谈时所说的："由于时隔久远，仅凭记忆难免有误。"但为了保持当时谈话的本来面目，对谈话记录文字不作任何删改。不管如何，胡公冕当时回忆谈话中，有不少未为人知的内容，现已非常珍贵！

当年我访问胡公冕时还是个不到三十岁的青年，如今已年近七十，时光匆匆，令人感慨！胡公冕同志已于 1979 年 6 月去世，今天，当我拣出这篇旧文重读，仿佛胡公冕当年的声音笑貌与谈话时的种种情景，又在眼前耳际重现。他是从永嘉楠溪山中走出来的，虽然他当时离别家乡已半个多世纪，历经时代风云变幻，但我仍能从他脸上看到楠溪乡亲朴实和蔼而又耿直坚强的风格神韵，他说话时带着浓重的乡音，这一切使我至今仍感到分外亲切！

今天，我读着这篇访谈录，似乎感到是自己对往事的呼唤，也是对胡公冕的追怀悼念！

2002.10.23

父亲的背影

胡坚

1952 年 10 月，中共浙江省委党校第九期干部培训班在杭州孤山留影，左 6 为胡顺雷

  人的生命真的很脆弱，一直重视运动锻炼，虽然年事已高但身子骨仍然硬朗的父亲，被病魔无情地带走了。父亲已经是 95 岁高龄，从社会平均寿命来说，我们当无奈地知足了，但是，我一直相信父亲能活过百岁。

  人的生命中，最难丢失的可能是悲伤。父亲走了，第一个号啕大哭的竟然是同病房的病友。这位病友与父亲同住医院半年，他患了老年痴呆症，平常基本不说话，脸也毫无表情，就这么木木地任由别人摆布。当我父亲去世的一刹那间，他突然大哭起来，哭得极为伤心。后来，还听他女儿说，我父亲去世后，他数天不睡觉，不时地要挑起隔离的帘布，望着我父亲曾经躺过的病床流泪。

  人人都有父亲，当然不同的父亲不尽相同，从普遍意义上说，父亲就

父亲的背影

1956 年 6 月，中共永嘉县第一次党代会选举产生的永嘉县委全体委员合影，二排右2为胡顺雷

是那个小时候让你骑在肩膀尿流他背脊的人，那个打了你后一会儿就催你妈查看你屁股的人，那个送你到校还在拐角处再看一眼校门的人，那个你说没钱就把自己最后的烟钱掏出全塞给你的人，那个躺在病床与你打电话还说自己一切都好的人，那个远在深山只等你每年清明给他敬一杯酒的人。有一首写父亲的歌让无数的人泪流满面：想想您的背影，我感受了坚韧，抚摸您的双手，我摸到了艰辛……央求您下辈子还做我的父亲。这是父子深情的写照。

我父亲是一位普通的共产党员。出生在永嘉，1945 年加入中国共产党。

1949 年 5 月，担任过黄南乡党委书记。1953 年担任岩头区委书记。1966 年调任平阳县担任副县长。1984 年担任永嘉县政协常务副主席，一直到离休。

　　父亲在世时经常说的一句话是：他的一生，是苦难的童年、奋斗的青年、拼搏的中年、幸福的晚年。童年时代，他吃了不少苦，18 岁时，我的爷爷患急病去世。后来我的奶奶也生病一年多时间后去世。当时父亲不到 20 岁，在短短的一年多时间里就父母双亡，人生一下子掉到低谷。1945 年，我父亲参加了中国共产党，才找到了人生的道路，也找到了生活的温暖。苦难的童年与少年使他特别珍惜共产党给他带来的一切，他为革命赴汤蹈火、忠心耿耿，在艰难险阻中做了大量工作，多次经历生与死的考验。新中国成立后，我父亲以强烈的事业心和责任感，勤勤恳恳、任劳任怨地做好组织交给的各项工作。无论在什么岗位上，都充分展现了一名老共产党员的胸怀与境界，体现了一位老同志的初心与使命。

1985 年 4 月，胡国洲（左 1），胡公冕夫人彭绮兰（左 2），胡顺雷（左 3）合影

胡顺雷80诞辰
与爱人李碎燕
合影

我父亲对待工作像一团火，对待家人也像一团火，总是温暖着我们一家。在我的记忆中他的工作总是十分忙碌。20世纪60年代，他在县级领导岗位上分管农业渔业，他会数个月跟着渔船出海，在海上指导渔业工作。无论多忙，他回家时总不会忘记给家人带点水果点心，等着他回家总是我们最期盼的事。"文革"时他受到打击批斗，但在我们面前从不流露半点委屈，仍然像往常一样逗我们开心，生怕痛苦挫伤我们幼小的心灵。他一辈子工作岗位经常交流变动，但从来没有任何抱怨，我们看到的总是他永远不知疲倦的身影。人到晚年，离开了工作岗位，他总是谆谆教导我们做清正的人。

父亲在家中永远是亲情的中心。我弟弟七岁时，父亲坐长途汽车要到温州开会，弟弟跑上车紧紧抱住车上的柱子坚决不松手，一定要跟着去，后来，我妈妈带着我与弟弟妹妹跟着去了温州，这是我第一次到温州这样大的城市。我读大学，20多岁了，暑假回家，在父亲与别人谈话时，我还趴在他的背上，让周围的人笑话了一阵。父亲最开心的就是我的兄弟妹妹们取得一点成绩，我读小学四年级时，一时兴起在家里的一块假山石头上用毛笔写了一首诗，父亲高兴得来人总要介绍一下这首诗，一直到他晚年，他还记着这首诗。

晚年的父亲突然要出长差了，要去一个叫永远的地方，在匆忙之中，让我们来不及为他准备行囊。难舍难离的雨打湿了我们的脸庞，望着他远去的背影，我们用心捧着他留给我们这个世界上最珍贵的东西。父亲留给我们最宝贵的是勤奋好学的精神。他学历不高，但是一辈子不断地学习，记了大量的笔记，还印制了自己的《回忆录》和《人生感悟》两本书，他最爱的就是利用各种机会给后辈们讲做人的道理。他留给我们最深刻的是严谨细致的作风，做任何一件事，他总是反复思考，把事情做到极致，他曾经把一篇文章修改了30多遍才完稿；他留给我们最重要的是待人接物的态度，他总是以诚待人，宁可自己吃亏，也要让别人快乐，特别是对待生活困难的同志与农民群众，他总是竭尽全力关心和无私地帮助，所以他走到哪里，身边的旧友总是特别的多；他留给我们最严格的是家风，他一直要求我们，做人要遵纪守法，清清白白，最宝贵的永远是家庭的和睦和平淡的生活。我们是一个人口众多的大家庭，但是兄弟姐妹们相处得欢乐和谐。他留给我们最永久的是坚强，无论遇到怎样的艰难困苦，哪怕病魔的无情折磨，他始终保持着人生的乐观与豁达，让我们感受到"不怕"是人生最重要的性格。

写到这里，我想起一位作家说的话："你与他的缘分就是今生今世不断地在目送他的背影渐行渐远。"无论对于孩子还是大人，可能这就构成一个人悲喜交集的一生。

父亲去世后，我儿子曾在朋友圈发了一条微信，说："爷爷经常跟我唠叨，以后，我再也听不到爷爷的唠叨了。"的确，有人对你唠叨是你一生最幸福的事。

远去的父亲，已经不会再有唠叨声了。但是，他在我的心中会留下永远不会远去的背影。

回忆当年为革命工作那些事

胡顺雷

我在 1945 年 7 月加入中国共产党后，经历了新旧社会的对比，经历了解放战争、社会主义建设、改革开放的历史变迁，我由衷地感到共产党的领导，给人民带来的幸福。回忆新中国成立前，我家成为革命者的落脚点和联络站，党组织把我看成是完全信得过的联络人。当时，我一边种田一边为革命工作，完成党交给的各种任务。

红色联络站

1946 年冬，在敌强我弱的形势下，我党精简武装队伍，武器分散保管，建立小型武工队，开展游击战争。当时，楠溪中心区委书记胡国洲同志有三支步枪和一些子弹交给我保管。1948 年春，革命形势有了好转，武装队伍逐步扩大，枪支弹药重新集中，胡国洲同志写信给我，由我保管的三支枪送到住在陈山自然村的武工队郑康平同志手中。这年夏天，胡国洲来到我家，住了两天，他有一支手枪和一封信，叫我送给住在黄南乡昔头自然村的武工队汪瑞烈同志。出发时，我把枪放在抽袋里，走到路上没人的地方我就快走，有人的地方，思想情绪镇定走慢一些。我一路小心谨慎，经过源头、乌弄坑、犁头窟、霄岭到昔头，安全送到目的地，汪瑞烈同志高兴地接过手枪和信，并热情地留我吃饭和过夜。第二天汪瑞烈同志写了封信交我带回给胡国洲同志，我顺利完成了这个任务。

1948 年，胡国洲同志在我家开过两次区委扩大会，会议有汪瑞烈、戴洪法、郑中卿、谢用佐、陈瑞恩、汪吉仁、谢岩寿等同志参加。会议中，我的任务是后勤会务工作，安排与会同志的吃饭、住宿，还为会议站岗放哨，确保安全开好会议。会议结束后，胡国洲同志把会议精神告诉了我，具体交代了一些任务。

除开会外，平时来我家活动较多的同志有胡国洲、戴洪法、金秀灯等，他们经常来做党的工作，宣传革命道理。另外，还有一些女同志，如南小兰、李愉、陈凤菊、李哲洪、邵秀珍等，也多次来过我家，发动妇女，组织妇联会，教妇女们唱歌曲，如唱《妇女叹苦》的歌。教妇女们做布草鞋，有50多双支援前线，送给解放军和游击队。

党的武装队伍也住过我家，1945年冬，第九中队队长汪甫生的队伍；1947年秋支队长徐寿考同志带领的队伍；1948年春，万文达同志领导的队伍。这些革命武装部队，分别到我处住过几天。他们早晨跑步，白天学习，晚上唱歌等。我是联络人，凡是同志来往，部队经过住宿，我都帮助安排好生活，为革命需要完成我应该做的任务。

联络站转送信件较多，源头、吴山头、蛙蟆垄、龙潭背，是一条交通联络线，我家成为党的地下活动交通联络站，有信件要及时转送，确保畅通无阻。我记忆最深的是，有一次，我在大坪头犁田，这丘田面积不大，可我犁了三次才把它犁完，原因是，第一次开始只犁了几圈，有位同志送信来，为了先把信送出，我立即放下牛绳和犁去送信。第二天又去犁田，又要送信，我再一次先送信。这丘田第三次才能犁完。游击战争时期的信件，非常重要，为了安全送好信，将信件卷成半支香烟那么小，放在衣服角落里，隐蔽很好。有两次我送信最远的地方是五尺乡水东村鲍成岩家，路经岩坦、小舟垟、溪口、上宅岸、大谢、分水垄、下龙等村，全程来回要40多公里，饿着肚子。山路坎坷，走路比较辛苦。两次送信到黄南乡宵岭村周福水家，经过三个村，跑山路来回也要五个钟头。为了完成好工作任务，我克服了种种困难，确保信件及时到达。我还转送新入伍的同志到部队参军，鲤溪村李洪植同志，是我转送到陈山自然村的武工队入伍的。同时，接待一些远道送信来的同志住宿吃饭，如黄南乡岩门下村里思坑自然村李培丰同志来我家要走20多公里路，曾有两次我留他过夜，第二天送他回程。

总之，新中国成立前，我家是革命的地下红色联络站，我是地下联络员和革命工作者。有党的正确领导，革命队伍逐步发展壮大，把群众基础较好的村庄连成一片，形成大面积的游击根据地。革命部队有根据地人民的掩护和支持，就能稳定生存，方便活动，克敌制胜，打击敌人，不断取得革命的胜利。

2003 年 8 月 8 日

吴山头缝纫组

吴山头是永嘉县岩坦乡蛙蟆垅村的自然村，位置偏僻，山峦重叠，潭水潺潺，林竹茂密。这里的党支部坚强，群众基础好，是有利于共产党打隐蔽游击战争的好地方。我党于 1948 年 10 月，随着全国解放战争进入战略大反攻阶段，已迅速扩充了部队，全面向敌人开展武装斗争，形势大好。为此，地下党组织做好后勤工作，配合游击队进行军事斗争，是非常重要的紧迫任务。特别是严冬腊月气候寒冷，战士的棉衣是最要紧的。这时，屿北区委书记戴洪法同志，根据上级的指示，选定了吴山头自然村做据点，就在我家里设缝纫组，为武装游击队赶做棉衣。

因为洪法同志原是裁缝师傅出身，这个缝纫组由他亲自过问，并派汪东京、胡胜利两位同志具体负责。他们立即行动起来，聘请师傅既要政治可靠，又要技术较好，共聘请了潘梓敬、戴本田等裁缝师傅 66 人。缝纫机只四部，大部分靠手工做。时间一个多月，师傅的粮食、蔬菜、烧的柴都由我负责供给。他们集中以后，戴洪法同志先进行思想教育，讲明为部队做衣服是光荣的政治任务，为了打敌人求解放，我们必须积极承担这项艰巨任务。政治动员以后，经过民主讨论，规定几条守则：一是绝对保密，不准在外乱讲；二是没有急事，不要请假；三是要大公无私，不准乱拿东西；四是节约原料，保质保量完成任务。师傅们个个谈认识，表决心，积极响应，

坚决照办。

洪法同志还对他们讲：裁衣先量身，战士不在量自身，定标准分类型，衣服分大、中、小三等，中等占一半，大等和小等也占一半。标准定好后，由潘梓敬集中裁，分散个人做。做好准备，对付敌人的突然袭击。洪法同志还说师傅做衣服光量身还不够，还要有"良心"，师傅战士一条心，一针一线要认真，保证质量最要紧，做好棉衣暖人心。为了任务明，责任清，每天领出原料要登记，上交衣服要清点。

师傅们白天做衣服，晚上讲故事，有说有笑，增加生活内容，提高工作情绪。我记得有一天，木炭快用完了，我到群众户上去收木炭回来时，洪法同志正绘声绘色地讲着"木炭"的故事呢！师傅们都聚精会神地听着，他用形象生动的比喻说：没有木炭熨斗不会热，衣服烫不平，俗话讲：做衣怕布皱，不平靠熨斗。旧社会农村没电，做衣服的熨斗历来用木炭的。还有打铁要用炭，炭的特性是不怕硬的，铁虽然硬，但是怕炭，好比敌人是块铁，群众是箩炭，只有群众的革命烈火猛，这块烂铁再硬也是硬不过木炭的，只有群众的革命烈火燃烧得越猛，敌人的没落日子就越快。这段革命故事，我到现在记得很深刻。实践证明，只有党的领导，人民团结起来，敢于和敌人碰硬，开展武装斗争，人民才有翻身的日子。

为战士做的棉衣，是青斜纹面、蓝洋布衬的，布的来源是通过岩坦一个统战对象国民党乡事务员戴岩德，党交代他去温州兑换黄金十六两，购买来布匹、棉花等用料，放在温州东门舴艋船里运到溪口，交地下党员夜间分批送来。师傅在一个多月的工作过程中，工作生活虽然很辛苦，但精神很愉快，表现都很好。缝纫组虽简陋，但都出色地完成了任务。共做棉衣 500 件，单衣 500 件，单裤 500 条，米袋 300 条。师傅的工钱是四斤米算一工，裁缝机工一人一天算两工。衣服做好后，及时在夜里分批送出，通过一站一站送到战士手里。有一次洪法同志派当地支部党员，群众十几人，把 80 套衣服送给驻在黄南乡里只村的括苍中心武工队。当武工队负责人收到衣服时说：谢谢你们及时送来了棉衣。就像是旱中甘露，雪中送炭。当战士分到衣服时，个个试穿，有说有笑，有唱有跳，那个高兴情景简直无法形容！衣服大小互相调换，战士都可穿到合身的衣裳，战士心情愉快，精神饱满，可以防御大自然的寒冷和反动派的暴风。缝纫组为部队打胜仗，为增强战斗力，作出一定贡献！

1984 年 11 月 10 日

建立"牛组"为革命筹款

当年游击时期的"牛组"就是共产党的地下拘留所，专关犯人的地方。1947 年冬，楠溪中心区委书记胡国洲同志，根据上级指示，和汪瑞烈、戴洪法同志商议决定，在岩坦镇蛙蟆垅村建立"牛组"，地点由该村党支部选择，我村党支部接到上级通知后，支部书记李天德，委员戴德木、戴德金，与我研究召开党员大会一起讨论，"牛组"地点选择坑角里。这里群山怀抱，森林茂盛，还有老屋基，有水有草坪，离村较近既隐蔽又方便。我们立即行动，抽调几个可靠的木工，自己设计，自己动手。全体党员一齐出动，还有几个民兵，共20多人，开工填基平地，砍树背木头和茅竹。经过十多天的奋战，建成三间有楼的木屋，木房的四面楼板、隔墙都是木头做，门是竹的，房顶是茅杆盖的，冬暖夏凉，环境较好，空气新鲜。房子盖好后，向领导汇报启动使用，"牛组"从西塘竹儿坪角转移到我村。我村党支部负责做群众保密工作、保证安全、粮菜供应、接待来往、上下联系等工作。区委决定，"牛组"管理人员配一个武装班，共12个人，班长先由倪德明担任，后由朱三奶担任，队员有郑可风、王开林、汤启挺、李天梅等。政治教员徐祥潘（化名向情，乐清人），负责管理人员，白天组织学习，上政治课，讲革命道理，并上文化课，教队员读书写字。要求队员提高警惕，遵守党的纪律，保守党的秘密，站岗放哨，管好犯人，防止出意外事故。队员对向情同志反映很好，认为团结同志和蔼可亲，年轻智高讲话有水平。

武工队有个短枪班，是周国龙、金则龙、郑可胜、滕志荣等人，他们根据上级指定的对象，夜里出动，深入有对象的村子里，先了解好情况，对"牛"进行密捕。关押的对象，当时在永嘉、仙居、黄岩等三个县，选择有钱、有枪、有罪恶、有民愤的富豪入手，把这些罪犯都叫"牛"。

管理人员对犯人的措施：一是政治教育，教育他们改邪归正，重新做人，指明方向，今后不再欺压人民，这是唯一出路；二是交出武器，不要反对共产党，要老老实实做人；三是要交钱，从人民身上剥削去的不义之财要交出一部分。我们对犯人既要严又要宽，生活上适当自由，他们要求吃什么补品，尽量满足办到。如猪肉、牛肉、羊肉、狗肉、鸡和蛋、荔枝、桂圆、白糖等，能买到的都给他吃，蔬菜是当地农民种的。这样使犯人经过教育，稳定情绪，提高认识。后让他们自己写信给家里，信由地下党交通站分别转送到他们家。由他们家人筹集资金和枪支，约定时间和地点，派人送来和我们地下党负责人谈判，确定交出多少钱财和枪支，按时间期限送到，然后才能具保放人。

从建立"牛组"以来，共关押过20多个罪犯，为革命筹款，经过多方努力，大有收获。听说一个较富的地主，交出黄金8斤、步枪36支、木壳枪2支。这种办法打击了敌人的威风，武装了自己的队伍，对开展游击战争起到重大作用。"牛组"历经一年多时间，吃掉14000多斤粮食，平安无事。到1949年永嘉解放、双溪县成立时结束。

上述简况是戴德木和我一起回忆的。

参加游击党训班

随着革命形势的发展，共产党需要培养一批骨干。1948年8月，党选我去括苍县委、楠溪中心区委党训班学习。中心区委书记胡国洲，及区委机关干部共有七八人参加。党训班是一支游击武装工作队，队长郑康平，有战士50多人，另有学员20多人，共80多人。我去的第一天，当时武工队驻溪口乡鱼龙自然村，由戴洪法同志介绍我去向胡国洲、郑康平同志报到，安排编组进行学习。学习内容包括政治理论和党的基本知识，军事训练和对敌斗争的策略和方法。活动范围是岩坦、溪口、潘坑、表山等乡。我们行军都是在夜里，每到一个地方只过一两天，白天学习，晚上开会，向党员群众宣传革命道理，发动群众，扩充队伍。武工队里还专门组织了一个短枪班，我们称它为杀"牛"组，主动打击敌人，镇压地霸。杀的对象都是经过有关领导批准的罪大恶极的反革命分子、欺压老百姓的地方恶霸，有的是叛徒特务。我们打掉敌人的爪牙和绊脚石，为巩固发展革命根据地扫清了障碍。

有一天，武工队党训班驻在潘坑乡白岩村，时间两天两夜。这个村有个地主粮仓是表山村大地主郑英彭的，他从各村收来的田租谷堆放在白岩村一户富裕人家里。我们区委书记胡国洲、队长郑康平共同研究决定开起群众大会，宣传革命的大好形势，揭露地主恶霸压迫剥削的罪行，号召人民群众组织起来向他们造反，当场宣布打开地主粮仓，把几万斤稻谷分给贫苦人家，群众非常高兴，拍手叫好。大造了革命声势，扩大了政治影响。

在游击活动中，有一次难忘的行军，从潘坑乡的白岩村夜里行军到表山村，路程有30多里，但这是一条烧木炭的工人砍柴路，路经上上下下、弯弯曲曲的羊肠小道，平时无人走，为了安全，我们选择走这条山路。这天夜里阴天看不到月亮，黑得伸手不见五指，手电筒又不好照，后人看不见前人，每个人手上缠一条白毛巾当引路好跟上队伍。当时，我肩上挑着上百斤的货物，感到很重，走夜路高一脚、低一步很难走，满头大汗、湿透衣服。有时跟不上队伍，后面的人还催我快走，一定要跟牢前面的人，否则掉队迷路了。我只好拼命走，不怕苦，上气接不着下气，足足走了四个多钟头，直到鸡叫天快亮的时候，才到达表山乡祖婆山自然村，放下担子休息一会。我们在这个村吃过早饭，立即集合，又继续行军去表山村，住在党员郑英超家里，部队在这个村里过一天一夜。因这个村地主较多，楠溪大地主郑英彭就在这个村，敌情复杂，再加上离枫林独立团较近，我们不敢久留。为了队伍的安全，防止敌人偷袭，夜里加重岗哨，村里四面高山路口，里里外外放了三层哨位。第二天，后勤轮到我值习，去买了柴火和蔬菜，村里党员们还杀了一头牛给我们吃，快要吃午饭的时候，有人送来情报，说"枫林独立团的敌人可能向五尺方向来"，午饭已烧好，但牛肉还在锅里烧，已熟未烂，我们只好抓紧时间硬着吃，个个狼吞虎咽一声不响，牛肉既硬又烫，成块成块地吞下肚。吃完中饭，立即集合，整队出发到溪口乡雷中坑自然村休整。文化教员李方华同志上课，我们听课学习三天。这次行军活动直到现在还记忆犹新。

我在党训班里学习两个多月，过的是游击武装生活，一不怕苦，二不怕死，心情很愉快，学习大有进步，对革命工作决心更大，事业心更足。现在回想起在旧社会每个穷人都有自己的苦恼，每个苦恼的人都在走自己的路，但路选得对不对是很重要的。我在党的指引下，选对了一条艰苦曲折的革命道路，参加革命，在党的红旗下成长，发展党员，组织群众与敌人开展游击战争，拿起枪杆子消灭敌人，保护自己，这个革命历程是宝贵的，也是难忘的。

这期党训班，在1948年11月结束，结业地点在潘坑乡九柱岗自然村，结业晚上我们很高兴，队员唱歌，李愉同志唱京戏。区委书记胡国洲同志对党训班做了总结讲话，鼓励大家，各奔前程，将革命工作进行到底，后当场宣布分配工作，我任岩坦乡第一任党委书记，主要任务是做党务工作，发展党员，组织民兵、妇联会，发动群众搞好减租减息，做好支前工作，迎接解放军大部队的到来，为解放温州做好准备。

蛙蟆垅村修枪组

蛙蟆垅村是永嘉县岩坦镇的一个行政村，其中有五个自然村，共200多户，四面环山，村位偏僻。1945年7月开始建党，党支部坚强，群众基础好，是瓯北县委领导人胡景瑊、徐寿考等同志经常住的地方。1945年3月2日，党领导的屿北武装起义，以民兵为主体的人民武装，向敌人发起武装反击。当时人民武装的游击队和民兵，武器种类不一，有五发子枪、木壳枪、土火枪、土快一、土手枪，还有梭镖和大刀。

从1945年春至1949年解放，屿北区的修枪组就设在蛙蟆垅村戴德木家隐蔽修枪，我走访了修枪师傅周继寿同志，他是岩头镇里户村人，据他回忆自己十四岁时，就去温州市宁波人开的"永泰昌铜店"里学打小铁，共学三年出师回家，流动打小铁为生。但是继寿兄弟两人，国民党伪乡保长要抽他当壮丁，他就东逃西躲，1945年春就逃到地下党游击区隐蔽蛙蟆垅村，公开身份是打小铁，为农民修稻镰、打锁匙、修理家用小铁器，受到群众的欢迎，和群众建立友谊感情。因蛙蟆垅村森林茂密，兽害严重，农民为了保护农作物，当时群众手里猎枪较多，打坏了就给继寿师傅及时修理，群众反映很好，都说"师傅有修枪的本事"。这个师傅从修土枪开始，后来发展到修子枪、手枪、木壳枪。修打不响的子弹，卡柄子改手枪子。据继寿回忆，给游击队和民兵，共修理长短火枪和子枪600多支，大小子弹几千发，有的修了再打、坏了再修。修枪的原料是师傅和当地支部同志去温州五金店买来的，有成盘的鹰球牌弹簧丝，有小铁条做螺丝用的，子弹药是通过箬溪村打鱼人周山东妹买来雄黄和白药，还到群众家里收来旧铜，做修枪的火焊原料。

当时因武器较缺，我们用修理好的武器来消灭敌人，发挥了重大作用，如武工队员郑可风同志用的木壳枪，枪筒打断了，用铜焊起，他说"打爽显"（很好使用的意思）。不少反动派就是用被修理起来的武器打死的。又如潘坑乡的国民党自卫队金锦喜的一个中队，就是用修理的武器武装潘坑乡的民兵，民兵多次配合地下党游击队把他消灭的。潘坑乡的党员和民兵李岩足同志反映说："没有这个修枪师傅，我们民兵就难以及时打垮这股反动势力，保护自己。"这个修枪师傅1947年4月入党，现年77岁，还是以打小铁为业，他的革命精神可贵，当时修枪尽义务，不讲艰苦，不讲报酬，工资很少，只赚口饭吃，一直坚持到解放止。1949年下半年，他才把修枪的工具从蛙蟆垅村南山郑顺德家中担回去，后来他还到永嘉县公安局、人武部继续修枪到1953年为止。

1986年4月25日

永嘉黄国信与袁宏道的交往

潘猛补

袁宏道（1568—1610），明代文学家，字中郎，号石公。湖广公安（今属湖北）人。万历二十年（1592）进士。曾任吴县知县、言封司主事，官至吏部郎中。在文学上反对"文必秦汉，诗必盛唐"的风气，提出"独抒性灵，不拘格套"的性灵说。与其兄袁宗道、弟袁中道并有才名，合称"公安三袁"。而黄国信，字道元，号四如，永嘉人。有《拙迟集》《合缶斋集》，已佚。孙诒让《温州经籍志》案："黄道元事迹，旧府县志无考，惟万历《温州府志》卷端同纂人姓名，有儒士黄国信，当即道元也。"光绪《永嘉县志》亦云其"尝预修万历《府志》"。除《东瓯诗存》收其四首诗外，其生平事迹未见有专文论述，其与袁宏道交往甚密，今特予钩稽如下。

投奔门下

万历二十三年（1595）至万历二十五年（1597）袁宏道为吴县令，黄道元投奔在袁宏道门下。袁宏道有《别黄道元信笔题扇上》：

> 千里负空囊，寒足投吴令。
>
> 客子既数奇，主人复善病。
>
> 薄俗异临邛，好事乏程郑。
>
> 逆居垂半载，无化知名姓。
>
> 乞饭随白足，佣经皈大圣。
>
> 未免无鱼歌，能不驯龙性。
>
> 贫者士之常，达岂文章命。
>
> 舌在即王侯，文成之歌咏。
>
> 去矣莫徘徊，无官谁相敬。

这应该是黄国信要离开回故乡时袁宏道题的离别赠言诗，诗中得知黄道元从永嘉投靠吴令袁宏道，这半年来因其时运不济而生活艰难，袋中无钱，而袁宏道又多病，只好依靠寺院，受雇抄写经书，在穷困潦倒中不得不低下高傲的头颅。全诗感叹黄道元有才能而境遇窘迫。袁宏道又有《留别黄道元》：

> 踪迹频频至，邻僧个个知。
>
> 会多嫌话少，坐久畏驴饥。
>
> 说虎归途快，怀鸳夜梦痴。
>
> 一灯禅榻下，睡着小沙弥。

知黄道元曾住在寺院。

袁宏道在任内向往自由，每当感到孤独时，总会想起那志同道合的朋友们，正如其《县斋孤寂时曹以新王百穀黄道元方子公见过有赋》：

> 宦向清时懒，囊添旧日贫。
>
> 琴孤行赠客，鹤惯不疑人。
>
> 怕死归婆子，休官谢鬼神。
>
> 寒云流日影，震气赤鳞鳞。

《雪夜感怀同黄道元作》：

> 孤馆寂无人，童仆三两辈。
>
> 白势压山来，云冷天憔悴。
>
> 灯寒字欲青，炉死灰相对。
>
> 流火擎空飞，错落如星碎。
>
> 可惜行乐场，都被微官碍。
>
> 歌喉络飞蛛，谁家佳姊妹。

在一天雪夜里袁宏道孤独坐灯下，身边无知己，不由想忆起挚友黄道元，叹己被职务所累，未能放飞自我。

同爱瓶花

　　万历二十七年（1599）春天，袁宏道在北京写成《瓶史》一书，这是我国历史上第一部体系完整的折花插瓶专著，后在日本获得很高的评价，因此日本有所谓"袁派"的插花。袁宏道喜欢插花，并为自己的书斋取名为瓶花斋，然这斋名原来是黄国信的书斋名，袁宏道不以为重复，故在北京住宅以此命之，并将这时期的文章诗文汇刻为《瓶花斋集》十卷。早在袁宏道为吴县令时，一天他到了黄道元的书斋，看见其斋中的插花，瓶中花枝别添清韵，便作了《戏题黄道元瓶花斋》诗：

> 朝看一瓶花，暮看一瓶花。
>
> 花枝虽浅淡，幸可托贫家。
>
> 一枝两枝正，三支四支斜。
>
> 宜直不宜曲，斗清不斗奢。

《戏题黄道元瓶花斋》诗

《病中和黄道元至日禅寺梦愁诗》

傍佛杨枝水，入碗酪奴茶。

以此颜君斋，一倍添妍华。

雅道好友黄国信连斋名亦以瓶花命名，斋中清贫，虽没有什么奢侈装饰，却瓶花娇妍光华。在这首诗中，出现得最多一字就是枝条的"枝"。在袁宏道看来，在一盆花中可以没有花、可以没有叶，却不能没有枝，枝条最能展现插花的变化，一枝两枝嫌太少，三枝四枝也不多，在长期的插花实践中，袁宏道总结出了一整套的宝贵经验。如他自己所说，写《瓶史》的目的，就是为了"与诸好事而贫者共焉"，这无疑正指黄国信之辈。在《瓶史》中仅仅规定了花之主次，却没有讲具体的插花手法，而袁宏道在诗作《戏题黄到元瓶花斋》中写道的便是简易的插花规则。袁宏道以诗的形式，总结了自己对插花的美学偏好，这也正说明黄道元插花实践在袁宏道创作《瓶史》中起了不少的作用。

同病相怜

袁宏道在写于万历二十四年（1596）冬至后的一首诗，可说明两人关系之密切。其《病中和黄道元至日禅寺梦愁诗》：

一番花信又成春，百结枯肠万转轮。

铃下久停辰后版，功曹空阁案间尘。

消愁莫问弓蛇影，对境聊观梦幻身。

宫婢添来非我有，只应添得与游人。

据李健章考证："至日"，指农历"冬至"。当时苏州俗重"冬至"，看作一年冬尽春回的主要节日。冬至这天黄国信游禅寺后做了噩梦，疑为来年将死之兆而发愁作诗，宏道因和诗慰解之。万历二十四年八月十三日患疟疾，拖延了五个月，几乎死去。所以这首诗都写自己在病中生活、病中所想到的对人生的看法和从容对待现实的达观态度，而为黄道元祛疑解愁之意寓于其中。结尾"宫缕添来非我有，只应添得与游人"二句，更紧密结合题中"至日"的故事以显示其意。宗懔《荆楚岁时记》载"冬至日，量日影"；"晋魏间，宫中以红线量日影。冬至后，日影添长一线"。诗句中"宫缕添"即借用这个节日典故。以彩缕增添，日影渐长，指喻人的益寿延年。"游人"则指冬至日游禅寺的黄道元，安慰他只会添寿，决不会死。

介绍知己

作为公安派领袖，袁宏道交游甚广，黄国信也通过他结交了不少名士，如汤显祖、陶望龄、王稚登等。特别是他将黄国信推荐给汤显祖。他在给汤显祖的一封信中云："近况如何？长作此官，况当不甚佳。然僻在万山中，无车马往来，况亦当不甚恶也。所云'春衫小坐'者，随任不？闻亦是吴囡。若尔，弟亦管得着矣。肠中欲语者甚多，纸上却写不尽，俟异日面谭。永嘉黄国信佳士也，千里而见袁生，又如慕义仍先生者，此其人岂俗子耶？料中郎之屣可倒，义仍之榻亦可下矣。"万历二十四年（1596）宏道在吴县任上，向时任遂昌知县的汤显祖（字义仍）推介永嘉佳士黄国信。黄千里奔波拜见袁宏道，宏道得知其仰慕汤显祖，欣然向汤显祖推介。故袁宏道写信给汤显祖，称黄道元非凡夫俗子，"料中郎之屣可倒，义仍之榻亦可下矣"。当呕呕热情迎客。袁宏道曾云"寒士有觅书者"予之助，指的就是应黄国信请求，向知己写介绍信之事。戏曲家汤显祖在万历二十五年（1597）秋曾来过温州，是否是这封信促成，两人有无见面，均无史料可证。然黄国信敬仰汤显祖，袁宏道从中牵线，亦不失为文坛之佳话。

同游山水

　　袁宏道一生醉心山水，终身向往隐逸，曾六次游西湖，不仅跑遍了西湖的山南水北，还处处志之，吟诗作文，为我们留下了不少弥足珍贵的文学作品。据其《西湖游记二则》载，头一次时间是万历二十五年（1597）春天二月十四日，这次是与黄国信一道游览的。袁宏道《飞来峰小记》云："湖上诸峰，当以飞来为第一。峰石逾数十丈，而苍翠玉立。……余前后登飞来者五：初次与黄道元、方子公同登，单衫短后，直穷莲花峰顶。每遇一石，无不发狂大叫。……每游一次，辄思作一诗，卒不可得。"其《别黄道元》：

　　　　　　驿路柳条如鞭，江上奔帆似马。

　　　　　　两荡聚首许时，兴阑各自归也。

　　　　　　明春有事天台，便过龙湫度夏。

　　　　　　公家半宦半儒，卜居在城在野。

　　　　　　雁场或东或西，双门之上之下。

　　诗中表达了将游雁荡的愿望。

　　受袁宏道影响，黄国信也成了山水迷，其留下的诗作都是游雁荡山诗。如《将入雁山，赵秀映、徐有声、曹诚斋集蔡台垣斋中即席》：

　　　　　　涉世何如适世长，半生碌碌转堪伤。

　　　　　　立言枉作千秋计，绕指旋销百炼刚。

　　　　　　丛桂岂无招隐地，空花浑入少年场。

　　　　　　胜缘好与请君共，一借龙湫洗俗肠。

《大龙湫观瀑》：

　　　　　　遥闻邃壑响晴雷，天际泉飞一道来。

　　　　　　映日光摇虹变幻，迎风素卷雪徘徊。

　　　　　　忽从歌啸沾衣袂，时洒珠玑落酒杯。

四顾霏霏看不足，又凭拄杖上高台。

《石梁洞》：

石梁半跨势如虹，奇峭应怜造化工。

莲社名香迷谷口，杨枝甘露落岩中。

传灯未有僧留偈，蹑屐时逢客话空。

相对已忘了日路暝，满前灵籁动天风。

《雁山大观师有兴复古刹之志》：

几度龙湫谒讵那，逢师今日雁山阿。

胜缘已作千年计，大愿休教万劫磨。

个里机关知者少，此中云物悟时多。

他年结就维摩室，应许愚生问偈过。

只是未与袁宏道同游，"不游雁荡是虚生"，雁荡山与袁宏道失之交臂，留下遗憾。

重逢北京

万历二十五年（1597）永嘉王光蕴开局修志，至三十二年（1604）《温州府志》完成，这段时间黄国信当在温州修志。到万历三十六年（1608）十一月，袁宏道选曹时，黄国信于次年赴京再次重逢。袁宏道有《七夕招黄道元丘长孺陶孝若张伯寔王遗狂十弟平子饮小斋得衫字，道元先以诗来，率尔奉答。道元，永嘉人，余时以仪曹改司封》：

披门清露滴松杉，暮直归来口尚缄。

斜月乍临移酒盏，凉风忽起换蕉衫。

桐江我记从前路，雁宕君居第几岩。

官舍未容投辖饮，误将尘土换冰衔。

再次提起了雁荡山，宾主开怀畅饮，虽任清贵之官职，却是一场误会。宏道在诗中吐露了初任言封司主事深深感到在言语行为不能自由之苦，表达了无可奈何的心情。接着就与黄道元等游历了北京昌平的皇陵和仙人洞，袁宏道《杪秋陪祀山陵同陶孝若黄道元谢响泉入仙人洞，洞奇绝去驰道二里许》：

> 红叶霜花积几重，青山蜕骨走眠龙。
>
> 伊祈善卷俱陈迹，各向秋云占一峰。

特别是《赠黄道元》：

> 海内奇士如君少，双眼识君恨不早。
>
> 纷纷俗士尽轻肥，嗟君短褐长安道。
>
> 男儿有骨不乘时，处处相逢荐福碑。
>
> 请君试秘丰城剑，他年倘有张华知。

诗中充满对黄道元才学的敬佩，和对其贫穷坎坷的同情，希冀其时来运转，才华得以施展。用"丰城剑"后被张华《博物记》所发现的典故，来鼓励黄道元，奇士必定会被有识者发现。

的确，黄国信善诗文，精禅学，爱插花，工书法。据谢肇淛《五杂俎》云："今之隶书，皆八分也，其源自受禅碑来，而务工妍，无古色矣。文征仲、王百谷二君，工八分者也。新安詹泮，永嘉黄道元次之，而皆未免俗，所谓'失之毫厘，相去千里'者，不可不察也。"虽此，其被称为"海内奇士"，当名不虚也。

戴栩笔下的南宋温州胜概

张声和

戴栩（约1180—？），永嘉县杏岙人，字文子，戴溪族子。戴栩是继叶适之后文名鼎重的学者，其诗文《江山胜概楼记》《三十六坊记》《思远楼》等是南宋温州城市繁荣景象的最好见证。

戴栩为嘉定元年（1208）郑性之榜进士，累官定海县主簿、太学博士、秘书郎、衡州知府，终官湖南安抚司参议官。学于叶适，得其文章法度，诗风与"永嘉四灵"相近。著有《五经说》《诸子辩论》《东瓯郡要略》（又名《东都要略》）《浣川集》。清四库馆臣据《永乐大典》辑为十卷，其中诗三卷。

诗似"四灵"点题出名头

戴栩的诗风与"四灵"是同源异流，四库馆臣在评价戴栩《浣川集》："栩与徐照、徐玑、翁卷、赵紫芝等同里，故其诗派去四灵为近。然其命词琢句、多以镂刻为工，与四灵之专主清瘦者，气格稍殊。盖同源异流、各得其性之所近。"温州当时均属"四灵圈子"里的诗人，戴栩、薛师石等诗风与之相近。但与永嘉诗人薛师石相比，戴栩在命词琢句上的"镂刻"痕迹更近四灵。

钱钟书《宋诗选注》曾举例说明"四灵"诗歌开头两句常"死扣题目"，类似作文时的"破题"。如徐玑《送赵灵秀赴筠州幕予亦将之湖外》"郡以竹为名，因知此地清"点破"筠州"之义；翁卷《题常州独孤桧》"此桧何时种，相传是独孤"，赵师秀《桃花寺》"旧有桃花树，人呼寺故云"等亦类似。赵师秀《数日》"数日秋风欺病夫，尽吹黄叶下庭芜。林疏放得遥山出，又被云遮一半无"等，都存在破题的现象。在戴栩诗中亦能找到这样点题出诗的例子。如《题石龙》，起首一联紧扣"石龙"之义：

> 嵌崖双合处，蟠石隐龙形。
>
> 鳞甲从人看，莓苔自旧青。
>
> 两洼唯一滴，尽日不盈瓶。

戴栩笔下的南宋温州胜概

饮此清甘极，全令尘思醒。

《白鹤寺作》第二联点明"鹤"与"寺"：

子晋昔游处，平台片石成。

寺名犹记鹤，松响却疑笙。

岩壁飞双瀑，金沙照一泓。

野人岂仙伴，随鹿过溪行。

戴栩《挽张金都郎中词》的开头两句，既点题郎官是职，又能明示任职为贤的主题：

唤作郎官三十年，淡于名爵自应贤。

摩天灵焰诸生笔，匝地春风使者旟。

手种路松添墓色，门开族井列炊泉。

淳熙耆旧今无几，忍把豪华万口传。

戴栩与"四灵"交往密切，互相唱和的诗也多，《送翁灵舒赴越帅分韵得欲字》是戴栩写给翁卷的。这首长诗不厌其烦地向翁卷介绍越地风光，说自己早年来的时候，有"十日看不足"的情致：

越峰罗四围，越水镜相烛。

我昔扁舟来，十日看不足。

天垂禹祠旁，海入秦望曲。

荒寒暝色归，牛背下鸲鹆。

兴亡百粤乡，挽仰千载俗。

恨我劣风骚，眼到笔不属。

君今挟此游，万象困搜劚。

有类古蹻将，敌勍乃所欲。

市驱羲献军，降竖元贺纛。

《戴栩江山胜概图》，陈学者绘

簧勋六义右，正始渺丝粟。

秋风吹虫声，桂菊渐结束。

京华万种身，聚散棋着局。

吾徒日夕偕，文字当杯醁。

奈何夺此翁，为我谢州督。

"四灵"之一的徐玑曾有诗《送戴文子赴定海主簿》。在"四灵"中，徐玑与戴栩的交往是最多的。从诗中可以看出，戴栩在定海任主簿是"初禄仕"，英气风发正在秋意新高时：

江天经雨后，秋意转新高。

远棹送行客，凉飔生细涛。

高人初禄仕，判语亦风骚。

若到海西岸，佛光盘翠袍。

文宗叶适交游"水心圈"

弘治《温州府志》对戴栩的诗文有如此评价："栩少师水心叶适，得其旨要，故于明经之外，亦豪于文。"孙诒让在《温州经籍志》中也称他的文章掺杂于叶适文体中，难以分辨，谓其"文奇警恣肆，杂之《水心集》中，几不可辨"。戴栩结交和作诗圈里，叶适门下诗人较多。戴栩诗作，皆出入四灵之间，但不局限于四灵门户。因他与叶适更近，文法叶适，风格酷似。他博通经史，所著《五经说》《东都要略》等，其风格与叶适并具见识。戴栩在《题吴明辅文集后》序中回忆道："颇忆从水心（叶适）游，时遇佳题，辄令同赋。"戴栩的诗文中，奉呈叶适的诗多首，又代老师作《贺正表》三篇，师生交谊密切。戴栩《贺水心先生七十》中的"著书新稿天无尽，阅世闲心海不波"，写的就是水心先生在门人心目中的形象：

欲盟鸥鹭老昌湖，其奈君恩未许何。

迟此经纶今日后，定须酬折得年多。

著书新稿天无尽，阅世闲心海不波。

七十却嫌人贺寿，缭墙闭雨长庭莎。

那个年代的永嘉诗人们，都在叶适的文圈、诗圈里活动，如瓜庐诗人薛师石，也曾有《水心先生惠顾瓜庐》诗：

未成三径已荒芜，劳动先生枉棹过。

数朵葵榴发深愧，一池鸥鹭避前呵。

路通矮屋惟添草，桥压扁舟半没河。

再见缁维访渔父，却无渔父听清歌。

戴栩的诗与之同韵，诗义也相似。水心先生在温州文坛的领军地位明确无疑。

戴栩又有《和叶水心会昌观小集》，诗中有赞先生：

深居抱穷空，弱质资冻暴。

蹑齐迹高堂，凌阴得重燠。

败素谅难迁，窘逼尚可复。

再拜窥著书，甘以谢华毂。

涉海浩无津，眩汗颈为缩。

万葩拾一二，浅心自兰菊。

喟焉怀世情，否泰几翻覆。

经纶委道周，伊谁获已熟。

哲人信委蛇，爱士比金玉。

盖摩集云门，艇凑思远渎。

一觞为我陶，千载期尔晜。

岁晏霜雪交，故林有乔木。

戴栩存诗近 200 首，诗集中与当时的名士与同僚相唱和的较多，相对地说，风景诗占的比例倒是不多，交往的诗却占了大部分的比例。如与平阳人陈昉（字叔方）有深交。陈昉为陈岘子，探花陈桷再重孙。陈昉曾为吏部侍郎，知福州、建宁府，除吏部尚书，拜端明殿学士，与戴栩、陈昉与刘克庄等被称为"端平八士"。戴栩《送陈叔方闽县丞》诗中的"秋边梧叶无风下，旱后苗根一雨青"，与"四灵"中徐玑的"凉从荷叶风边起，暖向梅花月里生"有相似：

> 两年湘岸听筹声，又向闽峰住冷厅。
>
> 可是初阶带朝籍，已闻独荐起斋铃。
>
> 秋边梧叶无风下，旱后苗根一雨青。
>
> 客路方新世路熟，莫将彩笔斗英灵。

卢祖皋（约 1174—1224），字申之，一字次夔，号蒲江，永嘉人。南宋庆元五年（1199）中进士，楼钥外甥，是著名的词家，有《蒲江词稿》一卷（96 阕）刊入"彊村丛书"。戴栩有诗《 送卢次夔赴仲父校书之诏》：

> 离家向京国，客思独从容。
>
> 有句诗人读，无书馆吏供。
>
> 蛰雷先一月，晴岭沓千峰。
>
> 马上思亲处，题缄寄所逢。

又一首《宿局次韵卢直院炎夜之作》，描写在官署亭里纳凉的情趣，天气炎热，树枝懒动，用泉水泼洒坐石：

> 市屋炎蒸极，爱眠官署亭。
>
> 洒泉清坐石，疏纸出危楞。
>
> 露草有尘色，风枝无动形。
>
> 怀人兼述句，钟尽钥开扃。

刘植，字成道，永嘉（今浙江温州）人。戴栩有《寄刘成道》诗，这样的情景想象与友情传递诗，朗朗上口，却情上心头：

> 归淮方向浙，度尽一年寒。
>
> 想见添诗卷，传闻摄酒官。
>
> 雨多江淑暗，米贱客愁宽。
>
> 旧友参台幕，应留看牡丹。

而刘植也是"水心圈"里的人，是叶适弟子，曾有诗《呈叶先生侍郎》：

> 位虽奎阁贵，独处一斋空。
>
> 还以经纶事，全归著述中。
>
> 闲心同野水，煦物尽春风。
>
> 掩面将何向，西楹奠已终。

刘植这个人物是值得研究的，但资料不多，只知道他是永嘉学派先驱刘安上曾孙。翁卷《西岩集》中有《送刘成道》诗，诗中写道"沿路万千景，费君多少吟"之句，赵汝回《送刘成道旅游》云："从军不愿赏，归补万松栽。"可见刘植曾有从军经历。曾知温州的吴泳《答刘成道书》云："成道若用心科举外，当直以古人自期，更勿从晚唐诸人脚下做起生活，此则朋友之望也。"可知成道亦师晚唐，是"永嘉四灵"圈子里的诗人。

笔下温州　南宋城市胜概

在温州的文学史上，总有一些诗文能成为地域标识的，戴栩创作于端平年间的《江山胜概楼记》，700多字描述了永嘉的繁华，对温州的经济富庶、商业发展、市民社会、都市逐渐成型等进行了刻画，特别是从历史人文、人口变化来反映温州的景象，具有文史属性：

然《晋志》永嘉属临海，合三郡户不满二万，今较以一县，何翅倍蓰！计其当时荒凉寂寞，翳为草莽之区，与今之肆派列、阛阓队分者，迥不侔矣。以故市声顷洞彻子夜，晨钟未歇，人与鸟鹊偕起。楼跨大逵，自南城直永宁桥，最为穰富，俗以"双门"目之，而罕以谢称也。独郡有大宴会，守与宾为别席更衣之地。酒三行，登车迎道殿河，回集府治，往往快里陌观瞻而已。

江山胜概楼，是南宋绍定年间知州史宜之倡导扩建，为纪念谢灵运任永嘉太守七百年而建，是一大盛事，谢康乐守永嘉，垂七百年，郡人始即城北门为楼。以康乐泛中川，涉孤屿，历览倦乎江縟，因取北亭叙别之诗，借楼以表之。

此《记》描写温州城内"市声顷洞彻子夜，晨钟未歇，人与鸟鹊偕起"的繁荣景象，为温州商品经济的发展提供了史料佐证，也可作为现代活力温州历史溯源，也是城市旅游导游词。

南宋永嘉的城市规模与晋代相比，大幅拓展，店铺林立，商业繁荣，地方官宴游与市民同乐。戴栩记述了郡守为史宜之（宁波人）兴建胜概楼的初衷和详情：

楼跨大逵，自南城直永宁桥，最为穰富，俗以"双门"目之，而罕以谢称也。独郡有大宴会，守与宾为别席更衣之地。酒三行，登车迎道殿河，回集府治，往往快里陌观瞻而已。其在斯楼也，或牖高弗启，帷帘复帐，曾未觌江山之面，而讵能识康乐之心哉！四明史公以奎阁月卿蕃宣我邦，尝按图牒登楼而玩之。病其庳陋不敞，且颓栋落楣，础没而瓦漂。慨曰："江山信美而谁与领之？"乃辟旧址；乃鸠新材。两庑旁翼；三闼洞开。周以栏楯；临以罘罳。白漈界其前峙；罗浮接其右限。斗山回缭；选为崔嵬。大江横以东下；势欲去而徘徊。见夫云霞出没；景魄往来。寺塔映乎林罅；艘舶凑乎帆樯。于是江山之胜与目力不约而谐矣！榜曰："江山胜概"，以与众共之，而题康乐诗于屏间，然则康乐始独受是楼之名，而不专其名；今同享江山之实，而得全其实。公与康乐神契于七八百年之上，非所谓善学康乐者欤！

当时的永嘉城不但有戴栩描述的盛况，城内还有"摭其胜地则容城、雁池、甘泉、百里是已"景致，这在"四灵"的诗中也有反映，如徐照《移家雁池》：

> 不向山中住，城中住此身。
>
> 家贫儿废学，寺近佛为邻。
>
> 雪长官河水，鸿惊钓渚春。
>
> 夜来游岳梦，重见日东人。

翁卷亦有《雁池作》：

> 包家门外柳垂垂，摇荡春风满雁池。
>
> 为是城中最佳处，每经过此立多时。

春风、垂柳加上官河，在翁卷看来正是城中风景最佳处。

"四灵"之后的永嘉诗人赵希迈在《南台徐灵晖徐灵渊皆有作》中也写道：

> 山峭石台平，天低可摘星。
>
> 岸回分水势，城缺见州形。
>
> 晓树来孤鹤，春吟忆二灵。
>
> 客行贪访古，柳下一舟停。

《三十六坊记》展示温州城市格局

戴栩的《永嘉重建三十六坊记》重点突出地名命名的意义。《记》云：

绍圣间杨侯蟠定为三十六坊，排置均齐，架缔坚密，名立义从，各有攸处。故摭其胜地，则容成、雁池、甘泉、百里是也；溯其善政，则竹马、棠阴、问政、德政是也；其流风，则康乐、五马、谢池、墨池是也。否则歆艳以儒英，披导以世美、梯云、双桂、儒志、棣华与夫扬名、袭庆、绣衣、昼锦云者彪布森列，可景可效。而最切于防范俾家警户省，则孝廉、孝睦之号，遗忠、遗爱之目，或旌以招贤、从善，或蕲以简讼、平市，义利名而伦类彰，取舍审而采响正，有不说之教焉。

杨蟠建三十六坊，实质上是对温州城市的整治。他于绍圣二年（1095）重定城内三十六坊名称。次年，从三十六坊增加到四十坊。戴栩《重建三十六坊记》是城市建设的文献，扩建后的四十坊，"观其博栋竦楹，翼以楗础，飞榱延檩，被之藻彤"。四十坊内各有功能分工，店铺密布，诸业齐全，酒楼、茶坊、饭铺、浴室、妓院、瓦舍、勾栏……尽显繁华，"从来唤作小杭州"，由此而来。另据南宋时期叶适的《东嘉开河记》载，温州经杨蟠整治后，"环外内城皆为河，分画坊巷，横贯旁午，升高望之，如画弈局"。温州经杨蟠等历任地方官员苦心经营后，发展到南宋时期，城市已经相当繁荣了。

温州城的三十六坊规划和建设，是北宋时期温州城市街巷体系和城郭道里标识细化的初现。从杨蟠置三十六坊到戴栩写下《永嘉重建三十六坊记》的百年来，温州坊额在城郭中标识作用加深，地名教化作用显现。建坊时，对地名命名是慎重的，以致千年之后还产生效应。地名的产生，是由地方官吏、文士儒生出于"教化"与"壮观"的出发点来推进的，这对于现在的城市扩大，地名虽增多而缺少文化感，是有值得思考的。

戴栩的《永嘉重建三十六坊记》重点突出前知州杨蟠在地名命名上的用心用意，他指出："分画井廓，摽表术衔，此政也而有教焉。"又曰："名者，教之所自出也，讵容漫漶而就湮，摧圮而终废哉。"坊额之命名，要认真讲究。北宋时期城市改建在全国来说也是大势所趋。黄裳（1044—1130），元丰五年（1082）进士第一，改青州十六界为三十六坊，"为之门，名各有物，庶乎其有义也。迎春之类以辨坊名之也，延宾之类以遗事名之也，文正之类以人才名之也，自正之类以道化名之也……"。又如，后来的南宋镇江府置七坊，"曰崇德，曰践教，曰静宁，曰化隆，曰还仁，曰临津，曰太平"。街坊命名，都考虑寓教于名，意义清晰。"为美名以志"，是建坊建额目的，为政设教是普及教化的手段。戴栩的《永嘉重建三十六坊记》，揭示了士大夫们孜孜不倦于此的原因。所谓"古者以德名乡之义"，"彰善旌淑"，其意义均在于此。温州自北宋之后，有些地名至今还在沿用：

招贤巷，原名招贤坊。地方志记载，"宋隐士周侃居此，郡为立坊"。北宋时期，有一位隐士周侃居住在此，以行义著闻。宋真宗得知后意欲招贤起用，他辞谢不赴。杨蟠因此立招贤坊以示旌表。清代改称招贤巷，民国时期分称招贤巷和滴水巷。新中国成立后，此巷东端向北延至县后巷并连接滴水巷，并称为招贤巷。

庆年坊，杨蟠将其定名后几经变化。此坊东起信河街，向西转南至丁字桥巷，又岔巷转北至应道观巷，旧称鲍提举巷。宋林季仲《祭鲍提举母文》："鲍于吾乡雅为著姓，夫人有子，实袭余庆，位列多贤，或参国政。"明代后，以喜庆丰年之兆又改回来称庆年坊，并沿用至今。南宋学者蔡幼学（1154—1217）晚年曾住此坊。蔡幼学，字行之，为永嘉学派中的主要人物。

遗爱坊，东起仓后，西至信河街，今岑山寺巷一带。杨蟠或是根据宋儒有仁号（者）居此，命名为遗爱坊。杨蟠离开温州后，有诗《去郡后作》：

为官一十政，宦游五十秋。

平生忆何处，最忆是温州。

思远城南曲，西岑古渡头。

缘舻春送酒，红烛夜行舟。

不敢言遗爱，惟应念旧游。

凭君将此句，寄写谢公楼。

体会耕犁事　坐局楚骚年

戴栩以近体诗取胜，举列佳句多联。他的诗内容与"永嘉四灵"相比，形式与门类都显丰富些，既有社会生活，又有名人交往，也有大量家事农事耕犁事。

《五月一日出局偶书》中写的只有四句，虽是偶书，却有"坐局楚骚记年华"之念，又有"小窗宵雨傍葵梢"抒情，轻松下笔，生机无限。无聊中起意，也是诗情别致，让人厌恶的夜雨连绵，在他眼中会开启天明的小窗，望见葵梢花开，韶光烂漫。这首诗是陈与义诗"客子光阴诗卷里，杏花消息雨声中"的另一种表述：

坐局无营饭又茶，楚骚词里记年华。

小窗不厌经宵雨，红到葵梢第一花。

戴栩有两首劝农诗《劝耕题正觉寺诗次王文康韵二首》，风格与其他人的劝农诗不同，气场大而地域宽，遥帆与松风，窗日与潮势，梵室与老僧，设置了很多场景与内容，信息量很大：

渤澥东南极，何年梵室开。

地形缘水尽，潮势挟山来。

古市朝仍暮，遥帆去若回。

老僧无一事，窗日射飞埃。

海山春过半，未见一花开。

岩溜无时滴，松风尽日来。

前生身已到，归路首重回。

只恐山灵笑，衣巾着吏埃。

戴栩对农事熟悉，对农民亲近，可从"农"诗中看出来。如《农家》以质朴的诗句，写出田家辛勤的劳作生活：

农家何所有，挂壁一锄犁。

岁计唯供赋，门前自好溪。

剥麻秸覆日，缲茧蛹分鸡。

不复知炎月，南风焚稻泥。

戴栩《久雨记农父语》又是一首"亲农"诗。冷春湿雨，秧烂甲换，他对农民在青黄不接的季节里的生活深感担忧，诗中表达了自己枉为朝官，无补于乡农的惭愧：

　　炊烟不出窟，雨久未知晴。

　　冷缩秧芽烂，滋含树耳生。

　　南风愁甲换，湿土怕星明。

　　朝客惭无补，归来伴耦耕。

《渔浦》是戴栩写渔村的诗，却笔墨简古，意境幽寂，寄寓了生活感悟：

　　久惭窃食侣鹓鸿，尚以诗名玷至公。

　　喜对亲慈说田里，了无事鄙到船篷。

　　涨流暂急潮差候，阴霭俄销月在空。

　　梦读道经人一笑，却怜疏直有仙风。

七绝《永康道中》描绘了行于浙西山间的初夏景色和感受，颇具情致，"深树一声"不仅表达了诗人惜春留春的情怀，也衬托出"鸟鸣山更幽"的清静境界，人在山村的行旅中充满生机和活力：

　　涨渌无风影自摇，芰花生刺藕花娇。

　　山禽不记春归去，深树一声婆饼焦。

蝗灾，在古代是乡村的大灾，戴栩写的《捕蝗回奉化泊剡源有感》，是南宋民生的写照。诗的末联以西汉哀帝时人邴曼容作为自勉，做官不肯任超过六百石俸禄的官职，辄自免去，以此名重当世。辛弃疾有"江头日日打头风，憔悴归来邴曼容"，说明戴栩修身养志，坚强而清苦：

　　十月五日江信风，小舟摇兀芦苇丛。

　　云端初月吐复翳，时有鹳鹤鸣寒空。

　　梓荚离离挂石发，松萝矫矫垂羽幢。

徒步长歌者谁子，乍抑乍扬惊远宠。

令人惨淡百感集，呼酒不饮心未降。

自从作吏浣泥滓，故书蛛纲尘满窗。

海田无雨种十一，是处奔走祈渊龙。

龙慵不报蝗四起，茹草啖叶无留踪。

早击暮遮夜秉火，遗子已复同蜩蟓。

吏无功德可销变，勉力与尔争长雄。

矮屋三间自寒暑，居无十日甘憧憧。

却忆莱堂应梦我，白云正隔西南峰。

人生富贵亦何用，长年菽水胜万钟。

一丘一壑自不恶，我欲从之郦曼容。

　　方干为晚唐布衣诗人，名重当世，戴栩的七律《题方干墓》，触景和怀旧交融，表达深切的景仰之情，诗笔传神。方干《鉴湖西岛》诗中写道，"世人若便无知己，应向此溪成白头"。此语悲切，戴诗的首句为此而发。结句写道，"别枝依旧曳残声"，意谓此际，也是借用了方干的名句，"鹤盘远势投孤屿，蝉曳残声过别枝"，让人们能听到鸣蝉，看到拖着长长的尾声飞过枝柯：

生前知己人谁是，今日人人识姓名。

葬地不封秋树死，诗坛空在墓山平。

子孙零落行人酹，画像微茫钓渚清。

惟有寒蝉思凄切，别枝依旧曳残声。

　　《送庐陵胡季昭梦昱以上济邸封事贬象州》为戴栩的友人送行诗作。嘉定十七年（1224），宁宗死，权臣史弥远废皇子赵竑，另立理宗，以竑为济王出居湖州；次年又借湖州兵变逼竑自缢，史称"济邸之狱"。《宋季三朝政要理宗宝庆元年》："大理评事胡梦昱应诏上书，言济王不当废……讦直无忌。弥远怒，窜梦昱于象州。"戴栩的诗就是在这历史背景下写就的，有历史沧桑感，在结尾中翻用欧阳修"春风疑不到天涯"句，用了"未必"
二字，作为对友人的宽慰语：

> 古郡荒凉象迹新，君行况是去装贫。
>
> 此愁欲别柳边雨，明日初程桂外人。
>
> 从古不多如意事，加餐宜惜未归身。
>
> 春风未必天涯尽，木斛花开瘴水深。

戴栩文思如泉涌，笔下举重若轻，如长诗《题顾恺之画洛神赋欧阳率
更书同宗御跋寿右司》，诗中有画，比画更生动：

> 建安七子云锦裳，东阿冠佩俨帝傍。
>
> 美人依约驻何许，卮言和饰含芳芗。
>
> 虎头妙处似痴绝，丹青貌出花边月。
>
> 空词无色重徘徊，多态有轚转萧屑。
>
> 软风吹香态耳苍，蘅皋芝田晴翠长。
>
> 玉笙飘断牵情梦，羽葆翻开雇影光。
>
> 兰钗横峨双凤蒿，调高不染巫峰雨。
>
> 龙髓生霞谢露铅，蝉衫如水萦金缕。
>
> 瀛洲学士老率更，服暗编简谁施墙。
>
> 平生肝肠忽妩媚，神气钩画同飞扬。
>
> 阅晋经唐今几昔，光景常鲜日月白。
>
> 绍兴天子曾品题，价重珊瑚何翅百。
>
> 吾闻商雒神灵居，只今王会临皇舆。
>
> 原公翊我九畤主，更睹龟呈绿字书。

唱和思远楼　今古同情怀

温州思远楼在北宋时就出名，杨蟠离开温州后，写下《去郡后作》，其中就回忆了此楼，"思远城南曲，西岑古渡头"。

思远楼在水心村附近，叶适在此居住，是南宋时温州文人雅士活动的中心。叶适在《醉乐亭记》中展现了这样的场景："舟艇各出荚莲中，棹歌相应和，已而皆会于思远楼下。"在《雪后思远楼晓望》中又提到：

> 腊尽冻初合，风花江欲平。
>
> 急从高处赏，已向负前晴。
>
> 莫与鬓争白，试将身比清。
>
> 楼头接远岫，历历正分明。

写出了楼之高，景之阔。思远楼为人们秋日登高，寒冬赏雪，赋诗言志的好地方，是温州城市的一处胜景。笔者在查阅宋代温州的诗词时，发现了多首有关思远楼的吟唱。

戴栩《次韵水心端午思远楼小集》：

> 众嫮容独丑，孤正轧群倾。
>
> 何必远者思，今古同一情。
>
> 士方慕洁修，各以好自萦。
>
> 一旦履华朧，争夺遗世名。
>
> 枭獍随诋凤，蝼蚁起困鲸。
>
> 醉中触灵均，到今唤不醒。
>
> 朋社角曼衍，冶游眩轻盈。
>
> 无情湘水窟，有恨郢山楞。

戴栩是应叶适的《端午思远楼小集》而酬唱的，叶适原韵曰：

> 凭高难为观，楼居势尽倾。

思远地不远，空复生遐情。

上惟山绕围，下惟溪环萦。

此实擅清境，岂以旷朗名。

土俗喜操楫，五月飞骇鲸。

鼓声沉沉来，起走如狂酲。

不知逐臣悲，但恃勇气盈。

衰翁茧帐卧，南风吹作棱。

曾官居枢密院兼参政的许及之，也写过思远楼，有诗《次韵常之五日禁竞渡》：

仍年此足为吾病，举世谁人似我闲。

思远楼前重禁渡，容成洞里独看山。

交游雨绝梅还溽，赓倡星分稿自删。

赖有松庐相慰藉，新篇时复到榆关。

曾两次官桂林的朱晞颜（1132—1200），为木待问榜进士出身，在温州不仅写下长诗《游江心寺》，留下"帆樯潮汐聚凫雁，钟梵昏晓惊鱼龙"的名句，还在思远楼留下一阕词《喜迁莺·永嘉思远楼端午》，其中"彩鹢浮空，鸣鼍聒昼，十里翠红相接"是思远楼在端午节日里最好的描述。至于朱晞颜何时到温州，到温州有何公干，也是值得研究的。谨录思远楼词如下：

香尘盈箧，是旧日赐来，宫罗叠雪。服艾衣清，浴兰汤暖，输与个人娟洁。性巧戏拈针缕，蹇得虎儿狞劣。鬓半軃，贴朱符翠篆，同心双结。

愁绝追楚俗。独吊湘累，日映沉菰叶。彩鹢浮空，鸣鼍聒昼，十里翠红相接。漫有倚空栏槛，谁把朱帘高揭。归去也，听叩舷儿女，尚传歌阕。

思远楼不仅有叶适、许及之、朱晞颜、戴栩等名家写下诗文，民间说唱和戏曲也留下诸多唱词，南戏《荆钗记》写道："越中古郡夸永嘉，城池阛阓人奢华。思远楼前景无限，画船歌妓美如花。"这戏词中有"越中古郡"四字，是对温州的地域恰当的定义，是越中之郡。顺便提一下，近年对"瓯越"之称，多有争议，以为是不确切的。笔者以为，习惯了叫法后，也就积非成是了，毕竟古代温州地域是越中古郡。

另，戴栩于礼仪制度变革，曾在朝进行有力的发声，本文结束时，谨为记录。北宋后期，神宗、哲宗和徽宗父子三人都致力于制度的变革，在礼仪制度上也有很多大的动作。南宋建立后，经历过东向之位的争论，僖祖被祧迁出太庙，并且在庆元二年（1196）后与顺祖、翼祖和宣祖一同迁入四祖庙，崇宁九庙制长期得到了实行，为期近一个世纪。嘉定十七年（1224），宁宗去世后，有人主张上祧英宗，以维持崇宁九庙，时为太常博士的戴栩上奏表示坚决反对："自一祖四宗功德巍巍百世不迁之外，英宗为一世，哲宗、徽宗为一世，钦宗、高宗为一世，孝宗、光宗各为一世，其与大行皇帝才六世耳。况高宗又为不祧之宗，其实为五世，于七庙之制未为溢数。"他认为不必祧迁英宗。御史台的看法与此类似："国朝太祖皇帝为帝者太祖之庙，太宗皇帝祔于太祖，为一世之庙，真宗、仁宗、神宗、高宗各有制书不祧，此与商周不毁庙、鲁公武公之世室名异实同，世室之祧，既不在三昭三穆之中，则固不在九庙之数。自太祖以至光宗实为五庙，今大

张声和书《读戴栩诗文口占一绝》

戴栩笔下的南宋温州胜概

行皇帝始为六庙，合增展一室，以祔大行皇帝。"御史台的看法与戴栩的看法是比较一致的：不祧迁英宗的目的是恢复王肃倡导的七庙制，除了万世不毁的太祖、太宗、真宗、仁宗、神宗和高宗外，还有五世亲庙，英宗为一世，哲宗和徽宗共为一世，孝宗为一世，光宗为一世，宁宗为一世，另外钦宗因为与不迁之主高宗是兄弟而不算作完整的一世亲庙。

戴栩那个年代的温州，曾出现许多优秀的士人，但戴栩留给温州诗文是最为丰厚的，从事地方志和文史工作多年，我对戴栩的诗文是倍加珍爱的，如同读之明月前身。口占一绝作为本文结尾：

> 照影梅花剩几枝，千年以后碧天诗。
> 美文遗世光城阙，明月前身我读之。

一超直入如来地

——忆中浙兄弟

陈云源

中浙英年早逝，在老家桥头前庄出殡前没一滴雨，出丧锣一响，雨淅淅沥沥，渐行渐大，到陈氏祠堂边时，倾盆大雨，狂泻而下，天地一片昏暗。村里老人直呼：哎哟，没见过这么大的雨！送行的亲朋好友，多少人泪水和雨水交织在一起，天人恸悲共泣。入土封穴，即雨过天晴，实为奇哉。中浙离去已有一年多了，可我觉得他一直在，他发自内心的灿烂笑容，他的一卷卷书籍，他的一幅幅字画，他的气息在时间和空间里自由舒展地流动着。

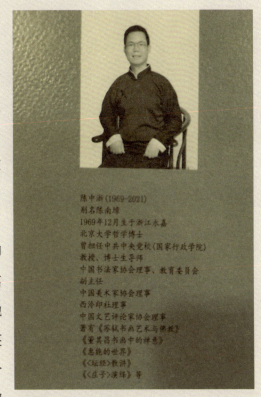

陈中浙（1969-2021）
别名陈南璋
1969年12月生于浙江永嘉
北京大学哲学博士
曾担任中共中央党校（国家行政学院）
教授、博士生导师
中国书法家协会理事、教育委员会
副主任
中国美术家协会理事
西泠印社理事
中国文艺评论家协会理事
著有《苏轼书画艺术与佛教》
《董其昌书画中的禅意》
《悲悯的世界》
《〈坛经〉教讲》
《〈庄子〉演绎》等

酷暑七月，我在温州城市大学市政协委员培训时，看见大门石碑有中浙的题字"开放·融合·共享·提升"，又仿佛与他在校园邂逅，轻声细语交谈一番。永嘉政协吴凤菇主任与我一起培训，老友相逢，叹时光荏苒，言谈间说起中浙，不禁唏嘘不已；得知我和他的关系，忙不迭向我约稿，我心里酸楚，也觉得一定要写一点东西，来追忆他这位兄弟。

仁厚慷慨的本家小弟

我们村以陈姓为主，谱载先祖三兄弟来前庄开山辟地，开枝散叶，我和他是村里大房（老大）的后裔。中浙出生于 1969 年 12 月，我出生于

1968 年 2 月，我们出生在同一座大房子。这座大房子共有四户人家，我们家同在东边的上下头，中间是共用的中堂。那时候农村的小孩子，真正是野蛮地生长，因为田地少，粮食养不活一家人，父亲们几乎长年累月在外奔波赚钱，母亲们在家养猪养鸡又种田，没人管你，所以小孩子早早地自找事情打发时光。中浙小时候给村里大人印象是"善文"姆，就是不凶不恶的那种孩子，调皮捣蛋的事基本没他的份。儿时口吃厉害，同伴们谑他"大舌拉儿"，童年时小伙伴老逗他说话，他一说话，结结巴巴，脸红耳赤，小家伙们哈哈大笑。也因为这一缘故，他有点拙言内向，罕见他与别人玩耍。在高中还是大学我具体记不清了，他拿着《演讲和口才》这本杂志和我说，我找到纠正口吃的办法了，后来果真不结巴了，据说口吃很难纠正，他却很快就改过来了，由此可见他做事的毅力。曾经有好长一段时间，他在自己的书法作品落款"阿拉儿"中浙，显得豁达自信。

　　他是同龄孩子中比较胆小的人，与我生活在同一座大房子，又比我小，所以童年时跟着我的时间较多，闲来白天去田间捉虫赶鸟，晚上抓鱼捕虾；或者在村里柴房和中堂的麦堆里捉迷藏，被毒虫子咬龇牙咧嘴。因为胆小，在玩耍中常闹出啼笑皆非的乌龙事件。有一次在村里上下两派小伙伴的一次黑夜"战斗"活动中，考虑他比我们小，胆子又小，把他安排在离敌方最远的后卫，当我们屏气敛息、蹑手蹑脚向"敌人"靠近时，忽然只听他"嗖"的一声转身向后狂奔，如见了鬼般一溜烟而逃，吓得我们个个也转头飞奔，只恨爹娘少生了两只脚。逃到我们住的大房子会合后，个个问他怎么回事，他说看到前面墙上有人一闪而过，就慌兮兮扭身而逃，把我们气得哭笑不得。这次战斗还没开始就落荒而逃，让我方见到下派小伙伴矮了半个头。后来我第一次读到"风声鹤唳，草木皆兵"这个成语，马上想到那天晚上他的狂逃情景，不禁莞尔。我还带他演绎过不少调皮捣蛋的小屁孩喜做的"英雄"事件，可他基本上是属于拖后腿的油瓶，要不丢了胜利果实，要不让我差点"血染沙场"，每每让我恨铁不成钢。为什么他干一些调皮捣蛋的事时要么缩手缩脚，要么半途而溜，实则宅心仁厚啊！他住到前堡新房后，我去他家时间多了，那时候我在上塘念初中，学了武术内功排打术，在他家二楼，放开肚皮让他们拳打脚踢，累得他们气喘吁吁，我却气定神闲。中浙很为惊讶，我教了他内功行气吐纳术，他说好神奇，有一次肚子痛得厉害，行气吐纳后就不痛了，而且还神清气爽，可惜他未能坚持练习！

一件小事显示他是一个慷慨大方的人。记得有一次他父亲从"两广"地方弹棉花回来，带来一些伴手礼，四邻分发一点，我和隔壁小哥第一次吃到纯天然自然熟的香蕉，觉得那简直就是天下最好吃的东西，余味绕舌，三日不绝，忍不住告诉了他。他偷偷地从家里拿了两根香蕉，我们三人躲到麦秆丛里，一人一口，又香又甜，美味无比。时至今日，我依然觉得那是我吃过的最好吃的香蕉。

记得最深刻的还是初中时他看我写字的日子。我家的小阁楼是我读书写字的专用场所，他常常过来在我身边默默帮助磨墨，裁按宣纸，一看就是半天，基本上不怎么说话，特别的安静专注，等我写累了，他才接过笔画几下，然后一起整理干净。他跟我有书信来往，初三他在黄田中学写给我一封信，一打开那钢笔字我还以为是我自己写的。他成名后我们好几次一起在温州他的师友聚会场合，都客气地说我是他书法的启蒙老师，让我温暖又汗颜。

我刚毕业分配在永嘉公安局岩坦派出所工作，他专程从温州跑来看我，但因为瓯北、上塘到岩坦每天只有一班车，他赶不上，只能先坐到岩头的车。我从岩坦开着三轮摩托车到岩头镇和他会合，两人在饭馆小酌，笑谈什么已无记忆，有一个情景却铭记在心。他看着盆里剩下的红田鱼的头，笑着问我你吃吗？我说鱼头有什么好吃的，他却狡黠得意地说：鱼头最好吃，最有营养的，我爸最爱吃，是他告诉我的。然后又说日本人也最爱吃鱼头，所以聪明，将来他有机会一定去日本留学。说完一丝不苟、津津有味地把鱼头吮吸得干干净净。吃完后买单他竟抢着买，无论如何不让我付钱，我说我已经有工资了，他却真心实意地说，你比我困难，两个人争来推去弄了半天。

一心向学　金石为开

就读书而言，中浙还真不能归入"别人家孩子"那一类，从小学到高中，他的读书成绩一向水波不兴、风平浪静。但他绝对有一颗恒心、一股韧劲，一心读书，两耳不闻窗外事。永嘉菇溪桥头自古是商贸之乡，改革开放前，菇溪就出现"一村一品"的格局，有黄堡粉干、窑底素面、殿前缸窑、壬田豆腐、金村靛青等等。当桥头出现全国第一个小商品市场后，很多初高中学生读书读一半就辍学，跑去做生意赚钱，我也休学去卖纽扣了。一般来说像他这样的成绩，家里又是办纽扣厂的，很多人会选择经商，他的弟弟和妹夫早早去经商，他的很多同学也早早"下海"，而他却辗转四处，一心求学。初中从白云中学转到黄田中学就读，考上罗浮高中，读到中途，又转到永嘉中学。80年代初期，从桥头到黄田和上塘坐车就要两个多小时，还要小三轮换汽车转换几趟，交通不便，信息不畅，学校之间转来转去，求人转学找关系，人头又不熟，各种难度可想而知，但为了创造更好的学习条件，中浙痴心不改勇往直前。也是在罗浮中学，他遇到一生当中的贵人张索老师，张老师把他领进了书法的大门，使他在高考时能独辟蹊径，发挥优势，考入南京艺术学院，就读中国画书法专业。暑假我到他家，他正在临孙过庭的书谱，看到满书架的书，和墙壁上的字画，艺术味和书卷气扑面而来。我立马感觉他已非吴下阿蒙，十年寒窗，终成正果。

毕业以后，因为工作不包分配，他又踏上了艰辛的四处求职之路，在永嘉和温州从事少儿书法教育培训，一日三餐，舟车劳顿，薪酬微薄，旁人以为苦，他却乐在其中，只因为他对书法的挚爱和未来的信心。几次碰面，满脸笑容，侃侃而谈，再也不是小时候那个沉默拙言的小弟。

　　我的老同学书法大家陈忠康和我聊天，说中浙有一次来江心屿看他，两人在大榕树下谈心，谈到未来感觉前路迷茫，中浙慷慨激昂，说发展一定要到北京去深造。这一次大榕树下长谈，忠康说是他们人生道路上的"遵义会议"，命运的转折点。此后两人殊途同归，终于圆梦京城，只是中浙的道路要崎岖坎坷得多。他一边谋生计，一边求学，从1990年毕业直到1996年才考取北京大学哲学系宗教哲学专业硕士研究生，整整六年时间，他一次又一次冲刺北京大学这个中国一等一的最高学府，需要何等的勇气和毅力，需要弥补和克服多少学业上的不足和短板。他曾经想留学日本，于是在上海外国语大学进修日语一年，每天早上6点半去学校，孤身在沪，一灯一室，一人一书，寂寞孤独，艰难困苦，冷暖自知。后因弟弟到北京经商，为节省费用，他负笈北上，投身北京外国语大学，继续进修日语。在北京的日子里，他有去北大旁听，也许是这个最高学府的氛围吸引了他，他考虑再三，放弃留学日本的念头，转而一心一意复习冲刺北大研究生。

　　这六年多时间，少年盟兄弟、同窗好友要不经商、要不工作，先后成家立业。熟人和知己的喜讯对他和他父母来说何尝不是一次又一次的冲击

陈中浙作品

和刺激。他父亲有几次与我在老家碰面，都忧心忡忡、感叹不已。但逢人问起中浙怎样，嘴上都乐呵呵地说再为他做几吨有机板（做纽扣的原材料）。1996年的9月，中浙终于被北大录取为研究生，喜讯传来，他父亲真的可以说是欣喜若狂，奔走相告，全村轰动。而中浙却很少与人谈这六年来的甘苦，但我可以猜想这是他人生最黑暗最孤苦最彷徨的一段日子，也是最为怀念最为励志的篇章。2020年的一天，在北京昌平永临书院宽大明亮的书房里，他感慨地和我说，当年考研究生为早点去北大图书馆或教室旁听占个位置，多少次凌晨5点多，骑着破旧的自行车，冬天凛冽的寒风迎面刺骨而来，瑟瑟发抖；他随身带着两个冷面包，到了学校就着开水啃。他说自己都把自己感动了！那一刻，我也感同身受，眼睛发涩，竟有悲壮感升上心头。

矢志笃行　硕果累累

中浙在北大哲学系读硕博期间，时有佳讯告我，很多导师都是当今社科界的泰斗，他说自己很兴奋，真的如饥饿的人扑在面包上。2000年4月他到日本东京大学文学部留学一年，终于圆了去日本留学的梦想，我不知道他是否考证过日本人爱吃鱼的原因。他涉猎广泛，在繁重的学业之余，参加了北京大学京昆古琴研究社，为我弹奏过《阳关三叠》。最大的喜事是在未名湖畔收获了爱情，是浙江海宁老乡，全省的高考文科状元。我记得他第一次带着女友到永嘉楠溪江玩，而后在上塘和我见面，那天在新世纪大酒店，一大桌的永嘉中学同学，大家喜笑颜开，其乐融融，他的女友娇小玲珑、聪颖娴静。我们都为他高兴，也为他自豪。

我第一次在北京见到他，大致是在2004年。他住在党校分给他的青年教师宿舍，一个长单间，既当卧室，又当书房，厨房在走廊上。大概是看出我对他居住环境的诧异，他一脸开心地说：马上要分新房子了，有90多平方米。他说日本人很喜欢中国的印章，他接了业务利用双休日和晚上治印，虽然辛苦，却也快乐。在北京琉璃厂文化街认识一个青田的老乡，优惠提供印石，有时一大包一个囫囵价。自己的书法因文化的支撑有了一个新提高，而且自己还开始中国文人画的创作。妻子张帆（当时还是女朋友）学宋代文人画很有天赋比他强，拜师北大女教授学画，还当场拿出妻子的画给我看，果真是惟妙惟肖，意境幽远，特别传神。最高兴的是自己十几万字的博士论文《苏轼书画艺术与佛教》在商务印书馆马上要出版了。这本书从题目的确定到初稿的完成以及定稿，历时四年。2005年这本书出版了，获得了第二届中国书法最高奖"兰亭奖"理论奖。该书深受读者喜爱，出版社多次重印，2015年又以精美的装帧形式再版重印，字数增达29万余字。

2002年北大博士毕业后，中浙进入中央党校哲学教研部中国哲学教研室任教，到党校后，中浙砥砺奋进，人生开始进入快车道。在校多次多项考核优秀，两年后就被评为副教授。2005年和2006年连续获哲学部学位研究生教学数量奖第一名，2007年下派广西南宁青秀区挂职副区长一年。

陈中浙作品

2009 年仅短短七年时间即被评为教授，还获得中央党校第二届"人才强校"奖。这个奖项是中央党校给予老师的最高荣誉，每三年评一次，一次才 4 到 6 人。在党校，中浙的讲座也深受好评，如《禅宗与中国文化》、《中国书法中的哲学意境》、《中国传统文化中的人文精神》等。2017 年 9 月，对外经贸大学开学典礼特地请他去，中浙用王阳明的心学切入，作《此心光明——用中华传统文化完善自己》的讲座，受到了莘莘学子的热烈欢迎。2021 年 3 月 23 日中央党校中青年学员千人大课，中浙作《中国书法艺术欣赏》，竟为绝唱！

除了研究苏轼和董其昌书画艺术与宗教关系两本书外，他相继又出版了《因无所住而生其心——惠能的世界》(2013)、《坛经散讲》(2018)、《庄子演绎》(2020)；编著了集王羲之行书《金刚经》、《中国艺术与哲学》(一二三四)、《由艺臻道》(一二三四)、《发明心地——永嘉大师圆寂 1305 周年国际学术研讨会论文汇编》等等。有一段时间我联系不上他，后来他告诉我是住在寺院里关了手机闭关一般，一个多月专心写书。

1993 年中浙的书法作品《李白·登高眺望远》获《第五届全国中青年

最后一课。2021 年 3 月 23 日晚，陈忠浙为中央党校中青班学员开千人大课

书法篆刻家作品比赛》优秀奖（最高奖）。这样高的荣誉，温州历史上还只有书协主席林剑丹先生获得过，而中浙在书坛才刚出茅庐，当时温州书法界人才济济，比中浙基础扎实、功底深厚、资历老到的同侪比比皆是，中浙的脱颖而出，自有他与众不同的才情所在。记得《温州日报》还做了大幅报道，在温州书法界引起不少轰动。1996年，温州电视台还做了个专题片"青年书法家陈中浙"。此后，中浙因专攻学业，在书法创作上寂静了相当长的时间，实际上他正陶醉于百年燕园浓厚的人文气息，一头扎在中国传统文化的海洋里，与贤能高师神意交流，孜孜不倦地汲取着营养，厚积薄发。2009年中浙评上教授后，不但出版了十来本书法作品集，还在全国很多地方开个人书法展览，以全新的极具个人风格魅力的书写风貌出现在书坛，其字灵动活泼，妙趣横生，圆润祥和，作品洋溢着浓浓的书卷气和禅意。2009年4月太原书画展，2010年2月澳门"迎新春，庆回归——陈中浙书法展"，2010年7月珠海"陈中浙书法展"，2010年11月南宁书法展，2013年3月澳门"学而时习之——陈南璋书法篆刻展"，2013年6月江阴"江南烟雨——陈南璋陆爱书画联展"，2014年10月25日烟台"求其放心——陈中浙书画展"，2016年9月义乌"由艺臻道——陈中浙义乌书法展"，2018年7月临沂"由艺臻道——陈南璋临沂书法展"，2018年9月"陈南璋长春书法展"，2019年11月"陈中浙杭州书法展"。像"学

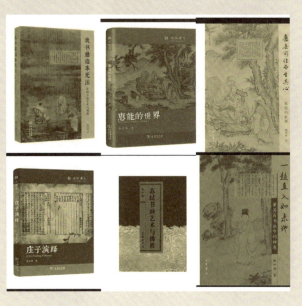

陈中浙著作

而时习之"、"求其放心"、"由艺臻道"这些标题其实是他自己精选的,代表着他的心境和艺术主张。我听书法界的朋友讲过,搞一场书法个人展览是极其费神费力的,而中浙在十年内做了11次个展,这要付出多少精力啊!记得太原和山东的展览他都邀请过我,因事务缠身未能前往。

最后一次在杭州的展览,我特地赶去,在南山路的浙江美术馆和他见面,展览是第二天开始,现场还在做最后的整理。他见我来了,很高兴地说展览还未开始,我带你先看看,作品行书隶书、大幅和手卷都有,一卷《金刚经》放在橱柜里。我知道他沐浴更衣写过《金刚经》不止一卷,在北京的书院里就看过他写的《金刚经》,确实是精妙绝伦。为赶这场展览,他说近三天都没好好睡,连夜创作,他重症在身,却瞒着所有人,或许他预感自己在与死神赛跑,所以才如此夙兴夜寐,奋力精进。我们几个一起看了展览会上介绍他本人的音碟,张索老师现场还提了一些意见。这次展览,前全国人大常委会委员长吴邦国也出席观展,政界、书法界、企业界等各界人士络绎不绝,深受好评,谁也想不到这竟然是他的最后一展!

中浙最大的优势是把文化和书法相融合,把自己的宗教文化学术研究和书法艺术创作有机地结合起来,两者相得益彰。继研究苏轼以后,他又把笔触伸向董其昌,2008年又一力作《一超直入如来地——董其昌书画中的禅意》在中华书局出版,2009年该书获得第三届中国书法最高奖"兰亭奖"理论奖。商务印书馆和中华书局都是百年老字号的出版社,代表着出版界的良心和权威,中浙的两本书能在这两个出版社出版,且分别获得两届"兰亭奖"理论奖,其学术分量和艺术水准可想而知!

中浙这么多书出版,他第一时间特地告诉我的也就这两本:《苏轼书画艺术与佛教》《一超直入如来地——董其昌书画中的禅意》,可见他对这两本书的得意和用心。

　　苏东坡可以说是官场文人才子中乐观豁达之第一人，三次被贬，痛失
三位娇妻美妾，一生漂泊，却始终洒脱乐观，活出流芳千古的精彩人生。
诗画禅心、山水美食是他最好的疗伤药，毫无疑问，苏东坡是无数文人的
偶像。中浙是深深喜爱他的"文人书画"的，这可以在他再版《我书意造
本无法——苏轼书画艺术与佛教》选取苏轼的字画里看出，他除选了号称
天下第三行书的《黄州寒食诗帖》外，还选了《北游帖》《人来得书帖》
《李太白仙诗卷》等六幅书法作品，三幅画《古木怪石图》《墨竹图》《潇
湘竹石图》，这在他第一版中是没有的。"我书意造本无法"这句话也是
再版时加的，我猜想他的书法风格因博士论文研究苏轼，而深有体悟思考，
深深赞同苏东坡的"我书意造"，开始追求书法内蕴文人书卷气的韵味。
而到了他研究董其昌的书画禅意，相信对他震动更大。或者说他是认同苏
轼和董其昌为人处世的态度、喜欢他们的书画作品与禅宗的关联以及艺术

一超直入如来地

主张，才选择去深入研究和探索他们。从苏东坡的"天真烂漫是我师"，到董其昌的以造化为师"吾师造化"；从禅宗的"心如明镜、淡泊空灵"，到传统文化"天艺合一，艺以载道，以艺臻道"的正念，中浙找到了他的书法艺术和学术研究甚至人生努力方向，他的作品开始呈现浓厚的书卷气，字字灵动活泼，顾盼生姿。他发心创办永临书院，倡导国学和书法结合，他说："艺术要达到更高的境界必须有文化内涵作支撑，要有'道'作为统摄，这个艺术才会走得更深更远。同样，抽象的'道'也需要具体的艺术体现出来，才会接地气，达到传播的目的。这叫'以道统艺，以艺臻道'。永临书院举办了四年书法与国学高研班，独树一帜开设"大国学"课程，既有儒释道三家的重要经典导读，也有像戏曲、绘画、篆刻、电影、诗词等相关艺术领域的讨论，他充分利用自己的人脉资源，请了著名的专家来开讲。如哲学方面有北京大学楼宇烈教授的《志于道，游于艺——中国传统文化中的艺术精神》，中国政法大学李虎群教授的《老庄之"道"的玄机——中国文化基本概念的问答》；诗词方面有中国美术学院钱伟强教授的《寻觅津梁——诗词创作的"易简之道"》与李达的《明法度求自在——诗律略说》；戏曲方面有北方昆剧院原院长丛兆桓的《雅韵弦歌六十载——梨园大师昆曲丛谈》；影视方面有北京电影学院的副院长俞剑红的《银幕之下——美国电影的成功经验与我国电影业发展对策》；书法方面有国家博物馆杨军的《国博宝藏——国家博物馆馆藏历代碑帖鉴赏》；绘画方面有中央美院陈相锋教授的《不可一日无此君——墨竹的画法》；经典导读方面他自己开讲《问道〈大学〉》与《〈金刚经〉导读》。同时他把大家的讲义编著成书，《中国艺术和哲学》《由艺臻道》各四卷，留下一笔宝贵的精神财富。

中浙一直与时俱进，从三尺讲台走向永临书院，从有形讲台走向虚拟空间，去世前几年在喜马拉雅开讲六祖《坛经》和《庄子》，以20余年精研之功力，在虚拟的高山之巅，广阔空间，穿越时空，引领更多的人悟道参禅，汲取古人的智慧，开启人生的风帆。

"我书意造本无法，一超直入如来地"这两句诗，又何曾尝不是中浙他自己人生和艺术的写照！

忠恕待人　事亲至孝

中浙孩提时就表现出仁厚善良的本性，路上碰到地方长辈必恭敬率先打招呼：阿爷、阿婆、阿嬷、阿婶……称呼丝毫不含糊，老人都讲这孩子嘴巴响有礼貌。2019年我去北京昌平永临书院看他，临行时他问讯我母亲：阿嬷身体好吗？还特地包了一支长白山的野山参带给我母亲。对他的去世，我母亲特别痛惜，因为从小看着他长大。一直说这姆恁善文孝顺，耳朵恁大，都在做好人做好事，怎么会这么早就走了呢？对他英年早逝，菇溪的父老乡亲说起来都为之可惜。中浙虽远在北京，但凡村里镇上人有事请托他，读书、看病等等，必尽力相助，而且帮了忙从不声张，默默相助。他的书法，同学好友新房落成相求也是尽量满足，有的叔叔辈一讨好几张。菇溪好几个村头石碑上都刻着他写的字。从高中一直到去北京前那几年时光里，我在他前庄家里经常碰到温州和永嘉的师友来探访他，有的一待好几天，这和他待人真诚，大方热情有直接关系。我们村里几个盟兄弟第一次就在他家里吃的正月酒，我也是人生第一次醉酒而且当场直播，一至如今我见永嘉老酒汗犹心有余悸。而中浙却安然无事，他脸上有两个深深的酒窝，农村里说那是能喝酒的标志，他确是能喝酒的。不知后来他怎么就戒了酒，还常吃素。他对老师特别尊重，每次北京回来我和他见面或通电话，听到最多的话就是我要去温州几个老师家拜年。现在华东师大的张索老师是中浙的恩师，中浙大小事情一般都会和他商量。一次我对张老师说，您对中浙等几个学生太好了，真的是他们人生的贵人和导师！张老师沉吟半晌说，也是他们成就了我啊。

中浙对父母的孝让我常常深为感动和感慨。电视剧《人世间》里说到孝道分两种：养口体和养心智。我不由自主地想到中浙的孝顺，他一人几乎把剧中人物周秉义对父母的养心智和周秉昆对父母的养口体都兼顾了，殊为不易。中浙的父亲为人豪爽，大方大气，一生好强，中浙的成就让他深为自豪，从中浙考上北大研究生开始，每一滴的进步他都会喜不自禁地告诉亲朋好友，分享他的快乐和满足。而中浙对父亲的心思也是心领意会，对父亲的意愿身体力行去落实。中浙的父亲是村里公益事业的热心者，前庄村里陈氏祖宗大坟公园亭阁建设整理，中浙遵从父意特地去温州求得多位书法名家墨宝，镌刻在亭阁梁柱上，让荒凉的坟山变成了一处充满墨香的宝地。中浙老宅地基在农村价值百万，他和我说，为什么要把老宅拆掉，新建永临书院，作为文化公益场所。就是父亲和他说过要多为家乡的文化事业做贡献，他思来想去，觉得创办书院是最好的载体。

中浙对父母的关心照顾和细心体贴，让他自己的兄弟妹妹都为之感动，他们告诉我，他父亲后期身体不好，中浙到处寻医问药，多次把父亲接到北京看病，其父两次手术，中浙请假昼夜侍寝，不怕脏不怕累。父亲回到老家养病，稍有不适，就忙不迭从北京赶过来。一次他父亲住进了温州附一院的 ICU 重症监护室，中浙连夜从北京赶回，医生的意思让家人放弃治疗把他父亲带回家。中浙却无论如何不甘心，到处找名医诊疗，或许孝心真的感动了老天，终于硬生生地把父亲从死亡边缘拉了回来，又活了两年，创造了奇迹。在这两年时间，他都在想方设法让父亲康复，找名中医调理，什么药什么食品对父亲的病有好处，他都不惜一切代价，就在他父亲去世的前一天，他还在寻医访药。他的母亲是个虔诚的佛教徒，中浙有空就陪母亲去名山古刹礼佛修心，像温州的头陀寺、文成的安福寺还专门住过。他母亲得了阿尔兹海默症，从他父亲去世后病情加重，他又走上了为母亲寻医问药的道路，除了去北京的大医院和找国内外的好药外，他也到处找中医和民间偏方。后来听说出去旅游可以刺激脑细胞，他就带着母亲四处旅游，去过日本、澳门、四川、山东、山西等地，他自己时间腾不出来，就出资让妹妹带着他母亲旅游。特别是去日本和澳门，让他母亲在村里的一众老太婆面前风光了好一阵子。我母亲常在我面前提起此事，她好生羡

　|　一超直入如来地

慕，我则好生惭愧。有人告诉中浙，阿尔兹海默症者，最重要的是亲人的陪伴，他立即把母亲接到北京昌平的永临书院住，因为中浙大部分时间都在书院里办公和创作，这样就可以有更多的时间陪伴母亲。学校没课的话，他就大清早过来陪母亲用早餐，晚上直到母亲入睡后才回自己的住处。在这期间，中浙已经发现自己得了重症，却没有告诉任何一个亲人。就在他发病的前一个月，他还在每天陪母亲做操、散步，替她按摩头部和颈椎。自己不在母亲身边时，就时刻打电话给家里人，提醒帮助母亲做操和按摩。中浙去世前，还特地吩咐家人不要告诉母亲。

斯人已逝，但中浙的孝顺和励志已在乡村中颂扬，成为教育父母和孩子的经典实例；更为可喜的是，在桥头这个历史上以经商贸易为王道的地方，村民从中浙身上认识和感受到了文化的力量，文化所带来的各种良性效应。从而深刻认识到，全力培养孩子读书，是孩子成长成才的不二法门，是回报最大的投资。在头脑中播文化理念，在人心里种孝善福田，为桥头文脉中兴、孝道盛行建奇功，中浙有知，当含笑九泉！

反哺故里凌云志　壮志未酬长扼息

士，不可以不弘毅，任重而道远……中浙北大博士毕业到中央党校后，身上"士"的气息越来越浓厚，家乡的情怀也越发浓烈。记得有一次他很认真地和我说，共产党培养了你这么多年，你能力水平高，退休后到村里当书记，把我们村搞好。我开玩笑说，那你也回来。他说，我一定全力支持。他的书院取名"永临"，就是家乡一个消失的名字。在乡镇撤扩并之前，我们老家原来属于永临区管辖，桥头、桥下、瓯渠、梅岙等乡镇都属于永临片区。他在村里建书院取名永临，是不是记住乡愁，以另一种方式留住消失的过去？撤扩并以后，皮之不存毛将焉附？再也不会有永临这个区域名字了。我觉得中浙对名字是很有讲究的，表达自己的愿望和期冀。他自己的名字我们可以朴素理解为中国浙江，有一段时间他书法落款名为陈鉴，到北京后，他又取别名南璋，意为南方之美玉，抑或君子佩玉而行？他一手在一个村里创办书院，我猜想在全中国也是不多的，当然书院传播和弘扬文化绝对不只囿于一个前庄村。书院的第一场公益大讲堂是2017年的7月12日，中浙请了自己的导师著名哲学家、北京大学教授楼宇烈先生，楼先生作了《中国的智慧》讲座，在一个农村的小村庄，大北京的大教授作大讲座，一楼大堂里外坐满了人，有来自全国各地的中浙好友和学生，温州慕名而来的文化爱好者，更多的是本镇本村的父老乡亲。这是一场思想的盛宴、文化的大餐，老先生讲得特别精神抖擞，大家满脸兴奋，听得津津有味。楼先生当场感慨万千地说，中浙在生他养他的故里创办书院，是做了一件他想做未做的好事大事。后来中浙又请了中央党校的原副校长和一位著名学者举办讲座。书院还举办书画展览，不定期举办艺术和党建活动。2018年2月，中浙邀请了温州市知名书法家，在书院现场挥毫，为

永临书院赴日文化交流，左5为陈中浙

　　一超直入如来地

桥头镇的父老乡亲写春联送祝福，那一天，书院人头攒动，喜气洋洋。中浙在永临书院的前门道路栽种了桂花和三角梅，美化了村容村貌，古色古香的书院成为桥头的一个文化打卡点，前庄美名四扬。

中浙一直想在永嘉（桥头镇首选）建一个占地10到20亩的永临书院，能够成为与古代一些著名书院相媲美的一个文化的道场，传播弘扬国学和艺术，为家乡培养人才，为永嘉提升美誉度。他多次与县委县府领导对接过此事，桥头镇的几任领导还陪他现场查看过家乡几处山清水秀的地方。他还雄心勃勃构想在网络上建一个公益的永临书院，无偿开放，让世界上更多想学国学和艺术的人能够找到一个高质量的网络课堂。

中浙热心家乡的文化活动，温州一些文化活动请他来都会尽力过来。我记得的他就参加过楠溪江永嘉书院、墨池坊公园、温州武术文化节等文化活动。特别值得一提的是弘扬宗教文化，可谓不遗余力。2018年11月，温州头陀寺举办永嘉玄觉大师文化节，中浙非常用心，出面组织了一次关于玄觉禅师的高规格国际学术研讨会。他充分利用自己的人脉，邀请海内外高校的佛学研究人员，除国内知名院校的专家外，还有法国、加拿大、日本等国家以及中国台湾和香港地区的专家。在人员构成上，中浙有意识地请了老中青三代研究者，为了拓宽研究视野，他还邀请了寺院里有理论研究的法师参会，在会上中浙自己也作了《玄觉的"无生"观》的发言，可以说这次学术研讨会真正是集广度、高度、深度于一体，盛况空前。事后，中浙把大家的论文和发言集要编著，取书名《发明心地》出版，作为对玄觉禅师研究的一次阶段性总结，也是对玄觉禅师圆寂 1305 周年一种告慰和致敬。中浙是宗教学的研究生，母亲又是个虔诚的佛教徒，他对宗教文化特别是佛教文化有深厚的感情。温州是一个宗教大市，中浙很愿意和希望为家乡的宗教文化建设尽自己的努力，曾经有一段时间温州想把大罗山打造为宗教名山，中浙很高兴，决心用自己在宗教文化界的影响力，为家乡添光增彩。

惜乎如今人事皆往……

永嘉大师文化节合影，左7为陈中浙

　　一超直入如来地

溪山名宿
刘肃平

高远

响山刘肃平（1881—1951）是永嘉近世之名宿，中下游不少上岁数的人至今还对他的事迹津津乐道；德高望重的柯逢春老先生尊其为师；大德名僧弘一法师对他青眼有加，似乎是个异数，而他的传世诗文墨迹，不乏佳作杰构。在五千年中华最不堪的时代，他为生计做了些毁过于誉的事，留与后人作笑谈。他的言行举止，自然而然会使人想起徐文长的题画自况诗：笔底明珠无处卖，闲抛闲掷野藤中。两人有几分相似，但一方水土养育出来的刘肃平先生却要洒脱得多。

几年前，我师张索问：知道刘肃平先生的生卒时间吗？我说要去响山问下其侄孙存确先生。后来我随好友刘良海去看望他父亲存确先生时，老人家说，当年弘一法师曾写来一联，龙蛇庚甲分先后，儒释两教结同心。比弘一法师小一岁。然后叹息道，我这小阿爷给乌烟硬吃吃死的。

这联可视为弘一法师与肃平先生的订交之作，信手写来，联意清淡，却深情毕显，足见两前贤交谊匪浅。弘一法师长一岁，生于光绪庚辰（1880）属龙，肃平先生生于光绪辛巳（1881）属蛇。查《响山刘氏宗谱》，肃平先生卒于辛卯（1951）九月廿一日。

1918 年，在杭州省立第一师范教书的李叔同到虎跑落发为僧，法名弘一，开始了 24 年青灯黄卷的僧侣生涯，其中的一半时光 12 年在永嘉（温州）度过。出家后，因社会与身体状况关系，弘一想找一个安静温暖的地方安心办道。1921 年春，他的留日同学瑞安林大同对他说，永嘉山水清华，温暖舒适。就欣然而来，发心拜在永嘉县城南庆福寺住持寂山大和尚座下，驻锡常住。从此开始了他作为一代名僧为永嘉背书，留下不少脍炙人口的佳话，为溪山瓯水生色。

1923 年春，外出的弘一法师，徐步经过温州万岁里巷的叶震昌小客栈时，瞥见客栈门口挂着"震川文派朋樽盛，昌谷诗题旅壁多"一联，惊叹不已。以为此联用典得当，对仗工整，文辞正雅，字也写得端庄清秀，神似褚遂良《阴符经》，叹为稀有。法师向客栈主人问明肃平先生的情况和家住地址，即驰书致问，并寄赠上佛经四部。

谱载：刘庆治（1881—1951），字肃平，清府学生员，贡生，岁进士。公幼颖慧，十八岁（1898）入泮，贫而易之，再试又捷。性散淡，不求闻达，愿课孺子以图生趣。文扬浙水间，才思渊博，世所罕见。

存确先生之母黄老太太在世时曾说，肃平先生学问好，文章写得好。一个功名考来卖一斗银番钱，别人求他写文章，先要二两乌烟作定金，半月后要运廿一担谷入其仓，才从怀里摸出文稿递给人，反复叮嘱一字不能动！可惜给乌烟吃死。这是指被乌烟毁了前程之意，不是生物意义的生死。

老太太很健谈，还说起了弘一法师第一次拿"龙蛇庚甲分先后，儒释两教结同心"的对联到响山来订交，该乌烟人不好意思躲起来不见。以后还是来过几次，两人倒是快活乐笑的。法师还在响山讲了几堂经，村里很多人来听过。送来他亲笔画的一大幅观音图，很迟时还挂在他的老屋里。讲经可能主要是有所针对，肃平先生当然乐意谛听弘一的法音妙语，只是业重，至死没有戒了乌烟这一恶习。

上塘的柯逢春先生（1886—1984），是著名的民主老人，新中国成立后曾任永嘉县副县长，生前清平，每天两粥一饭。奉肃平先生为师，肃平常来他家住上旬日半月，同甘共苦，以谈文论道为乐。柯老的弟子说，肃平先生14岁时，兄长要去县里考秀才，他黏着要跟去考。其兄说他还小，大点去考好了。肃平说把他带下路熟。就跟进考场，不料却考上了。他想想自己还小，这功名的好处也用不上。反正考个功名不难，下次也能考上的，先得些钱再说，就以一斗银番钱卖给别人了。第二次又去考，主考的还是原来的县官，发现他前番考过的，就把他拉了出去，不让考。不久清廷就废除了科考（1906），所以肃平先生就没有了功名。这种说法有趣，但与谱载有出入，也与物证不符。卖秀才的事是真实的，功名也是有的。

响山村现在还有清宣统三年（1911）春刘家两兄弟立的石旗杆夹一对，上刻：庚戌（1910）岁师范科贡生刘庆烈、刘庆治全立。清末改制，所谓的师范科贡生相当于高中或中级师范学历，但套用科举等级称师范科贡生，算是比秀才高一步的功名。据说是肃平先生考来功名后，常替人冒名代考，从中获利。两下说好，先付定金，后与买者同入考场，易名交卷，肃平先生代考多次，无往不利，所得不菲。

过去，考上秀才算是第一步功名。那个时代很多穷苦人家的士子，常常先当几回枪手，考个秀才出手了，改善一下生活，也好继续攻读，争取更大的前程。据柯先生的回忆录称，他年少时，他的老师也是这样给规划的，先当一二回枪手，解决安身立命的经济问题。可惜科考废除，后来去读了省立十师和北京警察学校。

1929 年，柯先生辞去民国福建龙岩县长之职，回到上塘，创办鹅浦书院招生授徒，前后断断续续招了几期，主要是传授以四书为主的国学经典。他的两位学生叶国欣和叶封都很长寿，前几年才去世。说起柯先生的事就会激动得像个小学生，一脸仰慕。肃平先生还精通法律，常代理诉讼事务，出庭必胜，是一个很有名气的讼师。国欣老师说肃平先生与某交际花关系密切，常为其赌局站台。求正于年稍长的叶封时，老人平静地抚了下飘洒的银色长须不悦地说，没有的事，没有的事！而说起肃平先生的楹联故事，则两人如出一口。

民国时期，交通得到发展，温州到沙头的机动船经过上塘。1938 年春，与上塘隔江相望的渭石村在江边建造了一座候船的石亭子，名乐安亭，这在那个年代也算是件大事。为了一壮观瞻，润笔如例地请肃平先生作个对子。渭石人去拿对子时，肃平先生持重地说："我这对联作得很好，一字不能改动！过渡时期勤草创，隔江弦管闹花朝。"吟读一番，颇感满意。确是好联，应景应时，工整隽永，还把上塘二月十五的花朝节也写进去了。

而渭石的一个秀才却不信这个，就在上下联各加一字，刻上石柱，至今立着。对联变成了：过渡时期须勤草创，隔江弦管恰闹花朝。纯属画蛇添足，好好的佳联被改死了，殊无可观。次年正月初一，肃平先生叫来十来个穷苦人，如是这般地交代一番。十来人扛起钢钎、大锤、锄头，浩浩荡荡地到了渭石乐安亭下，轰轰烈烈地拆起亭子来。渭石人闻知大惊，飞奔而来，大呼先停手，有事好讲。这正月正头的，拆了这新亭岂不倒一村人的大霉。拆亭人讲，肃平先生叫大家来拆亭的，谁也说不了。渭石人叫苦连天，赶紧连哄带拉地将一伙人请到村里，摆酒先让吃上稳住。席上转述了肃平先生的话说，人家是靠诗文吃饭的，将他的对联改了，说明他的对联作不好、作不来。这下好了，以后还有人请他作诗文的啊？这不是夺人饭碗吗！肃平先生说过，不拆了这亭，绝不罢休。

最后只好请出肃平先生的好友品玉昆班班主孙棣超先生，好说歹说，道歉认错，这些虚头巴脑的礼数除外，赔上30个银圆，外加300斤谷，当即兑现，交割两清，一群人才呼啸而去。

肃平先生对自己的诗文很自信，谁要是改他一字，无异于谋财害命。但也有例外，比如现存的上塘路口枫树下路亭的对联云：各有前途分上下，莫从此处说高低。此联也是极妙的。国欣老师生前曾带我去看这个亭子说，这对也是肃平先生所作，柯老给改了一字，他无话可说，要是别人改他的对联，那是万万不能够的。改的是哪个字呢，老人家指着"处"字说，原是"地"字的。真是见智见仁，柯老襟怀开阔啊！这一改，不是全无道理，且无痕迹。于情于理，肃平先生都无话可说。

楠溪响山刘家是那个时代的书香门第，刘父为清道光间监生，肃平先生兄弟五人，都是读书人，且是层次较高的知识分子。老大庆烈（1865—1936），字次文，廪生，毕业于浙江两级师范，师范科举人，诗文极佳，一生悬壶济世，是为一代名医，弟子众多。其弟子仁里潘伯亮大夫（1894—

1959）结婚时，次文先生以一船医书为贺礼，师生交谊一时传为美谈。我们是很少看到次文、肃平两位的文字，而从沙头到上塘一带诸姓族谱中却有大量俩兄弟所写的叙状传赞，可见当时多少人以得到他俩文字为荣，以为一经品题便是不朽。现绿嶂村前田野中的绿峰古亭，四角高喙，翼然欲飞。亭中四古石柱中刻着次文先生撰写的两联，前一联云："有亭可入欧公记，此地曾经谢客游。"蕞尔小亭就有了谢灵运（谢客）和欧阳修两位大人物的关联，就显得高大上了。以欧阳修的《醉翁亭记》以状其形，明其功；以谢公之游述此地之人文和风光，可谓相得益彰；这也是自谢公登绿嶂山后唯一表明彼诗此事的石刻记忆了。而次文先生的字深有米襄阳的韵致，笔迹沉着，意态潇洒，非今之书法俗流可比。这类佳联刘家兄弟两人留下不少，散落在各处亭子、祠堂、庙宇之中，使溪山增辉。

　　肃平先生为文明白晓畅，情理通达，个性张扬。他为岩头《金氏宗谱》写的序中，毫不客气地明确指出刘改金的说法，不过是一种美好的乡愿，事实并非真如此。可见其态度是倡明的，不作亦云之文，以傅会俗见陈说。蓬溪古宅近云山舍主人晚清谢文波先生的方言名著《因音求字》书后的一篇跋文，署名为：乡后学刘庆冶拜撰。文风酷似肃平先生语气，治、冶一点之误，谱矣书矣？《因音求字》出版时间为1906年，先进石印技术初来不久，印刷时要先誊写上石，传抄文稿难免造成错讹。刘跋赞文波先生云：

　　……而所定之音均本之溪上腔款，惯习俾之容易领会，其饷惠后起之秀，又何其溥也。前辈在吾溪最称老宿，其学务为实用，广罗书籍，并喜交结当世名公巨儒，以资进益，博闻强记，学问胆识材力，近人中未见其匹也。庆冶自束发受书，即耳前辈名，独以溪居较远，不能一瞻道范，是可惜也。今手是篇犹能领略其用意之所在，他日风行海内，音韵明而天下无难识之字，字义明而古今无难读之书。世乱变极，经籍之道，将坠于地。

然则师儒之业，所以维持国粹者，岂浅鲜哉！

这通文字读来清雅老到，韵味无穷，对乡前贤谢文波先生敬仰之情跃于言表，对其书功用极其推崇，且提到了维持国粹的高度。文中的吾溪、溪上、溪居则独见于作者对家乡楠溪孺慕之雅称，不但值得学习，也为生长于斯的我们，增长一分自豪感。

柯逢春的三副对联

柳一村

当上塘城中村改造的步伐进一步加快，一片片旧房子倒下，代之以一排排的新高楼时，人们对记忆中的上塘越来越遥远，越来越模糊，尽管上塘作为县城还仅仅只有短短的 64 年。我想，我们可以忘记仇恨和苦难，但决不能忘记历史，不能忘记文化，尤其是不能忘记历史上曾经创造过历史和文化的人。

柯逢春（1886—1984），字怡斋，号鹅塘老人、颐园主人，出生在上塘前村一个富农家庭。前村是后来的叫法，上塘原来不分前村后村，只叫浦西。因为有一条鹅浦自北向南，把上塘隔成了东西两部分，于是东边的村庄叫浦东，西边的村庄叫浦西，与南边的浦口合称"三浦"。现在的实验小学，历史上就叫三浦小学。

柯逢春从五六岁开始随母亲识字读书，8 岁入蒙馆，启蒙先生是同村的盛宗武。到了年终，盛宗武对柯逢春的母亲说："你的孩子启蒙书已经读好了，明年送到别的书院去，以免错过光阴。"因此，9 岁的柯逢春离开家门，拜胡凤岗先生为师，读四书五经。12 岁开笔作文，就已经像模像样了。这时，柯逢春的母亲已经患病在床，她读了柯逢春的文章，说："我生不能见汝成名，汝须克己用功，继承祖业。"不久就撒手人寰了。

胡凤岗先生是一位严师，每星期要求柯逢春作文一篇，作诗一首，而且必须在一炷香的时间内完成。这样经过 3 年的勤学苦练，柯逢春已经打下了扎实的诗文基础，15 岁的他要求参加考试，但是先生不同意，理由是："读书为明道，为培养人才。科第考试是国家选拔人才，你既未成才，何必急求考试？"直到 18 岁才参加县学考试，可惜没有考上，第二年再考，还是没考上。不久，清廷就废止了科举，也就断了柯逢春的功名之路。后来，柯逢春总算考上了温州师范学校，毕业后又考上了浙江法政学校，从此挤进了官场，先后担任过新疆警察厅第一科科长、福建龙岩县县长、永嘉县参议会议长等职。

1929 年 4 月，柯逢春出任福建龙岩县县长。

龙岩位于闽西山区，是中央苏区的重要组成部分，因此，也是国民党反共、防共的重点区域之一。当时驻扎在龙岩的是省防军第一混成旅，旅长陈国辉。陈是南安县溪头镇人，原本是闽南著名的土匪，后来被收编，任国民革命军新编第一独立团团长，直至中将旅长。

到任以后，柯逢春才知道，这个县长不好当。不仅驻军的一切费用要由县政府负担，而且陈国辉另外巧立名目，征收人头捐、烟苗捐、牲畜捐、公路捐，名目繁多，进行残酷盘剥，使百姓生活在水深火热之中。陈国辉又好大喜功，拆除旧城墙，修建中山路、环城公路和中山公园等，当然，羊毛还是出在羊身上，百姓怨声载道。

仅仅过了两个月，柯逢春就苦不堪言，甚至还有一种助纣为虐的罪恶感。虽然他表面上不动声气，心中却暗自盘算着调动，如果调动不成，就挂冠而去。主意已定，他向陈国辉提出要回省里办公事，想趁机扔掉龙岩县长这个烫手的山芋。岂料陈国辉一口拒绝。

事有凑巧。这时正值南京中山陵竣工，孙中山的棺木将由北平香山碧云寺运往南京入土为安，届时将举行盛大的奉安典礼。虽然是土匪出身，斗大的字不识一箩，但陈国辉自认为追随过国父，挽联当然是少不了的。于是，陈国辉就请柯逢春捉刀，如果挽联撰好了，即可放行。

柯逢春口吻生花，大笔一挥，作了一联："正气塞乾坤，邪说横流天地苦；灵輀归窀穸，万方执绋古今难。"联语不仅歌颂了孙中山的丰功盛烈，也道出了他下葬时万方执绋、举国拊膺的哀荣。陈国辉看了这副挽联以后，很满意，第二天派副官来表示感谢，并代为送行。柯逢春总算离开了如坐针毡般的县长位置，满心欢喜。心想：你陈国辉有枪怎么了？哼！别人怀宝剑，我有笔如刀。

离开龙岩后，柯逢春回到故乡，在家读书写字，修身养性。

　　如今上塘公交汽车站后面这一带，土名叫下垟，原来是一片沃野。下垟有一座路亭，始建于光绪元年，由于年久失修，早已破败不堪，渐呈倾圮之势。于是，地方上的一些热心人士就有意重修。1932年冬月，新路亭终于落成，柯逢春满怀深情地为之撰联："民亦劳止，我其舍旃。"并命名为"舍旃亭"。后来，随着县城的不断扩建，下垟到中塘一带的农田盖起了一排排的高楼，原来供农民休息的"舍旃亭"不仅破败了，也早已失去了本来的作用。于是，在柯逢春的学生叶封老人的倡议下，将"舍旃亭"迁移到了现在屿山公园的半山腰，作为景观亭，并更名为"颐园亭"，以纪念颐园主人。

　　"民亦劳止，我其舍旃。"对这副对联，许多读者感到费解，关键是被"舍旃"两个字难住了。

　　《诗经·民劳》："民亦劳止，汔可小息。"意思是说老百姓很劳苦，求得可以稍稍休息。《诗经·采苓》又说："舍旃舍旃，苟亦无然。"意思是说："放弃吧放弃吧，都是假话不要信他。"但是，柯逢春这副对联里的"舍旃"不能作放弃讲。这里的舍，是止息的意思，《论语·子罕》："逝者如斯夫，不舍昼夜。"旃，是"之"和"焉"两个字的合音。综合以上的分析，我们就可以对这副对联做出大概的解读：老百姓很辛苦啊，我来建一座亭子让他们在这里休息吧。一番品味，我们就不难发现，柯逢春爱民、悯农的思想在对联中表达得一览无遗，可谓一往情深。而事实上，柯逢春不仅仅只是嘴皮子说得好听，后来的他也确实曾经躬耕陇亩。

1941 年 7 月，由于看不惯国民党政府的所作所为，不愿意同流合污的柯逢春再次辞职回乡。

在老家，柯逢春说自己"放下笔管，拿起板锄"，过上了自食其力的生活，务兹稼穑，俶载南亩。除了上山下田当农民以外，他又办了个文史补习班，招了 20 名学生，象征性地收一点学费，以贴补家用，因此，并未彻底放下笔管，而晴耕雨读可能是他这时期生活的最好写照。他还热心地方公益事业，不仅创办了三浦小学，还带领村民兴修水利，把后山泉水引到村庄，既灌溉了农田，又解决了秋旱吃水问题。鹅塘被洪水冲毁了，多年失修，他又利用自己在社会上的影响力，去县城（今温州）募捐，重新筑起了堤坝。总之，这时候的柯逢春，没有了往日在官场中的羁绊和战战兢兢，虽然日子过得清贫，倒也悠游自在，田园野趣和书斋之乐兼而有之。因此，我们可以想见他的心境是平和的，心情是愉快的。且看他这时期撰写的一副对联："为花忙，为佛忙，此中自有真趣；学书好，学剑好，莫谓老无雄思。"

《史记·项羽本纪》："项籍少时，学书不成，去；学剑，又不成。"可是，柯逢春学书、学剑都有所成，只是生不逢时，才高不偶，而自己又不甘做一个老悖编氓，偷闲靡粟而已。对联写得既洒脱又入世，很好地表达了作者的情趣和胸襟，是一副难得的好联。柯逢春将对联亲自书写了，张贴在栋柱上，以明己志，为之提刀四顾，欣然自喜。这时，避日寇之乱而寄居在柯家的温州耆宿刘景晨，读了对联后，说："怡斋，你以后还会起用。"果然，抗战胜利后，柯逢春再度出山，担任永嘉县参议会议长。

上塘是弹丸小城，人物不多，香草忠士之期，本来缥缈。"坎井无鼋鼍者，隘也；园中无修林者，小也。"因此，有一位柯逢春，就算是闾里有荣了。如今，柯逢春的故居已被作为文物搬迁到了鹅浦公园，这是一件好事。有一种观点认为，文化需要建设，需要保护，而保护的重要性尤甚于建设。因为，文化需要长时间的积淀，直到长出青苔。

2022 年 6 月

科竹村六十年的变化

朱陈勋

六百多年前的明朝永乐初年，始祖传九太必谔公不知出于何种原因，从花坦迁到本地居住。

据传说，当传九太刚迁到这里时，就有一小片竹林，取了个形象的地名叫"一窝竹"。久而久之，在人们日常的口语中往往略去这个"一"字，单叫"窝竹"。不知道什么时候，当人们需要用文字来表达的时候，由于文化水平的限制，他们不知道这个"窝"字怎么写，把它写成了"枯竹"。后来，有人懂得这个"枯"字的含义时，觉得这"竹""枯"了，不是好事，不吉利。那就改成"科"字吧！一直沿用到现在，村名就叫"科竹"。

在本地的土话里，"窝"、"枯"、"科"都读"枯"音。

科竹村过去几百年的历史，已经淹没在历史的烟尘里，无法寻找。只能把近几十年的变化略作记录，以飨后人。

从新中国成立以后说起吧！

那时候，村民们全部在家种田。除了老祖宗们遗留下来的田、地全都种上外，每年总有人把荒山开成旱地，稍微有点儿水源的地方，即使只有几个平方米的面积，也要开成水田。还有不少人种"山粟"以增加粮食。所谓的种"山粟"，就是在每年的正月、二月间，到附近山上土质肥厚的地方，把所有的柴草连片砍倒。等到清明、谷雨前后，一把火把干燥的柴草全部烧毁。第二天即可带着种子东一粒西一粒地下种。当小苗长大，草草地割一两次柴草嫩芽，就可以等着收获了。名副其实的"刀耕火种"。

即使这样，一年下来，差不多还有一半家庭粮食不够吃。他们就爬山采集山货：摘箬、搂皮、烧炭、采药等等。每年的三四月间，把前一年采摘的粽箬挑到黄田、芦田一带赊换稻谷。当平原地区早稻收成的时候，刚好是山区"青黄不接"的时候。村民们去收回赊欠的箬谷，忍痛一天三餐都吃米饭。平常吃的主食几乎全是番薯干，凑巧有一点儿薄薄的稀粥，很少能吃米饭。只在除夕晚餐和春节早餐，才舍得吃上一顿米饭，为自己"慰劳"一下。"搂皮"是一种采集山货的重活。山上生长着一种野生的灌木，土名叫"槐香"。村民们带着工具上山把它连根挖起，用榔头敲打，然后把皮扒下来，这就叫"搂皮"。他们把这"皮"挑到乐清县虹桥集市上，卖给海边渔民们用作渔网的染料之用，换钱维持生计。住在山区的人们，几乎人人都会烧炭。不过炭有许多种，根据炭窑式样不同，烧法不同，有不同种类的木炭：酶炭、闷炭、缸炭、白燎炭等。村民们根据市场需要与价格情况，烧制不同种类的木炭。另外还有夹炭和瓦窑炭。

妇女们一般不下地干活。她们在家照看孩子、烧饭、捣米、磨麦、做鞋、养蚕、抽丝、纺棉花、织布等等。心灵手巧的妇女还能绣花、做衣服。村人们穿的衣服，几乎全部是自己手工制作的粗布衣服。如果什么人穿上一件"洋"布衬衫，那就算是时髦了。许多人家都以自己的家庭条件，准备着一套自己认为比较好的衣服，平常舍不得穿，等到要出门做客的时候才穿上。这套衣服有一个特殊的名字：叫做"出客"。一回家，马上脱下来洗干净了保存起来，下次出门再穿。也有少数人家根本就没有"出客"，他们如果要出门，就得向邻居们借着穿。几户穷苦人家的孩子，当他们刚刚要学习吃饭的时候，家人们舍不得把饭盛在饭碗里给孩子吃，怕碗给摔坏了。而是把饭盛在"瓯"①里给小孩儿吃。冬天下雪、结冰，也只能穿着哥哥、姐姐们穿过的破旧衣服，光着双脚，屁股上围着一条苎麻线织成的破布袋子，就这样熬过严冬。

种田使用的肥料，除家庭全年的生活垃圾外，就是"牛栏灰"、"猪栏灰"；再还有就是山上的柴、草。春天，割"柴叶脑"踏田，秋天割柴草烧灰。全村劳动力都抢着割柴草积肥，加上几十头耕牛吃草、践踏，

①　"瓯"：古代是指一种粗制的家用小陶器。这里是指村民们自己制作的一段竹节，用利器把竹节口部内侧和底部外侧刮薄而成高约四公分，直径约五、六厘米碗状的小器皿，叫做"瓯"。

七八十立方米蓄水池，2009年9月建成

搅得附近山上、田埂、地埂非常荒凉：没树，没柴，没草。家庭锅灶烧火砍柴，起码也得要到箬坳底高垴上、大垄底、黄狗盘、三羊墩等处。一天到晚，只能来回砍两担。

　　一九六几年，村民朱家林家盖新房子，择定竖屋、上梁的时间是某一天的丑时。全村村民或客人中，没有一只闹钟或手表。竖屋上梁的时辰怎么定呢？主人和宾客们都犯了难。这时候，一位年长的"半仙"说："丑时属牛。夜里丑时这个时辰到的时候，耕牛们都要醒来，在牛栏里转上一圈。""那就到牛栏头去看看，牛是不是在转圈子？"勤快的小青年去牛栏头看了看回来说："牛在那儿。""那可能是已经转过一圈了——时辰到了。"就这样决定时辰，动手竖屋、上梁。

　　七十年代末，国家曾有政策允许开荒。村民们大面积地开荒造田、造地。附近的田埂、地埂自不必说，稍微远点的杨梅塝垴、水路突垴、西眺头、

　　　　　　　　　　　　　　科竹村六十年的变化

圆东坳等所有稍微平整点儿的地方，都开垦成旱地。那时候，村前村后的茅竹园全都是光秃秃的，几乎没有毛竹，干脆开成旱地也种上了红薯。

毛泽东主席领导全国人民走共同富裕的社会主义道路。农民们只能在家种田、种地，不准出门做生意。做生意是走"资本主义"道路。不过，农民们还是有人偷偷地逃往外地弹棉。本村最早出去弹棉的是汪得寿①、徐定富两人。他们跟着本乡霞山村的亲戚、朋友去江西弹棉。那年间没有车，从碧莲、巽宅、界坑打步路走，经缙云到金华，听说要走七八天时间。村人们看着出去弹棉的人们年终都"发财"回家。于是，纷纷效仿，出去弹棉的人越来越多。经常有人被外地政府抓住坐监牢，钱和弹棉工具被"没收"，人还被遣送回家。有本钱的筹集资本再次出走，没本钱的只好在家受困。

改革开放，村民们先后出门做生意。本村开始几年出去的大都是弹棉、做矿烛，也有替别人打工做衣服的。后来，有人自己开办小工厂，做被服的，做酒的，开店卖衣服的，卖日用品的。他们有了本钱以后，近二三十年来改开"超市"。看样子，他们做生意还不错。有的在外地买房子，买小车。细数起来，全村有三十来部小汽车。家里的生活也改善了，全村有卫生间煤气淋浴器二十来户，几乎人人有手机。做生意的越来越多，种田的就那么三五户。碰上好收成，他们一年可收上三五千斤稻谷。目前，农村市场上每市斤稻谷一元钱，除去种田成本，全年收入非常有限。虽然他们知道自己的收入与做生意的没法相比，可是，自己不会做生意，也就只好忍着。

本村地势坐东朝西，分为北山（朝南）、南山（朝北）两片土地。南片土地全部抛荒，任由毛竹生长。南山头和黄泥底岸的竹园互相靠拢，再

---

① 汪得寿，本乡霞山村人。从小随母到本地长大。出去弹棉以后，一直住在江西，至今没有回家。

过几年，所有的旱地、水田都变成竹园连成一片了。北山片也只有横路、长岭、三坦、祠堂下一带几处近的、路平的耕种着，其他的也全部荒芜。留在家里的人口少，田地种得少，耕牛养得少，所以田埂、地埂自不必说，就是大路边的柴草也没人割。不要多久，柴草就从一米多宽的水泥路两边覆盖过来，早晨从大路上走过，往往裤腿还要被湿透。

虽然我们村是地道的山村，几乎家家烧煤气。全村只有一头耕牛。耕牛养少了，砍柴、割草的人少了，树木、毛竹、柴草疯长。站在村上四望，满眼都是郁郁葱葱的野草、树木、毛竹林，几乎见不到袒露的岩石。"房前苍山映绿水，屋后翠竹伴青松"是我们村自然风光的真实写照。

从一九四九年一直到改革开放前几十年，政府没在本村投放一分钱的建设资金，村貌没有任何变化。一九九〇年，随着花坦乡山底片通电，本村才开始有电灯。接着村民们家里有电视、电冰箱、洗衣机等。二〇〇三年，有线电视光缆到村，有线电视开通。简易公路一九九〇年十二月通到高坑村；一九九五年，通到本村。四米五宽，石子路面，一下大雨，路面被水冲得坑坑洼洼的，很不方便。二〇〇六年三月开始浇灌水泥路面，八月浇灌完毕。接着浇灌水泥墩护栏。从高坑村到本村四公里四的路程，以"康庄工程"的名义建造护栏，一百四十多万造价，全部国家拨款。现在，去温州一天、甚至半天就可以来回一次。过去，去温州，需要步行经廊下，翻过大岭头经外港到沙头，要过十一渡水①。再趁小火轮到温州，来回需要几天几夜。

二〇〇六年四月，村干部带领村民们集资，建成村内从三官亭基到外新屋上长约二百米，宽约五米的水泥路。其中要处理许多私人的牛栏、坑厕、灰寮、道坦、屋基。花坦乡山底片十个行政村，能在村内建成五米宽二百

---

① 十一渡水：南山脚、头条矿步、响雷潭口、西湾脚、高坑口、阿岭坦、倒湖、上横溪、罗坑溪、古庙溪、岩龙头。

米长的水泥路，我们村是第一个！二〇〇八年开始，到二〇〇九年夏天，从本村到樟树鸟坳头和东坳头两条一米多宽，两、三百米长的山岭水泥路建成，村内的水泥支路建成。现在，村民们出门开步走都是水泥路了！

早在十多年前，在本村后山梅树根、路头底、上岩头三条山湾分别建有三座小水池，分别供应三片村民的生活用水。可是，如果一连晴上十来天、半个月，水源断流，还是没水吃。

随着国家"扩大内需"民生工程的深入，2009年4月，村干部报告县政府水利部门，要求建造新的自来水工程。从正江山乌独、长湾、小湾三条山湾汇集水流，注入过滤池。再从过滤池引出，流经平溪坳、上只窑、大垄上、箬坳头到沦丘田，注入到一个约七八十立方米的蓄水池内，引水距离长达七华里。2009年5月开始焊接源头水管，9月底，全村水龙头安装完毕，哗哗的泉水流入每家每户。那是从附近第一高峰，海拔九百九十七米的正江山上，大约在海拔五百多米的地方引过来的、没有任何污染的、名符其头的山水！老人们咧着没牙齿的嘴说，从那么远的地方引水家用，真是做梦也想不到！

过去，村上没有学校。只听说我父亲年轻时，曾和几个同龄人请了位私塾老师读过《三字经》《百家姓》之类。新中国成立前，朱梦林从廊下小学毕业，算是科竹村历史上第一个知识分子了。新中国成立后，我开始上学，一直到大学毕业。后来，朱启联从温州师范学院毕业，现在沙头中学教书。朱建民从温州大学毕业，现在县建设银行工作。目前，全村大专以上毕业或就读的就有三十来人！全村学龄儿童都能读到初中毕业。少数考上高中的继续上进；考不上的，大多跟着父母或亲戚、朋友、邻居做买卖，开超市。就是没有一个人学种田。老人们说，再过几年，种田的人没有了，不知道人们吃什么！

当村民们聚集在一起聊天的时候，经常听到他们说，现在天也变了。

所说的"天"变了，就是说天气变了，自然环境变了。

上个世纪五六十年代，每到农历十月，当村民们晾晒番薯干的时候，东坳岭上几乎天天能见到结冰和长着半寸长的"狗牙霜"。现在已经许多年没见下雪或霜冻的天气了。夏天弹浪①（南弹）的天气现象也没有了。自然界的老鹰、乌鸦、喜鹊、山雀、萤火虫、夜青蜓②好像已经绝迹。夏天，听不到布谷鸟、芒种鸟③的叫声。上个世纪的五六十年代，夏天的夜晚，带着渔网到樟鸟溪、垄空坑去淘虾，总能淘上一斤、两斤的。几个人带着鱼药去毒鱼，运气好的，一夜能毒上百来斤，大的一条有几两、半斤重的。现在，虾没有了，能见到两寸长的鱼儿，就算是"大"鱼了。

不知道以后还会怎样变下去？

2010 年冬于科竹

---

① "弹浪"，或"南弹"：本地土话，指一种天气现象。夏天，断断续续地从南方飘来一团团黑色云朵。当团块云朵飘来，下一阵雨。这云团飘过去，雨过天晴。这种现象连续地一两个小时或更长的时间。有时候，甚至持续一、两天时间。这种现象就叫"弹浪"或者"南弹"。俗话说"六月南弹，有米没柴"。

② 夜青蜓：本地土语，青蜓的一种。个儿较大，尾巴圆形，整体灰绿色，腹部色较浅。白天躲在阴暗处，夜里飞行，捉蚊子吃。村人们叫它"夜青蜓"。

③ 芒种鸟：候鸟的一种。每到"芒种"前后的夜晚，总能听到高山上（从来没有在低处）一种鸟清脆的叫声，村人们叫它"芒种鸟"。可是谁也没见过这种鸟是什么模样的。

　　科竹村六十年的变化

自创体例释六书

高远

戴侗（1200—1285），字仲达，号合溪，南宋永嘉合溪人（今永嘉县岩坦镇溪口人）。南宋淳祐元年（1241）进士，初任国子监主簿，出知台州，德祐初（1275）以秘书郎迁军器少监，因见南宋将亡，看看自己也都76岁了，就称病归隐家乡，继续自己未竟的六书事业。《六书故》一书，共33卷，用了戴侗30年"才苟完"，正如他自己所说的，"每参校一部，摊书满案，左采右获，手罢目眩，辄抚书而叹曰：焉以是为哉！"他认为这部著作，到底仍是草创未卒功，有些问题未解决，有些说法未究竟，"姑藏家塾，以俟君子"，希望后来会有人继承他的事业，使六书之说更加完善。一家之言既成，当藏诸名山，事实并非如此，皇皇之作却放在他的家塾，即溪口明文书院。元延祐四年（1317）开封（古汴）人赵凤仪出任温州府尹，"兴创庙学，延名师，淑后进，一时文教翕然"。他还捐俸刻印四书等，明万历《温州府志》对这位很重视教育的赵府尹（凤仪）评价较高。延祐七年庚申（1320）在他读了这部家塾里的专著后，大加赞赏，认为其对文字的训释"约而不遗，通而不凿"，"诚有益于经训，宜传以惠后学"。于是，他请戴侗之孙戴隆从明文书院拿来此书，又捐俸印播《六书故》，这是此书的最早版本，现国家图书馆存有此残书十卷。《六书故》刊行后，可谓毁誉相参。戴侗为许慎的《说文解字》里有很多说法是错误的，直接以金文楷写等创新超前的做法，受到元明清三代学者诟病。他以经史释文的做法对清代治小学的王引之、段玉裁等人后来治《说文解字》大有影响，但被引用不多。直到现当代，随着青铜器出土的增加，金文研究的发展，科学思想的进步，《六书故》越来越受到重视，评价逐步趋向公正。现代著名的文字学家、历史学家、青铜器专家唐兰认为，戴侗是宋代以来对文字学改革的集大成者，他的解释有些地方胜过《说文》，是许慎以后唯一值得在文字学史上推举的。

永嘉文化在北宋后期蓬勃兴起，到南宋乾淳间成为内与金华永康并峙，外与朱熹理学、陆九渊心学鼎足的永嘉学术群体，后世称永嘉学派。这些永嘉前辈渊博精微，通知伦类，博达古今，讲之必使可以指导实践，究之务求见诸事功，而对义理、辞章、考据、治术无不精通可行。

戴侗的家乡今岩坦镇溪口村一带，古称菰田，两宋时文风丕振，被称为"溪山邹鲁"。又因其祖戴龟年兴办的"菰田塾"影响较大，到其父戴蒙时教学成绩斐然，诏赐"明文"，故名"明文书院"，又称戴蒙书院，今仍在焉。因此，戴侗有把《六书故》"姑藏家塾"之谦辞。戴蒙（1170—1230），字养伯，号南溪，南宋绍熙庚戌（1190）用阁门舍人戴勋牒改名埜，字子家，考上进士，调任丽水县尉。他始终以自己冒籍求来的功名，心里不安，加之与长官相处不洽，不久就辞去官职。与弟仲思到武夷山，求学于朱熹，后世以理学先生称之。其实戴蒙生长学术风气极盛的南宋永嘉，又能考上进士，可见其有深厚的永嘉学术底蕴。

溪口村汪山根汪氏，系南宋绍兴状元汪应辰晚年隐居之地，因与其子汪逵（1141—1206）同官至吏部尚书，建于清代的"世尚书祠"至今仍在。两汪是玉山学派的代表人物，以学术名世。汪应辰自少"多识奇字"，"学术精淳"。汪逵工书，收藏宏富，"建集古堂，藏奇书秘迹金石遗文二千卷"，同时是南宋著名的《兰亭叙》版本收藏家。戴蒙娶汪逵长女汪益柔为妻，因此其学术又受玉山学派的深刻影响。戴蒙集永嘉学派、朱子理学与玉山学派学术于一身，兼容并蓄，对六书与训诂之学的研究和传承，形成其讲求客观实证的学术特色，其子戴仔、戴侗、戴微、戴偓、戴俶都传承了戴蒙的六书之学，各有不错的成就，而以戴侗的《六书故》最著，后世称其学术体系为"子家家学"，也是他在书中屡次提到的得益于家学。这一点，在《六书故》中，不难看出戴侗折中三大学派对文字学的认识，取其高妙，书中常出现朱子曰、先人曰、外大父曰、舅驸曰、伯氏曰、侗谓，以正其说，这也说明了《六书故》是戴侗一家三代人的成果。朱熹也已经发现了《诗经》在传抄的过程中产生了舛讹，在其《诗集传》最先采用铭文加以订正，这对戴侗正好受用。其中尤以舅曰居多，其次伯氏。据永嘉屿北《汪氏宗谱》载，汪逵次子，名季良，字子驷，进士，平阳县宰，传玉山家学。伯氏，即戴侗之兄戴仔。

另一方面，就是宋代金文研究发展，欧阳修的《集古录》、赵明诚的《金石录》、薛尚功的《历代钟鼎彝器款识法帖》等等，以及汪逵收藏的大量金石遗文，直接为戴侗提供了理论和实物支持。

但我们从他的书中所论述的对许慎、郑玄等学者的成说看法，体现出他的治学路数却与永嘉学派一脉相承，学风一致。永嘉学派鼻祖王开祖申明，"由孟子以来，道学不明"。戴侗也是怀疑前人的解说存在不明处，如他在"示"字系有关祭祀与礼仪的字解释，在否定郑玄、许慎诸家之说时，就如实地引用《礼记》《仪礼》经文，加以说明，而对礼的重视与研究正是永嘉学派经制之学的核心。而对郑许等前人之说的态度却是公允的、客观辩证的，在大量引用的前提下，一般是三种态度，正确的直引作注释，高明的加以称赞，不妥的则斥之，引他说加以解释，只是被斥比较多而已。这种做法，也正是永嘉学者的基本务实态度。在永嘉宋学的发展过程中，王开祖是否定了孟子以来的道学不明，叶适则更超前地否定了孔子之后子思的学说就已出了问题，偏离了孔子儒家之道的正确向度。因此，戴侗敢为人先地采用接近孔子时代的金文作为自己解说文字的对象，因籀文多繁复，秦篆多牵强，隶书多谬写。而以金文之简约和准确，以及其到位的表达，是最有利于经训的。比如对封字解释：《说文》封，从寸，其说曲而不通，凡字之从又（右手）者，以又为声，或以又为义，作又为是，而不宜讹为寸。把守（攵）、肘、酎、付、将等字的寸直写为又，反而一看就能明白其字之本义。他认为"射"字构成没有道理，系秦篆之不明，他写作（弓又），最为人称道。这一做法也是符合永嘉学术祖师王开祖治学的核心工作，即

自创体例释六书

"发明经蕴"。还有就他所用的训释手段之一就是引用家乡的方言习俗，东瓯的读音和乡土俗义，这一从实际出发的做法也为后来学者所非。

戴侗错综了《说文解字》及后世学者对此文字学经典之作的研究成果，还参考历代的语言文字学著作，《六书故》加以引用的文字学专著达30多种。再结合宋代金文研究的新发现和经学研究的新成就，以科学的态度完成了自己的著述。

许慎《说文解字》创立的540个部首统率9353个字，这种体例一直为此后的学者推崇。而戴侗认为许慎的做法过于繁杂，且有支离破碎之嫌，多牵强穿凿之说。到了宋代文字大大增加，司马光的《类篇》收31319字，后来的字书收字成倍增长，越来越多。《康熙字典》收字45000多，1994年版的《中华字海》多达85568字，2014年版的中日《汉字海》，收汉字100000左右。这其中大部分单字是不实用的、极少用的。正如五四学者们认为的那么多文字，有些字是死的，有些字是半死不活的，大多可以不用。如《红楼梦》全书共731017字，实际只用了4462个不同的单字。而《六书故》作为字典，仅收7603字，比《说文解字》还少1750字，这难免被后世的一些学者讥为简陋，识字不足。他收字的原则也是空前的独创，但与现代学者对文字的认识接近。明确提出奇字、虚名、俗书和古今书传不见用的字不收录、不训释，这对一般学者而言，不啻是极为便捷的好办法，具有客观性和普及意义。如现在最实用的《新华字典》也仅收8500个单字，就字数而言是与《六书故》最接近的。

戴侗训释文字办法首先打破前人以偏旁部首或音韵的排列习惯，而是按事物的类聚群分排列文字，把所收文字共分九类，即数、天、地、人、动物、植物、工事、不相关的杂类和来历未明的疑类，颇似近当代扫盲课本的编辑方法，直接形象，一看就能明白。他以象形、指事的文为父，以会意、谐声、假借、转注等从文孳生出来的字为子，再以字孳生出来谐声、会意等为孙，乃到重孙，即其所谓的"父以联子，子以联孙"，成一个庞大的字族。如一字为父，一之会意的十字为子，十之会意的卅字为孙，卅之会意谐声的世字为重孙，从客观上表明这些字之间的关系，无疑是有益于文字之道的。在排字的版式上，戴侗的办法也颇为先进，似有现代意义，已采用分层级排列，如一字顶栏线，十字则低一格，逐次下行，到世字则共低四格。

戴侗对文字的训释则单字后先以篆体表古字，次列反切标音，再述字义，并引经书文献加以佐证，以否前人解说之非。如多义字，则一一列出，一音一义，各随其类，一读即明了。他常在解字时，约而不遗，惜墨如金。即对常见的、大家都明白的字，颇有编修志书者的原则，"通例不入志"的做法，如烟等常用字，大家都明白的，则在字下述曰："义不待释、义不待训"，一句带过。对书中前字已具的释文，后文再出现时，则"说具某下、详具某下、义见某下"，绝无赘言。戴侗对六书的认识是很认真、很客观的，知之为知之，不知为不知，决不穿凿，因此在《六书故》中专立第三十三《疑》之一卷，以及每卷之后都有"某之疑"说法，在训释中于其未明之字，则注曰"疑某某、未可晓、未喻、亦不可知、阙疑"等表述，不为强说，而"以俟君子"有为，此客观务实的科学态度，是难能可贵的。

后世学者也认为戴侗的六书之说，多有牵强不明之错误，大抵缘于他不只在体例上的创新，同时对文字学理论的大胆创新，习惯思维的学者一时难以接受。他认为文字的产生与发展，先有声，再有文（字），后系以义，三者是对立的统一，三位而一体，是发展了的传统文字学理论，率先提出"因声求义"的主张，并付诸实践。我们在阅读《六书故》时，不难发现他独创的谐声字特别多，占全书很高的比例，这些字已经脱离了原字形束缚，知道读音就明白字义了，这一点也启发了近代永嘉学者谢思泽，编撰出温州方言的代表作《因音求字》。就这一点而言，他比后世以及乾嘉学派的文字学家更为通达高明，因而受到当今学者的美誉。

戴侗著《六书故》的目的，或者说缘起，是他在《六书通释》开篇说的"名者，人治之大者也；文者，名治之大者也。"其旨在发扬孔子之道，子曰："名不正，则言不顺；言不顺，则事不成；事不成，则礼乐不兴；礼乐不兴，则刑罚不中；刑罚不中，则民无所措手足。故君子名之必可言也，言之必可行也；君子于其言，无所苟而已矣！"故戴侗也认为："名乱而实易，则民听惑，号令昏，法度舛，礼乐坏，而乱益生。"此言是对子曰的诠释，是对经蕴的发明，也是永嘉学派中人物孜孜以求的治学目标。虽然他著《六书故》的表象是认识文字，正名辨物，明经通理；实则是"以通天下之故，以之正心修身齐家治国平天下，皆可以行其所无事矣。"六书虽微，而此其志不在小矣。

戴侗生活于南宋中后期，亲历了永嘉学派由最兴盛走向衰落的整个过程，永嘉的乾淳经制四大家郑伯熊、薛季宣、陈傅良、叶适相继陨落。而此后永嘉学派风光不再，诽议丛生。而集大盛者叶适（1150—1223）去世时，他已成年（24岁），或许已有交集，得闻高妙，接其余绪，有感于此，作为后辈他要为之正名。他认为："夫有物则有则，则非离物也；有器则有道，道非离器也。"这一认识，正是源于永嘉学派"道器一致"的哲学思想核心，撰述《六书故》则是其方法论的体现。他说"圣人因器以著象，立象以尽意，引而申之，触类而长之，而天下之精义靡有遗焉。"他的解字也常从生活实际出发，引用时人和乡俗解字，而不务空谈强说，正如对道字的解说中驳斥佛道两家之虚无，而务实之旨在焉。由此可见，《六书故》是永嘉学派的铿锵余响，震铄古今，岂止是为其正名，而可理解为之证道也。

章时赵遗稿

『大山的儿子』

读后记

陈文辉

我的舅舅章时趋先生于 2021 年 1 月 14 日（农历年底）因病去世，享年七十五岁。几年前的暑假，我一家三口去他在永嘉巽宅镇里的住处，他自己下厨包饺子，给我盛了满满的一碗放在桌上，摆了一双筷子。问过我喝什么酒，又给我倒了满满一杯葡萄酒，放在碗筷边。

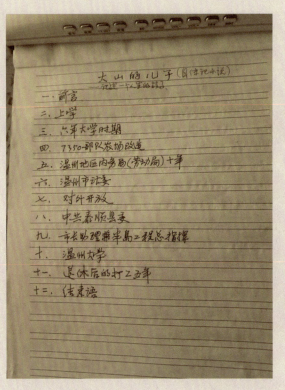

他原先在老家巽宅镇山下村住过一段时间，生活不方便，就搬到镇里。他退休前一直在政府机关工作，待人处事带官僚作风，骨子里混合着永嘉山村农民的倔强，中国传统文人的倨傲，和部队军人的率直粗暴。他不是一个好相处的人，对有志气、有本事的人，却是惺惺相惜。他晚年比较孤独，我与他有甥舅之谊，又是校友，每次见面，他都很高兴，说起永嘉故乡，我的外公和复旦往事，滔滔不绝。那次听说他在写回忆录，我就想看看他写的稿子。稿子题为《大山的儿子》，还在写作中，我看了之后还提过几条意见，大致是希望将他亲历的事情，写得更为具体详细，能为后人留下历史的记忆。

他说自己平生最得意的两件事，一是在大学毕业分配前参加 7350 部队农场改造时，凭着小时候学过的套路干翻了咒骂学生"臭老九"的战士。虽被关了禁闭，最终战士有错在前，没有受到另外的处分。二是担任温州市长助理兼洞头半岛工程总指挥时，指挥几百辆大卡车，声势浩大，很是

过瘾。

最近缘于一家杂志的邀约，我找来他的遗稿重新细读，推荐了《六年的复旦大学日子》一节。编辑和我都感觉到写得跟想象中的有落差。我想这跟他长期以来从事党政工作，没有很多精力从事文字工作有关。他喜欢书法，平时也只是读帖，不太临帖。

他从小记忆力超强，六岁在村里上的小学，在那种三复式班级的教室听课，读小学一年级时，就把二年级的功课也学了，直接跳读三年级。在他 12 岁时，去离家最近的初中，碧莲的永嘉九中上学，需要步行 25 公里。报到时，因为年龄小，个子又小，负责的老师以为搞错了，对他说："嗨！你走错了，这是中学，小学是在下村。"到了读高中，要翻山越岭走 50公里多的山路，去地处永嘉岩头的永嘉二中就读。小时候传闻说他考上复旦，是因为别人都不敢报考，只有他敢报考。读他的回忆录才知道那是笑谈。

他高中毕业考总成绩全校第一，功课平均，数学也好。此前还曾以散文《重九抒怀》获全校第一，获全县高中段征文比赛一等奖（高中三个级段各一名）。当时山区学校的理化生物的实验条件差，比不上城市学生，文科则差距不大。学校和班主任经过讨论，建议报考经济和文史类专业。他当时以为北方很冷，家里困难没有衣服穿，路远也付不起路费，坚持不报北大、人大等北方名校，于是志愿填报了复旦大学、南京大学和华东师大。最终考上了复旦。在他等候高考结果时，当时的区委书记听说他写作能力好，曾让秘书找他填表，考不上就准备招他到区里工作。

　　书稿的《前言》中，他有较多的篇幅写到我外公家："1946 年元旦，一个在妈妈腹中只躺了八个月的小男孩呱呱坠地。怕他养不大，拜同村的多子夫妻为干爹、干娘。干亲姓陈，由他们取名，辈分为时。"我外公陈进来是当地德高望重的民间艺人，后从永嘉木偶剧团退休。外公当时还是

章时趋于永嘉
山霞村旧居

一个永嘉乱弹戏戏班的掌班，身兼后台"正吹"，俗称吹打，就按陈姓"鸣时继光久"字辈，给他取名"时吹"。小学入学，负责报名的老师觉得不雅，改为"时趋"。在当地，"吹""趋"读音相同。书稿中说他"最喜欢的事，是跟爷爷去听鼓词。唱鼓词人大多是瞎子，唱一句敲一下琴或鼓，琴有七根弦，敲出的音乐很美。鼓词大多唱《薛仁贵征东》《薛丁山征西》《岳飞传》《杨家将》等很引人动听的历史故事。"这些回忆片段，可见永嘉拜干亲寄名的习俗，也印证永嘉地方戏曲的兴盛。巽宅镇附近的小溪村和应界坑村现在是永嘉县的"乱弹之乡"。

"以后每年的过年要去向干父母拜年，童年经常去他们家玩和混吃。他们家人口多，热热闹闹，干爷娘和多位干哥哥对我很好，尽管这里吃的伙食不如自家，但总觉吃得有味道。"我外公七个儿子，我母亲是家里唯一的女儿。他们两家住得近，时趋舅舅小时顽皮常挨他父母的打，我外婆因此心疼落泪，被我外公取笑，说："又不是你亲生的，哭什么呢，也不怕别人笑话。"外公在1993年8月卧病，时年86岁，自知不久于人世。时趋舅舅在泰顺做县委书记，闻讯长途驱车过来看望。外公见到他，精神大振，起坐谈笑风生，数日之后辞世。

《前言》记录了时趋舅舅颇为坎坷的家世："我们家在村里不是富家，但是很有名望之家，首先是爷爷（实则是外公），虽然没有上过很多学，以永嘉耕读传家之传统，自学成为村里有文化之人。成年后与地主众多的一房族斗争，1928年被当时的知识分子发展为第一个共产党员，以土郎中和道士为掩护，四出游说和发展可靠的人入党或成为外围人员。""外公原来有一个儿子，被国民党的地主武装用枪顶在背上，一边拉枪栓，一边大喊'毙了你'而被活活吓死了，死时九岁。爷爷于是选中了二妹的长子当养子。"此即他的父亲章震然（永嘉长寿老人，离世时107岁），"从小虽然只读了三年书，通过苦读自学，也成为能读古典文学的文化人，有了文化又致力于学习中医，二十多岁开始行医。"由于爷爷干革命坐牢，"后来又逃命在外，家里的田地也为营救开支，家里成为穷家"，他的父亲到了二十八九岁尚未成家，在亲戚的干预下，与他的表妹（养父、大舅舅的女儿）结婚，此为他的母亲。他们第一个出生的孩子没有养成。到时趋舅舅出生，怕养不成，就拜我外公做干亲。

时趋舅舅、舅妈和我父母都曾是初中同学，舅妈跟我母亲还是闺蜜。他霞嵊的岳家也是中医世家，就在我家下屋。我父亲跟他曾在永嘉二中同学过一年，因家贫辍学。两家的关系比较亲近，一直有来往。在我小时候，母亲每年的暑假都会去温州待上一个月。我弟弟小时候曾患怪病，一度被疑为绝症，母亲带弟弟住在他家看病，每日以泪洗面，多亏了当时给他看病的中医金日红先生（他的同学），顺便把我弟弟的病也看好了。后来我弟弟读了河南大学的本科，毕业后回温州上班，始终铭记他的这一份恩情。

2021 年 8 月 13 日于瓯海茶山

清水埠改造亲历记

亲历记

金　盾

"清水埠"诗话般美的地方，坐北朝南，面江靠山，是永嘉拥有很高地域文化标签、承载无数记忆、历久弥新的名镇。据《永嘉县地名志》记载，该地属贤宰乡，名石岙，往昔因荒无人烟，强盗白日出没，乡民称为"贼岙"。民国时期在东面筑了一个永嘉最大最早的船埠，埠旁有清水井，常年不涸，每逢旱年，温州人便摇船到这里运水，于是，埠以井得名，镇以埠得名。城中一口清澈泉水和繁华的渡口，成就清水埠地名的由来。

民国十一年（1921），清水埠已经开展商贸港口的来往。1922年，英国亚细亚石油公司在此设"洋油"站，1940年，正式开埠，并开始往返温州安澜码头以及通往外海的商船。新中国成立后，该地分属黄田、三江、江北三个乡管辖。随着人员物资的交流来往，清水埠逐渐繁荣起来，60年代，永嘉县开始在清水埠建设码头，从此清水埠成为永嘉一处商贸集聚之地，人流物流发展也达到了鼎盛时期。1981年，经省人民政府批准，建立清水埠镇，并成为永嘉经济发展中心、永嘉人向往的地方，能居住在清水埠是一件人生非常荣耀的事。1989年经省人民政府批准，合并清水埠镇、江北乡，建立瓯北建制镇。

随着瓯北城市化进程的加快，城镇快速扩张和发展，瓯江北岸和温州市区的交通方式起了飞跃式改变，交通等基础设施突飞猛进，大桥飞架南北，高楼大厦如雨后春笋般拔地而起，瓯北成为永嘉县开发与建设的热土。然而，清水埠一带房屋多建于二十世纪五六十年代，二层结构，居民居住环境脏乱差；基础设施没有得到及时升级换代；空中线路凌乱，山上山下错乱而居；道路狭窄、路面坑坑洼洼、交通安全隐患非常严重；由于市场经济的逐步发展，再加上区位优势的丧失，清水埠红极一时的国有、集体企业慢慢走向衰落，工厂倒闭，职工下岗失业，企业仅靠出租、转让、拍卖厂房等固定资产而维持基本的运转。昔日的繁华只留在人民的记忆中，默默地流淌在心田里。

　　清水埠要振兴，昔日繁华要重现，这是中共永嘉县委、县人民政府高度重视的一项决策部署，也是全县"两代表一委员"的共同心声。2013年3月，县委县政府审时度势，作出重大战略决策，启动清水埠振兴计划，并把重任交由县政协负责具体实施，由时任县政协党组书记、主席陈建良，副主席金盾等同志挑起清水埠城中村改造的重担。县里成立清水埠城中村改造攻坚组，先由县信访局副局长刘大力担任组长，后由瓯北东片开发建设指挥部常务副指挥叶光顺担任组长，下设五个攻坚小组，协同推进城中村改造项目。为及时化解矛盾、加快工程进度、把牢时间节点，陈建良、金盾等政协领导经常蹲点一线，吃住一线，与县攻坚组成员一起，积极投入轰轰烈烈的城中村改造中。经过前期认真的调研、分析，形成了清水埠城中村改造方案，采取整片推倒重建的模式，实行政府主导，统一规划，分步实施，计划共分四期，将清水埠改造成一座屹立于瓯江北岸的宜居宜业现代化商贸新城，重振清水埠繁华。县委县政府同意县政协提出的可行性计划方案，宣布正式启动清水埠城中村改造，一场声势浩大的城中村改造攻坚战，由此拉开了序幕。

清水埠城中村改造是温州市单体连片规模最大的片区之一，涉及10个村居，拆迁户数3200户，拆迁企业102家，国有和集体企业占了大部分，拆迁用地1233亩。

过去，计划生育是天下第一难的事；如今，拆迁工作是天下第一难的事。清水埠的房子产权记录复杂，历史遗留下来的问题较多；住户又来自五湖四海，思想分散；拆迁企业既有国有、集体企业，又有民营企业；居住地是坡度型，既有住在山上，又有住在平原，存在级差。为了更好地攻克拆迁过程中的难点、堵点、痛点，确保拆迁有序顺利进行，陈建良、金盾等县政协领导既挂帅又亲征，坚持每周一例会，每半月一大会，必要时及时召开研判会、政策分析会、一事一议会等，时任县政协秘书长黄大善和原秘书长金连科，先后担任县政协办公室主任汪少超、李小攀及办公室副主任章图，相继担任瓯北街道书记的戴源涌、潘剑永和街道主任朱佩珍、陈海州、汪长新都积极参加攻坚活动，极大地鼓舞了攻坚组成员的士气，使攻坚组人员的信心、底气、毅力更加坚强、坚定，做到前赴后继，持之以恒。征迁难，难就难在征迁对象思想状态、利益诉求各异。针对部分思想认识不到位、行动迟缓的后进拆迁户，攻坚组人员经常"白"加"黑"、"五"加"二"，牢固树立以民为本的理念，上门背靠背做群众思想工作，坚持动之以情、晓之以理、笃之以信工作理念，采用网格化管理，挂图作战按单销号工作方式推进拆迁工作。在攻坚组人员的用心、用情、用爱的感化下，所有拆迁户都签订拆迁补偿协议，并及时搬迁、腾空房子。

清水埠城中村改造，是永嘉县首个大规模组织拆迁，起示范引领作用的样板工程，县委县政府高度重视、全县人民高度关注、社会舆论高度集中。如何合理补偿是拆迁的核心工作之一，既要考虑到政府资金支付能力，又要兼顾拆迁户的利益诉求，最终达到资金自求平衡状态，包括基础设施

清水埠改造亲历记

配套建设资金，是非常棘手的问题。为此陈建良、金盾等政协领导多次牵头召开拆迁户、人大代表、政协委员、村居干部、专业人员反复讨论补偿方案，不断修改完善。始终坚持补偿政策公开、公平、公正，做到阳光透明。针对实体房屋不同年代建造，地形的特点、残值的价格、装修的评估等每间每幢不一样，县住建局副局长、攻坚组总负责叶光顺，根据县政协领导的工作要求，率队查阅历史档案，航拍、影像资料未破解方面困难，使历史上留下来的产权不清晰、产权漏登、产权不全、过户纠纷等所有问题予以解决。在实施政策过程中，坚持"一三落地、三五底顶、合法面积、违章不计"的置换原则，合法产权房屋补偿方式为产权调换、市场化安置及市场化安置和产权调换相结合三种。被征收房屋安置面积按综合成本价4200元/平方米计算，被拆房屋腾空补偿实行"早腾空多奖励"的办法。

未经产权登记的房屋经认定为合法建筑的，按县住建、国土资源部门认定的建筑面积或者基底面积给予补偿，合法建筑或合法面积的认定，按时间年限标准执行。从实施结果来看，清水埠城中村改造就如何提高容积率，优化控规，又要兼顾居住的品位等来提高开发强度，已经达到很好效果。其有关政策、技术、方法等给全县的城中村改造提供样板，还培育了一批拆迁能手，派驻各地，起到了很好的示范引领作用。

城市发展的历史，其更新换代，务必要通过有序的拆改才能完成有机更新。八年来，清水埠城中村改造已完成一、二、三期，固定资产投资近100亿元，出让金收入近40亿元，税收收入10亿元，既壮大财政收入，又改善城市面貌。还有个意想不到的"历史贡献"，清水埠曾经是我县国有、集体、企事业单位的集聚地，也是全县工业经济发展中心，其中产业工人有4000多人，在全县经济社会发展中有着重要的地位。改革开放后，随着市场经济发展，这些国有、集体企业因产品技术落后逐步被市场淘汰，工人下岗失业，许多单位交不起养老金和医疗保险金，工人怨言较多，信访量较大，严重影响社会和谐稳定。通过这次城中村改造，使企业转型的转型，转产的转产，改制的改制，彻底解决了职工的养老保险、医疗保险等后顾之忧，解决了大量历史遗留问题，有力维护了社会和谐稳定。

雄关漫道真如铁，而今迈步从头越。如今的清水埠已经建成了一个集住宅、商业用房和写字楼的综合性高档小区，碧桂园、幸福里、江山1号、清水湾等住宅小区都陆续入住。新建城区道路，使瓯北沿江大道与乌山路形成了一个环形交通圈，为瓯北城区交通带来极大便利。这个项目凝聚着永嘉政协人的汗水和心血，凝聚了永嘉政协人的智慧和贡献，社会上有很多人说，这些小区可统称为"政协花园"。

清水埠"新桃"换"旧符"，面貌焕然一新，未来发展的崭新篇章已经隆重启幕！但，清水埠的那些人，那些事，那些画面，萦绕心田，不舍，难忘！

西向供水工程

郑伯西

30多年来，我负责完成了90来项中、小、微型水利水电工程的设计与建设管理工作，其中省、市、县重点工程五项。我思想比较活跃，富于梦想，具有较超前意识，喜欢挑战性工作。在设计、建设管理中善于创新，勇于接受新事物、新技术、新工艺。其中西向供水工程便比较具有典型意义。

　　西向供水工程包括上塘戈田至桥头的原水输送工程和桥头、桥下水厂，属省重点项目。供水范围和对象为桥头、桥下（含西溪、徐岙）两镇平原地区居民生活和工业用水。设计供水人口12.52万人，年需水量2971万立方米。

　　在西向供水工程实施中，我主要做三方面工作。

　　一是供水方案决策。从20世纪90年代开始，我曾多次受桥头镇政府的邀请，参加供水项目研究工作。比如1994年4月，县计经委永计经（1996）

市县领导视察桥头水厂工地，右1为胡宝锋，右2为钱成良，右3为郑伯西

西向供水工程

101号文批复了《桥头镇东岙底水厂可行性研究报告》（另外单位设计）。东岙底水厂包括水库、净水厂及给水管道。1996年11月，县水利设计室完成了东岙底水库拦水坝的设计。不知什么原因，也没有实施。2003年下半年，桥头镇新任不久的镇长来到我办公室，咨询桥头供水问题。鉴于桥头历次解决缺水问题而没有成功的状况，我向他提出建议：多年的实践证明，仅靠镇里已无法解决缺水问题，应向县政府提出书面报告，引起县政府的重视，才能解决。桥头镇政府听取了我的建议，即向县政府报送要求帮助解决供水问题的报告。2003年12月4日，常务副县长张纯洁在桥头镇政府主持召开建设有关问题专题会议，我应邀参加。在讨论解决缺水问题时，形成最终的意见是要求我先搞一个供水方案，我欣然接受。12月31日，我提供《桥头供水工程方案论证报告》，推荐从楠溪江引水工程戈田分水，经桥下输水送至桥头的方案。由于引水工程取消了农业供水，供水能力完全满足桥头、桥下的需求。经多次讨论分析，最终通过了从戈田输水至桥头的方案。

2004年12月10日，县政府第十四次常务会议确定了县楠溪江供水公司为项目业主，承担50%的建设资金，县镇政府共承担50%资金。根据当时桥头、桥下对水需求的状况，决定先建设输水工程和桥头水厂及供水管网，今后视情建设桥下水厂。

二是主持原水输送工程的设计。输水工程的提水泵站位于戈田，现在的提水能力12万立方米每日，今后如需水量增加不能满足时，更换水泵设备即可；输水系统由戈田经桥下至桥头，包括两座输水隧洞、戈田和八里管道及跨西溪管桥，全长19.08千米。

从2004年1月至2005年6月，我先后主持完成输水工程的方案分析报告、项目建议书，可行性研究报告及初步设计。根据施工要求，逐步主持完成施工招标和施工图设计。其中可行性研究报告获省优秀工程咨询成

果三等奖。

三是主持建设。2004年12月29日，县政府任命我为县西向供水工程建设领导小组副组长、指挥部指挥（永政办机〔2004〕71号文），主持指挥部工作。退休后，县政府永政办机〔2011〕19号文，聘任为县西向供水工程建设指挥部常务副指挥，继续主持指挥部工作至2015年1月26日。

输水工程于2005年11月开工，2008年12月底按计划竣工。由于受农保地审批的影响，桥头水厂一时难以开工建设。面对桥头缺水的现状，2008年8月，我提出应急供水方案，就是先建4.6千米管道，将已通到桥头的楠溪江原水，输到桥头老水厂使用，新水厂供水时这段管道作为自来水给水管，不会浪费。2008年9月24日，县政府在县宾馆召开桥头供水应急方案论证会，同意应急方案。随后，我们即开展设计、施工招标等工作，并于 2010 年 6 月 8 日完成，6 月 9 日即向桥头老水厂提供原水。至 2013 年 12 月 25 日新水厂通水止，供水时间 42 个月，累计供给原水 660 万立方米。这也表明建设应急管道的决策正确。通过多方共同努力，向省水利厅争取到千万农民饮用水项目补助资金 270 万元。

桥头水厂由浙江省城乡规划设计院设计，总规模每日 6 万立方米，一期 3 万立方米。

2010 年 11 月开工，进度十分缓慢，2013 年 10 月才完工，12 月 25 日开始试送水。

2010 年底，县政府同意桥下镇提出建设水厂的要求。桥下水厂由省水利水电勘测设计院设计，总规模每日 4 万立方米，土建项目一次建成，设备按两期安装。2012 年 12 月开工，2014 年 12 月主体工程完工，2015 年 4 月正式供水。

永嘉水务集团组建始末

郑伯西

永嘉县楠溪江供水公司（以下简称供水公司），是楠溪江引水和西向供水工程的业主单位，也是县山河供水有限公司的股东之一，公司性质为全民企业，经营范围为工农业和居民生活供水及提供综合服务。

1994年10月10日，县政府永政发〔1994〕421号文任我为县楠溪江供水公司经理。2008年7月21日，向县政府提交辞职报告，2009年9月23日，主持召开最后一次经理办公会议，说明辞去经理职务的有关情况，并移交有关事项。我担任经理十五年，为供水公司筹建、初期运行及发展，作出了不懈的努力。同时，作为业主单位的负责人，千方百计筹措楠溪江引水工程，楠溪江供水及西向供水工程的建设资金。

自1995年起，我主持开展县供水公司运行管理的一系列工作。如进行公司内部机构设置，确定岗位和人员，招收员工；制定运行规程和规章制度，为正常运行打下基础；核定水价，收取水费等。

1996年3月、1997年12月，根据县政府领导的意见和岗位需要，在县人事劳动局的指导、支持下，招用合同制员工34名（含指挥部转来的4名），至2009年累计招用49名。

1996年8月，县物价局核定了供水公司向上塘、黄田、瓯北水厂的供水价格，通过多次与各水厂协商，做好沟通工作，按要求收缴水费，逐步理顺水费收取工作。

为尽快适应运行管理工作，采取多形式、多渠道对新员工进行上岗前的技术培训，提高了员工的专业知识与业务管理水平。同时，我始终将"安全供水"放在首位，建立了各种规章制度，为建立现代企业奠定基础。

运行初期，每隔一天对引水系统全线进行检查，发现问题及时处理；根据设计要求，结合工程的实际，每月对暗渠、倒虹吸管等建在软基上的建筑物，进行沉降量的观测。随时掌握沉降变形情况，判断建筑物是否正常。以后每年从下城岙进水口至花岙出口进洞渠内检查一次，发现问题当年处理，确保建筑物安全运行。

自 1994 年 5 月开始向上塘水厂供水以来，楠溪江引水工程为上塘、瓯北、黄田、桥头、桥下地区及温州发电厂提供优质可靠的水量，至 2019 年底止，累计供水量 91000 万立方米，产生了巨大的社会效益。至 2008 年底止，即在我担任经理期间，累计水费收入 11957 万元，占工程总投资的 170%；累计缴纳各种税费 2378 万元，占县财政投资的 116%，从 2001 年以来，供水公司列入县地税前 50 强行列，经济效益十分明显。

2009 年 2 月 11 日晚，在县政府商量解决乌牛缺水问题的协调会上，针对乌牛片缺水的状况，我提出近期和远期的解决计划。王立彤县长听后夸奖说，幸好有个郑伯西，要不然不知怎么办。这样的评价，比给什么荣誉都好。实事求是地讲，不是县有关部门不考虑乌牛的缺水问题，而是各部门的职能所致没办法考虑。根据县"三定方案"，沿江地区各镇供水由县建设局负责，其他乡镇供水由县水利局负责。建自来水厂首先要有水源，乌牛及沿江多数乡镇属资源型缺水，需要域外引入水源，而水源又是县水利局管理，这就是"两个和尚抬水吃"。我们在楠溪江引水工程设计时，就已将乌牛纳入供水范围，只是实施的时间问题。

针对我县多部门管水而有些地方没水喝的尴尬状况，我产生了从企业入手解决多龙管水问题。于是，利用担任县政协副主席这个平台，2007 年 9 月向县委、县政府主要领导书面呈送《关于组建"永嘉县水务集团"初步设想》，旨在引起领导注意，并揣摩领导意图。同年 10 月 1 日，我邀请上塘水厂和瓯北水厂的负责人及供水公司副经理，征求组建县水务集团的意见，他们一致赞同。10 月 15 日至 18 日，我们四人到乐清、海宁、桐乡等地，考察、学习水务集团的组建、运作经验。随后我以个人名义，向县委、县政府主要领导报送《关于组建永嘉县水务集团有限公司的可行性分析报告》，分析了永嘉供水的现状及存在的主要问题，提出了组建县水务集团的必要性、有利条件和需考虑的因素，以及组建方案。县政府领导非常重视，11月1日上午，王立彤县长主持召开"组建水务集团"务虚会议，县政府有关部门领导大局意识强，不考虑部门得失，都表示赞同组建县水务集团。会后，我向县委有关领导汇报组建水务集团的利弊情况，对领导提出的问题作了说明。为促使组建工作能尽快开展起来，2008年3月5日下午，在县政协八届二次全会上，我作了《关于组建永嘉县水务集团有限公司的建议》的发言，引起参加会议的县委主要领导的重视。2008年5月8日，县委、县政府永委办〔2008〕25号文成立了"县水务集团筹建领导小组"，常务副县长陈建良任组长，我任副组长，并起草《永嘉县水务集团有限公司组建实施方案》。县水务集团最终的主要目标是：实现城乡供水一体化；实现供水和排水一体化；实现公共资源的优化配置；实现国有资产的优化整合。同时按照"先沿江，后山区；先城镇，后农村；先给水，后排水"的原则逐步实施。

在陈副县长的领导下，我与县府办副主任李金星会同从县财政、工商等有关部门抽调的行家一起，开展一系列筹建工作。2009年5月31日，县委、县政府联合下发永委办发〔2009〕91号《关于印发〈永嘉县水务集团有限公司组建实施方案〉的通知》，组建工作进入实质性实施阶段。2009年9月8日，拟任董事长人选到位。12月1日，筹建工作完成，领取县水务集团有限公司营业执照，注册资本金15000万元，为县政府直属国有独资企业。

从此，县水务集团公司进入运作阶段。

　　　永嘉水务集团组建始末

枫林古镇研究 缘起与经过

徐逸龙

史学家陈寅恪说："一时代之学术，必有其新材料与新问题。取用此材料，以研求问题，则为此时代学术之新潮流。治学之士，得预此潮流者，谓之预流。"我阅读他人很少涉及的永嘉谱牒和馆藏古籍，研究永嘉地方史，钩沉史料，积沙成塔，集腋成裘，陆续地以论文形式发表研究成果，先后参加不同级别的学术会议交流成果，竟能与时代潮流相合，是件有意义的事。

接续乡村文化传统

枫林是一座有许多故事的小城，是一座有历史传承的古镇。枫林的历史、文物、方言在我幼小的心灵就留下深刻印记。圣旨门湖东塘岸的大榕树、念祖桥东侧的洗手皂树，给我的童年增添了许多乐趣。来薰路三官亭流传小江心的故事，圣旨门洞流传徐尹沛的故事，大门台念祖桥流传定超相的故事，成为我学前的地方史启蒙教材。念祖桥东北就是纪念徐定超的御史祠，也就是枫林诊所，我在这里打过预防针。1980年暑假，我祖姑婆生病，每天到枫林诊所挂吊针打滴。我陪护她，照看输液情况，将完时即为拔掉针头。桥边插植的榕树苗刚成活，用簸箕保护着。至今，树冠已经覆盖整座念祖桥，还有水埠头和榕枫亭。我就读的枫林小学，东南角原来是衙门，衙门前的定超相和端甫先生叔侄是这所小学的创办人。他们的轶事是街头巷尾议论的热门话题。小学西南建有纪念徐定超的察院牌坊和忠孝之门。小学隔壁是天主堂，故事很多。我常常在校门外的照壁上手抓凹陷处来回走动，这就是端甫先生故居后倒厅念祖斋的围墙。我读初中，枫林中学建在慧日寺里，西部是关公庙。我入学前曾在这里看过戏，看过电影，但我想不到这里跟徐定超叔侄也有关系。

我到岩头潘溪永嘉二中高中部读书，岩坦港、鹤盛港和溪垟乡的同学，让我知道"十里不同俗，五里不同音"的现象。我感觉不出岩头与枫林的语音的区别，但是操场角墙外的面店老板娘就凭我说一句"是读书的"，知道我是枫林人。我问她"怎么知道？"她给我演示岩头读法和枫林读法。原来，枫林的读字发音短促还是入声，岩头的读音舒长已成平声。语文课上，金理新老师介绍，楠溪方言保存古代汉语的音韵，楠溪方言的四声八调与普通话四声有严密的对应关系。清代蓬溪邦淳相（谢思泽，字文波）就著有方言字典《因音求字》。后来，我到周宅周智同学家里玩，他的床头正有一本他爷爷流传给他的《因音求字》。

我在金老师的熏陶下，渐渐喜欢上古典文学，我常常对照他的藏书目，向出版社邮购，到城里的书店购买，采集的书籍大多是南北朝以前的诸子百家。我在课余开始阅读《说文解字》，自行点读许慎自序。1992年暑假，金老师已是南京大学汉语言文字学专业研究生，带我到南京钟山风景区游玩，我在一座亭阁通读一篇民国篆书碑记，并不费劲。后来，我在温州市图书馆听郑张尚芳研究员介绍温州方言的讲座，他提到宋代戴侗著作《六书故》记载温州方言的事情。2002年4月19日，我到温州市区虞师里拜访温八中退休教师吴瑞松，了解他整理《六书故》进展情况。6月16日，全国音韵学知名学者20人到永嘉考察楠溪方言，通过比较研究，探寻世界文化的起源和流变问题，我随行采访。在旅游大巴汽车中，金理新老师把我介绍给中国社会科学院语言研究所郑张尚芳研究员、上海师范大学语言研究所所长博士生导师潘悟云教授说："我这位学生学习是很勤奋的。如果把郑张看做是潘老师的半代老师，那么今天我们就是四世同堂了。"我打趣说："很可惜的是：一代不如一代。"后来，我在《六书故》找到楠木的史料，破解楠溪得名由来。

困境中研究文化经济问题

1994年春，我的人生陷入困境，向往新闻单位工作又不能如愿。9月，我开始阅读《温州日报》揣摩捕捉新闻信息源途径和写作技巧。大榕树栏目刊发的系列文章，引发我探索温州文化与经济的互动关系，尤其关注永嘉旅游经济发展问题，曾慕名拜访温州市博物馆胡珠生副研究员、温州师范学院周梦江先生、《温州市志》副主编潘善庚先生等老一辈学者，请教历史与现实问题。1995年春，去温州隔岸路拜访温州市供销联社主任（原永嘉县委副书记）李文照。8月29日（阴历八月初三，星期二），我随同《中国商报》记者王永平、许德华，考察大若岩陶公洞、崖下库、狮子岩，采访永嘉县委书记徐令义和楠溪江风景名胜旅游局副局长（主持工作）郑南光，了解楠溪江风景区旅游经济发展布局。9月21日《中国商报》第2版发表《国家级重点风景名胜温州楠溪江开发招商》一文。10月10日，我拜访旅游局副局长陈朝阳，得到《楠溪江历代诗文选》和《楠溪江风景名胜区规划》，略知楠溪江旅游发展格局，始有心于乡邦旅游经济。特别是《楠溪江风景名胜区规划》引用明代王瓒《慧日寺碑记》，令我大开眼界。慧日寺就是我的母校枫林中学，我竟然不知这里有一块碑记，我对慧日寺产生神秘感。

1996年7月10日，我慕名拜访温州历史学会常务副会长永嘉籍学者胡珠生先生。暑假里，我到清水埠楠江东路永嘉县煤球厂会计徐益明房间里，看到书架上的张旭（温州市委党史研究室主任）主编《温州革命胜迹》记载，"当年的枫林系永嘉重镇，有'小温州'之称，驻有国民党浙江保安队一部。红军领导人为了扩大影响，震慑敌人，决定攻打枫林。1930年5月上旬，永嘉西楠溪红军游击队攻下枫林镇，在勉园举行红十三军成立大会。会上宣布中国工农红军第十三军正式宣布成立，军长胡公冕、政委金贯真、政治部主任陈文杰。……红十三军成立大会的会场——勉园，是长38米、宽32米的广场。广场东侧，有一座寺院——惠日寺，当时是红军战士的住地。现勉园广场的门台和惠日寺旧貌依存。"书中有勉园的插图。我和徐益明是初中同学，都是枫林人，却不知道勉园在枫林什么地方？我对家乡枫林充满好奇心。

1996年8月31日上午，温州医学院徐顺平副教授应温州东方道德文化学会邀请，在温州环城东路市九中举行"温州历史文化与南戏"的讲座。会后，他得知我是枫林人，谈及幼年在楠溪老家受到枫林著名乡贤徐端甫先生关爱的轶事，感叹枫林昔日人文鼎盛而今却无人整理，希望我在这方面有所作为。大年三十，我首次到枫林族人家里阅读1994年新修枫林《固陶房谱》，所收《徐氏宗谱序》记载宋代徐氏进士而生平事迹不详。

1997年2月21日，正月十五，我在圣旨门东侧徐顺勇雨伞店前戏剧性认识时年92岁的徐象鸾先生。我向他打听勉园在枫林什么地方？他说，勉园本来叫营房园，就是现在的枫林中学，我喜出望外。接着，他滔滔不绝地介绍徐象严（端甫）、徐启秀和勉园的掌故，徐定标和红十三军的故事。这是我访问研究枫林地方史之始。此后，我频频拜访徐先生，而他知无不言，言无不尽。正是枫林历史文脉悬若游丝之际，徐象鸾先生在生命的最后四年里，给我介绍了枫林徐氏聚居近900年来的人文历史，非常幸运。尤其是徐先生给我介绍枫林明代建筑特征和习俗礼制知识，为判断建筑年代提供方便。

我出生于枫林镇中心地带的小江心固陶房六分支派前清贡生徐存隆故居，小江心太公、六分太公和徐存隆都有轶事流传，共屋连栋的老伯徐顺高和来薰路三官亭的老人们经常讲述有趣的故事，充实我童年的精神生活。我在永嘉二中高中部读书期间，我家东南面邻居李永姆的房屋灾后重建，挖地基出土古代小江心花园池沼遗迹，激发我考证小江心得名由来的兴趣。1997年2月28日，我开始阅读《固陶房谱》，我想从自身往上推溯，从枫林徐氏始祖往下梳理，不断缩小考证范围，试图确定小江心太公的名字和生平。

由于小江心大屋创始人是江心寺的施主，我推测他很可能也是家乡慧日寺的施主，希望从枫林慧日寺碑记中寻找蛛丝马迹。1997 年 7 月 6 日，我到枫林中学校园中抄录明

王瓒《惠日寺碑记》，自行标点注释。这是我首次整理枫林金石碑记史料。7 月 31 日，我从陈继达先生手中获得学林出版社新版《监察御史徐定超》，为研究枫林近代史提供了方便。11 月 1 日，我到学院路双井头周转房拜访徐顺平先生，他赠送新著《怀乡集》给我，介绍青年时代阅读摘抄《徐氏宗谱》的情况，后来在温州医学院工作期间，委托乡亲发掘本村前身雅坌旧村址文物遗迹，研究垟下村史。他的治学经验，给我启发很大，我开始琢磨枫林徐氏人口繁衍居住发展规律。23 日，访问枫林小江心镬潭房徐贤宁老人，抄读其家藏房谱所载《徐偃王出身原叙》和杭州大学历史系徐规教授 1994 年 7 月撰写的《徐氏宗谱序》。本月，我请温州市博物馆副馆长（主持工作）徐定水校正《惠日寺碑记》。28 日，根据《史记》本纪史料整理黄帝以后的世系和徐偃王事迹，追溯徐姓来历。12 月 14 日，携带王瓒《惠日寺碑记》前往江心屿，拜访江心寺方丈木鱼，得知温州方言所谓"掌衹"就是"长者"，如同醍醐灌顶，让我茅塞顿开，为确定小江心大院创始人大大地缩小了搜索范围。25 日，我再次登上江心屿拜访温州市博物馆副馆长徐定水，抄录清代徐定超、徐清来等 5 人的朱卷履历表记载的徐氏科举名录。

1998 年春，徐顺平先生抄录陈傅良《徐叔㭿（槐）圹志》寄给我，宋乾道八年（1172）进士徐槐的生平事迹浮出水面，我研究枫林地方史的信

枫林古镇研究缘起与经过

心倍增，遂系统抄录《徐氏宗谱》文献。应广东韶关徐伟坚约稿，复印道光《徐氏宗谱》序文多篇寄赠。4月28日，到枫林金山头村抄录《金氏宗谱序》。5月1日，根据宗谱史料线索，考察憩堂进士窟环境。6日，到永嘉县图书馆阅读下日川《象川周氏宗谱》，发现众多枫林历史旧族郭、包、柯、蒋、刘、穆等姓史料，开始思考枫林历代望族兴衰交替的演变过程。5月20日，到金山头考察华八华九殿和村东风景，抄录明代枫林旧族卢、黄等姓史料。5月26日，阅永嘉县长钱建民《政府工作报告》，并摘录要点。7月2日，整理枫林小学《重莅建修衙斋碑记》定稿。7日，《永嘉县志》主编徐顺旗和副主编李昌贤到枫林借阅各姓宗谱文献，调查望族迁居来源和人口分布情况，我受邀充当向导，并向徐象鸾先生采访枫林祠堂分布情况。9月2日，与枫林杨郭头徐洪才考察镇东堂遗址、东窑垮郭氏墓志。11日，调查枫林境内的历史地名，统计旧族，得郭、柯、朱、刘、穆、汤、木、卢、杨、赖、苏、黄、金、丁、傅共17姓。1999年11月15日，枫二村平整土地建设大棚蔬菜基地，在浦亭街木坎头至茶亭的马路中段端头塘附近出土多件花岗岩碰步齿、香炉、大口径陶碗，印证口碑流传的地名故事的可靠性，为此我开始研究昭浦码头和赤岸八字桥街、上畔卢的历史旧族变迁史。

在访问过程中，不断收集参考书籍。1999年6月19日，大雨滂沱。9时20分，我将寄存在清水埠徐益明同学单位的参考藏书运到枫林，叫两辆红车拉14件纸板箱到叔父家楼上安顿完毕，阳光灿烂，心情舒畅。

2004 年 4 月 25 日，徐顺旗（左）、徐顺平（中）、徐逸龙（右）在屿北徐氏荷花坟合影

老一辈学者扶我上马

阅读名家大作，查漏补缺，获得枫林地方史研究选题。周梦江先生的《叶适与永嘉学派》是研究温州地方史必读的参考书，我曾在永嘉新华书店失之交臂。我首次拜访周梦江先生，他正在撰写《叶适年谱》，索要其著作《叶适与永嘉学派》已经不可得。1997 年 2 月，我获得周先生新作《叶适年谱》，得知叶适同榜进士徐自明正是枫林人，其著作《宋宰辅编年录》依然传世。3 月 6 日，购读葛荣晋主编《中国实学思想史》。4 月 3 日，我读毕从温州市图书馆借出的周梦江著《叶适与永嘉学派》，其中第 265 页《对科举等制度的批评》说，"在永嘉和仙居交界处的偏僻山区也有刘愈所办的学塾。"我先后询问黄南乡山藻村徐思藩先生、道基村林义臣先生，毫无线索。后来询问《永嘉县志》主编徐顺旗，才知道刘愈是今枫林镇档溪村人。进而采访档溪、外垟、朱山头等村的老人，查阅各地刘氏、金氏的宗谱，

得知刘愈所办的学塾位于朱山头山塆的法慧寺，正是古代永嘉县仙居乡、清通乡交界处。4月20日，我到柳市郑晓泉处借阅《叶适与永嘉学派》再读，访问翁垟镇明代徐七徐八纪念庙不得。参观地团村南怀瑾故居捐赠改作的乐清老幼文康活动中心，抄读南怀瑾《活动中心赠言》有句"人如无贪，天下太平；人如无嗔，天下安宁。愿天下常生好人，愿天下常做好事。"深有感触。我想，研究枫林地方史是否也是一件善事呢？于是积极搜集温州地方文献和古籍工具书。10月3日，我在温州大学校园会展书市购得《鹿城文史资料》10册，包括张镇中《温州地方史稿》、朱烈《鹿城诗人寻踪》等，另购1989年版《辞海》、汤可敬《说文解字今释》、蒋人杰编纂《说文解字集注》等工具书。11月19日，到温州市图书馆抄读《后汉书·东夷列传》。

研究木待问事迹，得到温州学术界老一辈学者的认同。1998年3月8日，我访问徐象鸾先生之后，找到枫林镇枫一村老干部徐碎巧，询问宋代

牡丹诗会旧址在 1958 年出土文物情况，意外得到南宋状元木待问故居和墓地的可靠线索。15 日，我到温州洪殿温师院宿舍拜访周梦江先生，获得《宋元学案》木待问传。此后，利用《南宋馆阁录续录》《续资治通鉴》《光绪永嘉县志》和《木氏宗谱》有关木待问的史料，连同调查枫林古迹取得的初步成果，撰成《南宋状元木待问及永嘉枫林考》4000 余字，在温州市委党校主办杂志《温州论坛》1999 年第 4 期发表，然后寄请杭州大学历史系徐规教授指导。10 月 6 日，徐规教授给我寄来《仰素集》，并附书信一封，指点勘误多处，循循诱导，令人感动。接着，我在周梦江先生的指导下搜索书目 50 余种，进一步钩沉木待问史料。

2000 年 1 月 31 日，周先生赠送其点校的《陈傅良先生文集》给我，并透露浙江大学历史系徐规教授将到温州儿子徐存阳家中过春节的消息。2 月 16 日，我携带《南宋状元木待问事迹考述》文稿、《木氏宗谱》和宋人文献资料到温州雪山侨村 17 幢 206 室请徐教授审核，他认为"已经填补一个研究空白"，并提出几条修改意见。5 月 23 日，徐教授来信指点文章体例规范问题："（1）在正文前面要写出 300 字左右的〔提要〕、〔关键词〕若干及作者简介、通讯地址。（2）出处用篇末注释，必须详列书名、卷数、事目或页数。引文需核对准确，必须注明详细出处。地方志需标明编修年代或年号。不能笼统用主要参考文献列在篇末。"

我先前爱好古典文学，喜读注解文字，间或点读白文，自忖能读古代史料且能正确理解意义。事实上，文学与史学仍有很大的不同。6 月 10 日，徐规教授再次来信，指点文稿引文中非常专业的标点校勘问题，给我感触很深，我急需弥补古代科举官制知识和公文常识。今录徐规教书信全文如下，以作纪念。

逸龙同志：

寄来改定稿《南宋状元木待问事迹考述》一文，已仔细加以改定，将

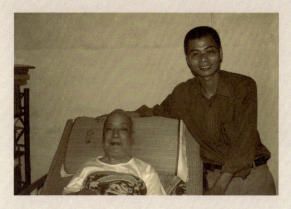

用挂号投登省社科院主办的《浙江学刊》（历史编辑徐吉军同志乃杭大历史系毕业生，副研究员）。

文中第 4 页，左栏，倒行 2—右栏行 3："冲人顷居，东宫尔则，任端尹之寄，……众所惮，为举以试汝，……"应改为"冲人顷居东宫，尔则任端尹之寄，……众所惮为，举以试汝，……"

同页右栏，行 4："高爵美官，岂于汝客？"应改正为"高爵美官，岂于（予？）汝客？"

按，予，乃宋宁宗之自称也。

第 5 页，左栏，行 9—10："陈傅良《东村澄觉寺北山宋太恭人陈氏墓暗志文》载"。

按："宋太恭人……"改为"宋（郑？）太恭人陈氏墓志文"，盖郑伯熊、伯英之母应作"郑太恭人"。"墓暗志文"，文意不通，故可删去"暗"字。不知您意如何？请示。此条可请教周梦江先生。

第 7 页，左栏，行 16—17："通判武冈军（今湖南邵阳市）"改正括号内文字为"（今湖南武冈县一带）"。按《宋史》卷八八《地理志》（页 2201）武冈军条及谭其骧先生主编《中国历史地图集》改正。

其他多处改删，不赘及。

专此希覆，顺祝

撰安

徐规

2000 年 6 月 10 日

根据徐教授意见修订之后的文稿，在《浙江方志》2000年第4、5期合刊上发表。《温州社会科学》历史编辑胡珠生副研究员正在通读《宋会要辑稿》，发现涉及木待问史料较多，建议我增补，并进一步辑录木待问作品，选介门生情况，作为系统研究木待问的专题论文。我到温州市图书馆找到八大册《宋会要辑稿》，借逐条校对胡先生提供的史料，又补抄到几条史料，增订后在《温州社会科学》2000年第9期发表。《温州市志》主编章志诚先生看到我的文章后，打电话问《永嘉县志》主编徐顺旗说："永嘉有一位老先生徐逸龙，你是否认识？"2004年9月8日，参加周梦江从事永嘉学派研究35年座谈会。

编制历史文化保护区规划

1999年春，枫林镇受温州市申报国家级历史文化名城活动的感召，申报省级历史文化名镇。3月17日，枫林镇委书记金学纯、镇长金连顺主持"枫林古镇申报省级历史文化名镇筹备会"，有徐顺旗、徐御静、徐于飞、徐逸龙、李昌贤、谷尚宝、陈继达、林鞍钢、卢雪峰、董西真等参加会议，群策群力，开始整理枫林历史文化史料。

5月17日，浙江省文物局专家组到枫林考察古镇，座谈指导申报文本撰写业务。刘正官认为，枫林文化遗产很多，同近代文化史有密切关系，有古代历史建筑如圣旨门。耕读教育的风气很浓，内容有血有肉，同建筑风貌密切相合，书房、学堂贯彻了这种思想。如此大规模的乡镇古民宅区很少见。城墙体现出沿海地带人民众起抗倭的历史，反映当时经济基础好，有军事价值。山水环绕，在浙江很普遍，但枫林的水系布局很好，现在保护，仍大有希望。杨新平认为，枫林古镇的建筑价值比较高，明清民国各时期都有，民国建筑徐志勘军长故居较有特色，要列入保护单位。枫林建筑类型丰富，照壁、天井、门台，同其他地区还有不同。延龄公祠的长牙2尺多长，有宋代风格。建议进一步挖掘文化内涵较深的遗址，提高档次，如慧日寺、状元坟等。组织村干部出去参观，一传十，十传百，让广大居民参与，形成保护古镇的风气。

5月26日，与镇人大主席周福臣一起接待瑞安莘塍镇董田木光安、木正龙、木洪祥、木富荣、木勘藜等5人到枫林考察木氏宗族古迹。27日，到枫林规划所查阅枫林古城比例尺和城墙周长。实地测量状元府八字门。6月13日，下汇源退休教师徐中衡提供家藏马公愚题写的祝寿诗镜框。7月，《温州时报》社记者周蓉以"走进枫林"为总题，系列报道枫林历史文化。8月23日，徐中衡老师电话告知，他家有找到徐象严作、马公愚书的《徐定椿六十寿序》。9月2日，看到马公愚赠送上汇源徐启秀的诗作。10月27日，到下汇源看《徐定椿六十寿序》，并测量大院占地面积，考证谢文锦等人革命事迹渐入佳境。2000年2月18日，枫林古镇被列为第二批省级历史文化保护区。12月20日，浙江省政协历史文化遗产保护视察组，受中共浙江省委宣传部委托，到永嘉县枫林古镇视察。

1999年，我在温州晚报社工作期间，在新闻采访过程中，留心翻阅民间宗谱，发现许多鲜为人知的珍贵材料。徐益明同学的父亲徐象静退休在家，是枫林谱局理事之一，我向他赠送徐寿考文集《风雨征程》，并向他介绍芙蓉《陈氏宗谱》记录枫林徐氏生员众多，基本上是新修《徐氏宗谱》未载的情况。8月29日，老徐认为旧谱散失，新修《徐氏宗谱》记载枫林历史不全面，专门找我商量筹划编修《枫林地方史》事宜。后来，他又找到《永嘉县志》主编徐顺旗商谈此事。徐主编认为我们都是公事重任在肩，不得分心，劝徐老伯暂时延缓此事。

2000 年 8 月 29 日，五㵾乡教委退休教师胡观光提供不同版本的《胡氏宗谱》部分复印件给我，可知村史沿革梗概，其中有徐定超携带妻弟胡衍兆在北京办农场情节。我认为史料价值很高，动员他送《胡氏宗谱》到温州图书馆复印收藏。12 月，温州市图书馆建立浙南谱牒收藏研究中心，聘我为征集委员。2001 年 2 月 24 日，我向胡观光老师了解徐定趄（承轩）在五㵾教书和支持红军而被追捕之事。3 月 17 日，我参加温州市地方文献工作会议。11 月 1 日，受邀担任《浙南徐氏志》枫林支派特约编辑。12 月 7 日，到瑞安参加《中国家谱总目》（温州部分）编纂工作交流会暨浙南谱牒学术研讨会。会后，温州市图书馆地方文献部着手编辑《浙南谱牒文献汇编》一书，辑录历代名人佚文 178 篇，由我整理提供的永嘉谱牒文献 69 篇，涉及枫林镇境内的史料 20 篇。

2002 年 1 月 6 日，枫林召开《浙南徐氏志》和《枫林镇地方志》编纂筹备会，与会人员发出"保护历史、保护文物"的呼吁。11 日，《楠溪江周末》专版《枫林再也耐不住寂寞了》系统报道历史文化资源和乡人开发旅游的热情。2 月 20 日，正月初九，《枫林群贤毕至话发展》报道在杭州工作的研究生群体徐芳、徐旭、徐平平、徐哲谆等人春节回乡希望振兴枫林的想法。3 月，枫林镇镇长洪文滨委托我筹划枫林历史文化和发展研讨会，预定 4 月 4 日，农历二月二十二，枫林武术节之日。我初拟与会名单，有浙江大学中国古代史研究所徐规教授、温州医学院徐顺平副教授、团省委宣传部长徐旭、温州市政府原副秘书长吴正平、《温州市志》主编章志诚、温州市委党史办章景濂副研究员、温州师院周梦江先生、邱国珍教授、温州大学马亦钊副教授、温州市文物处处长金福来、副处长金柏东、胡珠生副研究员、温州市图书馆卢礼阳、《永嘉县志》主编徐顺旗、永嘉县粮食局原局长徐永盛、永嘉县政协文史委原副主任陈继达、《枫林地方史》主编徐志星等，就枫林历史、文献、文物、民俗、旅游等方面拟定发言论题，

交给洪镇长推敲。后来因故没有开成
研讨会。

徐规教授非常关心枫林历史文化
的挖掘。3 月 27 日（农历二月十四）
夜完成论文《徐自明与＜宋宰辅编
年录＞考校》寄来，并说自己年逾
八十，出差需要学校审批，行动不便，
不参加会议，可以请人选择朗读他的
论文中的少数几条有趣一点的校记文
字。4 月 21 日，又写信询问会议情况
说："前由挂号寄奉拙作《徐自明与＜宋宰辅编年录＞考校》一文，未审
收到否？念念。会议开得如何，参与讨论会的学者有什么人？有些什么论
文？是否要汇集公开出版？如要公开出版，请将清样寄来一校。如不出版，
请告知，以便向他处投登。专此希达，顺祝安康。"

2002 年 4 月 27 日至 28 日，在永嘉县瓯北康乐山庄举办《浙南徐氏志》
修志培训班，《永嘉县志》主编徐顺旗、苍南县志办主任徐启豆讲解修志
常识和编辑规范，人员涉及两省三地区十一县。

2002 年 8 月 22 日，枫林镇筹资 10 多万元，委托上海同济大学建筑
与城市规划学院鲁晨海副教授制作枫林古镇保护规划。秋间，洪镇长和卢
小飞副镇长委托我选择 20 处枫林古迹，采访史料撰写导游词，准备设立
说明牌，策划一条古镇旅游线。两位镇长还让我带着他们沿着拟定旅游线，
作专题考察。事后，他们请游线上的住户召开座谈会，征求房东对设置说
明牌的意见，得到大家拥护。9 月 20 日，枫林镇组织成立"爱我古镇、保
护枫林"宣传队，以寻古、念古、护古为主题开展活动。30 日，我拟定枫
林古镇图片展览内容和说明提纲，包括山水、古道、耕读、军政、武术、

古城、宗族、中医、书画等方面内容。接着，永嘉县政府围墙外宣传栏里，首次展出由徐凤臻布置的枫林名胜古迹图片专题展览。

11月3日，我以"停车坐爱枫林晚"为题，整理1万余字的导游词打印稿，送请徐规教授、徐顺旗主编、胡珠生副研究员校阅。这是《枫林古镇景物志》书稿《古城街道文物》一章的雏形。14日，胡先生的书面意见说："逸龙君青年好学，搜罗楠溪文物，创获极富，近年刊发文章，颇有足采。此件列题三十四，概括甚为全备，具有较好基础。希望做好三项准备工作：1.枫林历代大事记，摘录原始材料，注明出处。2.对若干有异说者进行考订，写出单篇文章。然后再行总结，必能更为可信。地理范围要明确，广义的枫林和狭义的枫林要下界说。"

2003年3月11日，永嘉县政府副县长郑小小和有关部门负责人在枫林召开"枫林古镇历史保护区规划研讨会"。2004年5月19日，枫林、岩头两地历史文化保护区规划通过评审，浙江省文物局推荐两地申报国家级历史文化名镇。枫林镇政府邀请我作向导，陪同中国摄影协会会员邵赴明到枫林拍摄古建筑照片，配合保护规划文本上报。10月24日，中华书局版徐启豆主编《浙南徐氏志》在苍南县龙港镇徐家庄举行首发式，其中

枫林篇章 5 万余字，是《枫林古镇研究》全书的雏形。

探究红十三军历史

采访研究胡公冕筹建红十三军的历史真相，其过程漫长而曲折。1997 年 2 月 21 日，首次向徐象鸾（1906—2001）先生采访红十三军成立事件。此后，顺藤摸瓜，找到卓力文、徐象楠、金秀英、徐存焕、徐象炀等人，不断扩大范围，采访考证军部骨干徐挽澜的生平事迹和红十三军在枫林成立事件的来龙去脉。1998 年 11 月 2 日，我进入《食品导报》社见习，开始记者生涯。不久，转入《温州晚报》社。11 月 13 日，到温州市党史办拟购曾绍文、徐寿考的纪念集不得，但巧遇同乡徐肖铮，得到《坚持浙南十四年》《括苍山游击根据地》等 4 种党史著作，并得知徐寿考夫人钱启敏住处。我随即拜访党史办墙外的钱启敏同志，她提供一叠徐同志的纪念集《风雨征程》和她的回忆录《风雨同舟》多本，希望我分发给枫林的老同志作纪念。这是我钻研枫林革命史的开端。1999年2月19日，采访枫四村徐象炀，得知红军中队长徐定魁阻止大队长胡协和烧毁徐桂芬房屋、浙保四团五连连长谢次如审问地下党员徐寿楷（定家）的故事。5月14日，枫一村老干部徐碎巧提供违纪分子烧毁枫林各处房屋遗址布局和数据。6月2日，我再访徐肖铮，要取多本《红十三军与浙南特委》《温州革命胜迹》分发给枫林地方上的老同志，要求他们共同回忆或调查枫林红军事件。历年采访整理口碑史料10.4万余字，整理永嘉县民政局保存1980年以后老红军回忆材料4万余字。

2000年8月，我进入永嘉报社工作。11月18日，胡珠生先生赠送新

2001年4月2日，《永嘉风采》采访组5人和老红军郑九闪（前排左）、郑三姆（前排右）、胡玉吹（后排右1）合影

著《温州近代史》，为我系统了解红十三军历史提供很大的帮助。事后，我向胡先生提供张旭主编《温州革命胜迹》一书，登门讨论枫林红十三军成立旧址和五漅军部旧址的关系。后来，他向我提供《周之庠自传》和胡国洲调查红十三军的报告，我结合金鸿南《寸草心》、徐象严《徐定椿六十寿序》，挖掘了许多鲜为人知的革命事实。我读章景濂主编《浙南特委与红十三军》之后，采访章先生得知，1930年4月26日的《红旗日报》公布红十三军的番号，5月12日金贯真给中共中央的报告提到红十三军成立的地点枫林，但文献没有记载红十三军正式成立的时间。1983年，他约永嘉县党史办主任金雪亮一起，多次深入枫林地方，先后访谈10位老红军和亲历者，调查红十三军成立事件的时间和经过。许多老红军和群众回忆非常清楚，当年红军战士住在哪里，睡在哪里，说得很准确。当时，胡公冕在枫林慧日寺戏台上宣布红十三军成立的。在《红十三军与浙南特委》审稿会上，中共中央办公厅、中央党史研究室、江西省的党史研究室，还有台州、温岭、金华、永康的党史研究室都有人员参加，大家围绕是否存在军部的问题争论不休。浙江省党史办顾春林向章景濂提示："是否有军长、政委、政治部主任？若都有的话，就存在军部。"章景濂回答："军长胡公冕、政委金贯真、政治部主任陈文杰，配备齐全。"因此，军部问题定案。

2001年3月19日，永嘉报社为了纪念建党80周年，启动"永嘉风采·寻找红军足迹"大型采访活动，选定20个采访点，每站住地采访时间为三到五天。我负责采访撰写红军故事，因便查阅红军人物所在的家谱，整理背景资料。28日，我在枫林再次采访大门台徐象鸾、枫三村徐存焕、枫四村徐象炀等经历红十三军成立事件的高龄老人。29日，枫林中学教师捐款4000余元，整理红十三军成立旧址——慧日寺勉园广场，修筑花坛，栽种鲜花，美化环境，修筑一条水泥路，为人们缅怀革命遗址提供方便。30日，永嘉县瑞金医院组织9人医疗队，到枫林开展义诊活动，接待患者

200来人，赠送药物价值2000余元。群众捧读当日《永嘉报》的专题报道《心潮澎湃忆当年》，议论红十三军在枫林成立事件，煞是热闹。4月1日，永嘉县新华书店向枫林镇文化中心捐赠300多册图书。我到上塘嘉宁街永嘉党史办首任主任金雪亮家中，补充采访红十三军历史。4月11日，中共浙江省委宣传部副部长沈立江到永嘉调研，听取永嘉报社汇报，盛赞"永嘉风采"是实践"三个代表"的有机载体。5月9日，为纪念红十三军成立71周年，枫林镇团委在枫林中学礼堂（原惠日寺大殿）举行新团员81人入团宣誓仪式，枫林镇党委书记郑秋文、团县委副书记金翎翼到会讲话，团镇委书记杜克凡主持仪式。永嘉县党史办原主任周天孝到场讲述红十三军成立事件，宣传委员卢小飞主持讲座活动，全校师生800余人参加聆听。7月14日，浙江省新闻研究所、《新闻实践》杂志社和永嘉县宣传部专门为"永嘉风采·寻找红军足迹"专栏召开研讨会。后来，我把用于研讨会的新闻报道选编本《永嘉风采》寄给浙江省委宣传部副部长徐令义，他回信对此次大型采访活动大加赞赏。

10月13日，我到温州市区县学前采访李海燕，继续了解红十三军时期中央军委秘书李得钊和主席周恩来的事情。

文化楠溪江战略感召

2000年2月21日，我开始阅读陈志华《楠溪江中游古村落》（三联版）。永嘉县政府提出实施"文化楠溪江战略"。2002年2月15日（正月初四），浙江省委宣传部副部长徐令义一行人考察楠溪江旅游商品开发情况，我随行采访。在芙蓉古村，徐部长指示说，要加强舆论宣传，让古村落里的村民充分认识到古村落的文化价值、经济价值和旅游价值。在苍坡古村，徐部长告诉我，古村落的题词最好请杭州大学历史系徐规教授题词。在四海山宾馆，徐部长和我交流永嘉学派学者枫林徐自明和憩堂书院的事情。徐部长回到杭州，给我寄来新著《县市工作前沿问题》（中共中央党校出版社，2001年10月），其中第十章《县市经济发展与历史文化积淀》第三节为"永嘉学派与温州模式"。徐部长在温州师范学院、温州市委办和永嘉县委工作期间，对温州师院周梦江、杭州大学历史系徐规教授研究永嘉学派成果很熟悉，他对枫林、岩头一带古村落人文掌故很关注，曾向永嘉县监察局副局长徐顺东了解枫林宋代憩堂书院情况。2005年10月25日，我特地拜访徐规教授请求题词，他写下："楠溪江为国家保护区胜地，徐遐生乃世界天文学权威。浙江大学终身教授徐规撰题。"

2002年，永嘉报社开展"再识楠溪江"大型采访活动，我深入采访古村落，系统报道古村落文化的文章，尤其是永嘉学派的专题文章，引起永嘉县领导和枫林镇领导的关注。令人感动的是，县长葛益平好几次在晚上休息时间打电话给我这样普通的记者，交代采访报道楠溪江古村落文化的具体要求。5月11日，县长葛益平在狮子岩桃花源"山水永嘉"揭碑仪式之前，吩咐永嘉报社总编陈光銮，要指定专人撰写文化旅游的报道。仪式之后，葛县长拉我和县旅游经济中心副主任胡念望一起，直奔即将开放的芙蓉古村陈列室观看，叫我对展览馆内容提提改进意见。后来，他吩咐永嘉县文化馆林鞍钢，务必邀请我参加关于红十三军纪念馆布展说明文字的审稿会。6月19日晚上10点钟，葛县长在电话里告诉我，楠溪江古村落文化特点是"人与山水亲和、人与人亲情"，要我向楠溪江风景旅游局王澄荣副局长等人做专题采访，写一篇报道。6月23日，永嘉报社《永嘉风采》首发式和"爱我母亲河·再识楠溪江"大型采访活动启幕，主要由我撰写历史文化方面的报道。27日，大若岩石门台全面开放仪式之后，我搭乘葛县长的轿车到五溇采访红十三军纪念馆修建工程竣工典礼，葛县长征询我："是否可以到研究单位去？"原来他认为我在研究地方史方面可以有所作为。

2003年1月9日，葛县长转任县委书记后，对楠溪江文化旅游经济的发展倾注更大的热情。1月31日，我按照葛书记吩咐，向他递交近年在杂志上发表的有关谢灵运、木待问和永嘉昆曲的专题论文和报道数篇给他。4月，永嘉县政协文史委聘请我为委员。一日，汪大清主席到屿后巷我租住的简陋书房里看书，并借去《谢灵运研究丛书》，为制定政协文史工作计划参考。我顿时有蓬荜生辉之感。国庆节期间，我应邀到上海同济大学协助鲁晨海副教授修订《枫林古镇历史文化保护区保护规划》。11月，葛书记指示县委组织部派遣我到皖南黟县旅游重镇挂职锻炼，考察学习古村落文化旅游工作先进经验。组织部长李震郑重其事，找我谈话，要求我在外挂职期间要深入考察当地的徽商文化，写好考察报告和新闻报道。12月30日，我利用下乡随行采访时间，在葛书记的车里专门汇报黟县古村文化旅游业的先进经验。

2004年初，葛书记到鹤盛乡调研，听取乡党委书记麻伯崇汇报当地徽派古建筑和开发思路后，吩咐麻书记邀我去调研鹤盛徽派古建筑的成因。3月31日，我随同永嘉报社副书记陈继平到鹤盛调研徽派建筑元素渊源和传入时代。4月，中共永嘉县委、县政府建立《楠溪江文化丛书》整理出版委员会和编辑部，由我充任专职编辑。11月17日，汪大清主席根据葛书记的意见，要求我深入研究永嘉移民文化。

2005年1月22日，中共浙江省委常委、宣传部长陈敏尔到永嘉考察

2005 年 10 月 25 日，徐规为枫林古镇题词

楠溪江為國家保護區勝地

徐遯生乃世界天文學權威

浙江大學終身教授徐規撰題

枫林古镇研究缘起与经过

历史文化，为实施浙江文化研究工程做基础调研工作。进入苍坡车门后，葛书记把陈部长交给我接待，并向陈部长戏说："这个小青年是楠溪江古村落的'研究生'，现在由他给你介绍叶适与永嘉学派。"由我充当陈部长的导游，介绍永嘉移民与山水环境相融合形成的区域文化特色，叶适与苍坡的历史。3 月 23 日，葛书记交给我筹划楠溪文化展馆的任务。

5 月 20 日，中共浙江省委书记习近平考察永嘉，到渠口坦下生态广场（今耕读小院）考察楠溪文化展馆，同参与 1956 年永嘉包产到户的当事人进行座谈，随后考察岩头古村落、大若岩风景区，了解永嘉山水文化、永嘉学派、红色革命、包产到户发展历程以及与温州模式之间的关系，为加快推进浙江文化大省建设，做摸底考察工作。9 月 26 日晚上，葛书记在永嘉县新华书店四楼的"永嘉讲坛"，举行"楠溪江文化的随想"。由我整理基本内容，预作《楠溪江文化的哲学思考》一书的提纲，因故未成书。县领导的关怀，为我创造学习的机会，让我能够我在广阔的文化背景下，思考楠溪江古村落文化特色；在楠溪江古村落文化的大背景下，思考枫林古镇的文化特色。

2006 年 2 月，葛书记奉调任瑞安市委书记之前，特地到枫林镇调研，送上 4 万元作为枫林古镇圣旨门街保护经费。3 月，永嘉县委组织部部长李震亲自出马，主编《永嘉风物》，由我撰写永嘉移民文化和永嘉昆剧两部分内容 9 万余字，系统介绍永嘉的历史文化。6 月 26 日，我随同徐崇统、刘一春、应海龙、高远一起到瑞安看望葛益平书记，葛书记一如既往地和我谈自己宣传历史文化的事情。他说自己调到瑞安工作后，前三个月讲永嘉文化，后三个月开始讲瑞安文化。省委书记习近平同志考察瑞安行程，本来没有安排参观玉海楼计划，他建议说，到瑞安不去玉海楼等于说没有到瑞安。习近平同志认可他的安排，在观看玉海楼后表示很满意。葛书记还让我比较他和瑞安本地干部讲的瑞安文化，谁优谁劣。在席间，他向我们讲解清末瑞安孙诒让传播永嘉学派的功绩，让大家感受到葛书记确实是善于学习和运用地方文化的专家领导。

接受建筑学专家的熏陶

我最初的古建筑知识得之于枫林徐象鸾先生，从建筑学角度研究古村落则得益于清华大学建筑系陈志华教授的熏陶。2002 年 6 月 24、25 日，中央电视台专栏记者到楠溪江古村落拍摄陈志华教授与楠溪江古村落保护的专题片，我随行采访 2 天。跟随陈志华走进古村落，真真切切地感受到他对楠溪江的热爱。1989 年中秋节，他受浙江省建设厅副厅长胡理琛（永嘉中塘人）邀请，考察楠溪江古村落，从此一往情深。此后的年年岁岁，他常到楠溪江古村落看看，为保护古村落而多方呼吁。陈志华教授走进楠溪江，就好像回归自己的老家一样亲切，这里的石墙、门台、斗拱、梁柱、草木……无不牵动他的心。

在芙蓉书院重建工地上，陈志华很诚恳地请教工匠制作月梁的方法，梁长和拱高的比例，并认真地做了笔记，表示将来写进著作中去。同时，他向身边的楠溪江风景名胜旅游局副局长王澄荣提建议："一定要把民间巧匠组织起来，让他们带徒弟，正式归入文物部门管理起来。只有这样，

枫林古镇研究缘起与经过

楠溪江传统古建筑才会保护下去，即使是新建的住宅也要保持楠溪江独有的风貌。"在苍坡李氏宗祠重建工地，63岁的木匠郑寿松向陈教授介绍传统工艺做法，陈志华分外高兴，他说"得到真传了"，他建议老郑一定要带徒弟，把楠溪江的传统木匠工艺传下去。当听说"现在青年人不肯学，寻不到徒弟传承"时，他说"我给你当徒弟，你修的戏台很好，保持了地方传统风格。"

陈志华还对我说："许多人认为我们搞古建筑保护的人反对建新房子，其实不是。房子当然是新的好，但要规划好。现在有许多地方造房子没有规划，造好的房子空在那里，浪费了资源，又破坏了古村落景观。"他还提到，楠溪江中游的乡土建筑个性特点非常明显，从村落的整体规划，到单个房屋的型制和风格，都明显不同于江南其他地方。渗透在村落和房屋里的是，浓郁的耕读文化的书卷气和乡民们深厚朴实的性格，以及青山绿水长年陶冶出来的对自然的亲和感。陈志华说，乡土建筑是中国建筑遗产

2020年7月18日，在枫林大酒店举行《枫林古镇研究》首发式

永嘉文史

的大宗。不研究乡土建筑，就没有完整的中国建筑史。同样，不研究乡土文化和乡土生活，就没有完整的中国历史。要研究它们，就得走出书斋，到农村去，到农民中去。

2004 年春节，我专门请枫林三房祠路木匠徐顺谦到横圳头延龄公祠和后宅八房祠考察，让他现场解说古建筑部件名称。接着，我到孤山新强村采访老木匠潘统月，了解近代枫林镇木工师承传统和各人代表作、建筑技术和风俗习惯等方面内容。2007 年 4 月，我开始阅读潘谷西、何建中《〈营造法式〉解读》，顺藤摸瓜，阅读《梦溪笔谈》《宋史》《苏轼全集》《明史》等有关建筑型制的史料，撰写《楠溪江古村落的建筑工艺、人文意义和保护思路》。6 月 17—21 日，参加"新农村建设中乡土建筑保护暨永嘉楠溪江古村落的保护与利用学术研讨会"，再次聆听著名乡土建筑研究学者、清华大学建筑学院陈志华教授关于关于乡土建筑保护研究的主旨发言，并在会议间隙与陈教授讨论具体的研究方法和成果价值。

书稿修订完善出版发行

2006 年 3 月以后，我撰成《枫林古镇研究》初稿 20 万余字，先后分发给永嘉县委文明办主任王澄荣、《永嘉县志》主编徐顺旗、温州市社科联副主席洪振宁、温州大学中文系徐强华副教授、温州医学院徐顺平副教授、浙江省新四军研究会浙南分会徐贤辅、上海社会科学院哲学研究所徐顺教研究员等人，征求意见。8 月 26 日，拜访永嘉县规划建设局高级建筑师金战锋，征求他对本书初稿的意见。他认为枫林大宅院设置书屋比较普遍，耕读文化气息浓厚，应该增加介绍古建筑的内容篇幅。10 月 30 日，金战锋先生送来书面审稿意见。2007 年 4 月 24 日，与金战锋先生探讨《楠溪江古村落的建筑工艺、人文意义和保护思路》论文撰写思路。6 月，向浙江省志办董郁奎研究员征集徐定超、经亨颐与浙江两级师范学堂的史料。10 月，提请浙江省志办王志邦研究员征求意见，他建议减少考证语言，以历史叙述的语言风格介绍枫林古镇，增加史料来源注解，并提议申报浙江文化研究工程古镇古村落系列重点课题。2008 年 8 月 21 日，浙江省社科联规划办〔2008〕22 号文件公布 2008 年度"浙江文化研究工程"立项课题通知，单项课题 08WHZT013Z《枫林古镇研究》。

本课题的部分内容以论文形式发表，或参加学术研讨会交流。《楠溪江古村落的建筑工艺、人文意义与保护思路》、《明代永嘉粮长制度初探》两篇论文，先后参加 2007 年 6 月"新农村建设中乡土建筑保护暨永嘉楠溪江古村落保护与利用学术研讨会"、9 月"浙江方志研究论坛首届学术研讨会"交流，而后收入论文集，分别由同济大学出版社、浙江人民出版。《解读徐定超与浙南革命人物链》4 万余字，在《温州学刊》2006 年第 2、3 期发表。2008 年 4 月，获温州市第十一届哲学社会科学进步成果奖。论文《浅论徐定超对民国浙江的贡献》荣获浙江方志研究论坛第二届学术研讨会论文评选二等奖。

《枫林古镇研究》经过不断修订完善，2019 年 12 月，由线装书局出版，总篇幅达到百万字。派生项目有《枫林古镇景物志》《永嘉状元木待问》《徐天邀集》《徐定超集》等先期出版。《徐定超与浙南革命群体》随后出版。

2021 年 2 月，浙江省发改委选定全省历史上作为府县衙署驻地的古城 11 座，作为首批千年古城复兴试点计划项目，枫林古城名列其中。《枫林古镇研究》《枫林古镇景物志》出版发行，是扎实的基础工作。

徐逸龙

2022 年 8 月 22 日

跰萼载韡

——记胡显钦 胡显章兄弟

胡忠晓

胡显钦，1924年出生于温州，祖籍永嘉中塘。城建专家"温州政坛不老松"。曾任温州工校校长，市建设局局长、建委主任、副市长、人大副主任、体育总会主席等职。他见证温州第一次"两会"，结缘民盟，建设陆空海防，参与金温铁路筹建、温州机场选址、温州城市总体规划的修改、南北雁及楠溪江风景区申报国家风景区勘察和上报审批等，践行一个民盟成员和一名共产党员的义务与使命。

胡显章，1939年出生于温州，祖籍永嘉中塘。教授清华大学原党委副书记兼人文社会科学学院院长。他长期致力于文科学科的复兴之路，架设起科学与人文教育的桥梁，成为新时期清华大学文科教育的奠基人之一。

跗（fū）萼（è）载（zǎi）韡（wěi）：意思是比喻兄弟均贵显荣耀。出自唐萧颖士《有竹一篇七章并序》。跗萼，出自《诗小雅·常棣》："常棣之华，鄂不韡韡。"郑玄笺："鄂足得华之光明，则韡韡然盛兴者，喻弟以敬事兄，兄以荣覆弟，恩义之显亦韡韡然。"孔颖达疏："言兄弟和睦实强盛而有光晖也……言兄弟相亲则致荣显也。"

缘起

2022年农历二月，持续的雨季终于迎来一个难得晴朗的日子。由于去年末笔者在自媒体《古亭情缘》发表了一篇《浙江塘川胡氏通道桥巷地名考补遗》引起温州学界和胡氏宗族的关注，因吾族在五代后唐已迁至温州通道里聚族而居，却从未在温州市志县志及姓氏迁移史书中出现过。

16日早上，永嘉县志办徐逸龙来电，已阅《补遗》全文。建议丰富人物和艺文，向我推荐胡显钦，并给了联系方式，还特地嘱咐说，他是位老前辈，要谦虚些啊！之前对胡老的弟弟胡显章教授早已知悉，笔者儿子读温州二中时，在温二中校史中就已看到胡显章教授的简历。后又在《永嘉文化教育丛书》永嘉名人现当代专家学者一栏，有过目其人物简介：胡显章，中塘前村人。笔者也是前村人，与族中长辈胡海潮老先生一起整理中塘胡氏族谱时，却未找到胡显钦、胡显章兄弟家世谱系。

于是，我不多思索就拨通电话，接电话的是位阿姨，说明缘由后，约定下午在市区荷花路家里与胡老见面。荷花路与笔者家安澜亭边上十分钟距离，到约定时间，来到荷花路胡老家的小区。电梯一开，见一老者，精神抖擞，慈眉善目，红光满面，带着微笑，迎面缓缓走来。我探头试着问："可是胡老？""正是，我可是已在走廊走了十个来回了哦。"他一边回复一边牵着我的手往他的家里走。"一点也看不出来您是百岁寿星了，真棒。"我竖起了大拇指。"那是，我还是温州唯一一位90岁以上的驾照持有人，54岁学习的驾照，40余年驾龄，无一违章记录，我们不比快比年龄高哦。"老来乐真难得！此时，我油然想到一首诗：古月清风敲窗台，疑似家乡故人来。又逢一年春夏至，门扉依旧待君开。

一进胡老家门，阿姨已端上一杯香喷喷的热咖啡，环视胡老居室温馨雅致，书香气息浓厚，书画影册满是温州历任主政者的题字合影。胡老从众多的影集中找到一张照片，高兴地说："2013年我带着一家人到中塘访祖，当时与村里交流过宗谱事宜，但可惜没有接上。旁边这幅合影是我父亲百岁生日全家福，父亲1949年温州解放后，继续为瑞安财政工作，退休后，又在温州市商业保健站担任出纳。由于社会安定，生活改善，一直活到102岁，在他百岁寿辰（1999年2月20日），将其全部积蓄一万元捐给希望工程，受到钱兴中市长表彰慰问，并发证书。"说着又拿了一本温州市老领导干部口述历史征集项目《胡显钦同志口述历史》，跟我讲过去一些不为人知的历史故事，聊得最多的还是有关中塘的情况，拿起这本厚厚的口述史勾起了他很多回忆。

家世童年　学生时代

1924年，孙中山发表三民主义讲演，中共温州独立支部在温州信河街侯衙巷新民小学成立。同年11月14日胡显钦出生在温州西郊的月河头（河为月牙形）靠河边一个木结构的屋子，祖业衰落，家境一般。胡显钦出生时主要靠爷爷在木行的经营收入生活。一家人住在一幢木结构的五间带轩的平房里，爷爷胡岩福，自开木行，为人温顺，淳朴随和，祖籍来自永嘉中塘。中塘（今属永嘉县南城街道）以胡姓为主，中塘胡氏源自安定郡，北宋嘉祐年间（1056—1063），始迁祖滔公从温州古城区通道里（今鹿城区晏公殿巷东位置范围），卜居永嘉楠溪永宁乡塘川（今中塘），距今960余年。从整个楠溪江流域来看，举族迁居也是较早的一个村落。因此，大家都喜欢叫他"胡老农"。遗憾的是他体弱多病，在胡显钦五六岁时，爷爷就离开了人世。

胡显钦父亲胡希周小学文化，先前做木行学徒，主要来往温州青田之间。后来，他在温州木行做了职员，国民大革命时，代表木业工会参加当地的总工会，并任常务理事。在第一次国共合作时参加国民党，又是共产党预备党员，"四一二"事变曾被国民党CC追捕而逃脱。母亲吴梦兰是普通的家庭妇女，善于料理家务。她有三姐妹，母亲居第二，一生简朴勤劳，63岁时任温州市五马街道居委会调解主任。父亲一生从政，却只在底层徘徊，使他形成一个"学而优则仕"的思想。不管家庭多么困难，父亲都希望子女有知识有文化，将来有个好前程。所以家里一直支持胡显钦上学读书，通过私塾先生教胡显钦学古文，练字帖，培养讲话和待人接物的道理。

胡显钦一生有四个兄妹，由于父亲性格温顺，对子女一贯"循循善诱"，少有打骂，所以兄弟间一直很和谐。只是三弟很小的时候就夭折了。二弟胡显宗比胡显钦小两岁，先后毕业于瑞安中学和温州中学。后来去台湾大学求学，因参加学生运动，被台湾国民党抓捕，不久被迫返回温州。时值解放前夕，胡显宗参加了温州的地下党工作，解放后，担任盐务局军代表，是该局的秘书科长，预备党员。1957年被定为右派，下放劳动。平反后，任温州渔业局基建科长。但身体受到很大的摧残，在2010年病逝。妹妹胡桐仙，解放前夕在瑞安师范中学，经地下党指引赴陶山参加革命，现为离休干部。小弟胡显章。

1932 年秋，7 岁的胡显钦进入永嘉（温州）西郊的树人小学读书，次年，随父转瑞安三港殿小学，1937 年毕业于瑞安西南小学。初中考入瑞安中学，因成绩优良，家境贫困，享受免费生就学。1939 年 11 月，胡显钦小弟胡显章出生。胡显钦大胡显章 16 岁。1941 年 4 月初，父亲胡希周在瑞安蒙不白之冤，被刮民脂、占民财、欺压百姓的吕律县长拘捕。瑞中胡显钦班级的班主席竺忠定（地下党成员）发动学生罢课，揭露吕律丑行。因罢课事件，瑞中被迫开除竺忠定，胡显钦与陈馍、黄元龙等同学被列入黑名单。1940 年 9 月，胡显钦瑞安中学初中毕业，报考温州中学，笔试及格，但因曾于 1940 年上半年在瑞安初中参加学生运动被列入黑名单，未被录取。入私塾学习一年，刻苦勤奋，夜以继日学习。温州解放后，胡显钦从中共浙南支援前线委员会副主任林鹤翔处得知，那次学生运动就是地下党领导发起的，竺忠定是地下党瑞中学生的负责人，他为革命事业坚贞不屈，1942 年牺牲，年仅 18 岁。

日寇侵犯瑞安　亲历四一九事变

抗日战争开始后，日军飞机于 1938 年 2 月 26 日首次空袭温州，此后不时地轰炸，一直持续到抗战末期。在此期间，日军三次侵占温州。1941 年 4 月 19 日日军登陆瑞安，进而向北攻占温州城区，首次翻越今瑞安与瓯海交界的小岭与桐岭，分两路穿越今瓯海大部：安下、娄桥、新桥、马桥、潘桥、渚浦，攻占今瓯海鹿城交界的景山即莲花心，次日上午攻入温州城。至 5 月 2 日（共 14 天），为温州第一次沦陷，时称"四一九事变"。

1941 年 4 月 18 日夜，日军兵舰进入瑞安飞云江江口，探测水深，观察地形。19 日，凌晨 4 时许，天还未亮。日军此次派出以第五师团第二十一联队为主力的 3000 余人，在瑞安飞云江两岸相继登陆，部分在瑞安沙园登陆，主力仍在北岸，还有飞机扔炸弹。当时，胡显钦瑞安中学初中毕业，家住瑞安东门头六百巷，不远处就是东塔。大家听到飞机轰鸣声，都伏在方桌下，桌上面盖着棉被。胡显钦沿着桌底的缝隙向周围观望，一颗炸弹落在离他家 50 多米远的地方，瞬间炸出一个大坑，火光四射，浓烟滚滚。听到警报，外面传来日寇登陆瑞安城区的消息，大家都很惊恐。因胡显钦父亲蒙冤于几天前坐牢，母亲依旧俗系裹脚妇女，家中尚有 13 岁的弟弟胡显宗、8 岁的妹妹胡桐仙与尚幼小弟胡显章。胡显钦瑞中毕业后在瑞安苏叔岳私塾学习，并兼在瑞安西南小学任教，是家庭中的顶梁柱。

在日寇侵犯瑞安的紧急关头，胡显钦便交代大弟显宗护着母亲、妹妹桐仙背着小棉被，他用左手把小弟胡显章抱在怀里，右肩背着包袱（平时逃防空时带的救急包），率领全家人从六百巷后门沿着黑暗的路灯（幸亏还带着手电筒）经过大街，向北门逃跑避难。走近瑞安城北门前，却被一排城防士兵阻挡住。一批逃难百姓只好等候了半个多小时，待士兵走后，胡显钦一家才跟随前面的群众向北门前进，沿路向驮山方向奔走。天亮时分，人群争先恐后，老小妇孺哭声连天。不料又传来一阵敌机声，幸未临空扫射，躲过一劫。

值近中午，一家人才沿山路爬到山顶附近，大窑山上的住户均让他们暂时借住。途中，每当还尚幼的小弟胡显章哭起来时，大哥胡显钦就把去皮去核后的红枣给他吃，以止住哭声。在山上，因有熟人胡旭庚医师一家照料，方可安身。因管理县监狱的牢头"四一九"那天也逃跑了，胡显钦父亲正随狱卒离开时从牢里逃出。在周围人群中寻找家人，三天后，胡显钦父亲来到后山，在大窑山上与家人团聚。全家人在山上度过一个星期左右的流浪生活，日寇才撤退。日寇在城里奸杀打抢，无恶不作，令人痛恨万分。回家以后，只见家中被砸得零乱不堪。由于胡显钦父亲冤案未结，只好又带着全家到温州朔门董其祥姨夫家暂避一段时间。

姨妈董吴淑贞给予全家无微不至的照顾，一家人围炉夜谈时得知，胡显钦父亲蒙冤缘由就在"四一九"前一周，瑞安税务局一位科长到南门某商店查税务翻箱倒柜时，与业主争吵以致发生肢体接触。胡显钦父亲是税务局职员，平时性格平和，当晚，商店业主到胡显钦家同胡显钦父亲相议调解。巧被税务局科长爱人登门碰见，叫着立刻向公安报告以"凶手就在这家"为名，胡显钦父亲夜里就被警察扣押，县长吕律登堂，以"危害民国罪"判极刑入狱，并扬言要枪毙胡显钦父亲。所幸商会众人作保，胡显钦父亲先被关入牢中。日寇入侵时，胡显钦父亲正蒙冤在瑞安牢狱。4月19日侵略军登陆瑞安时，狱卒外逃，胡显钦父亲随之逃出牢狱，三天后，在大窑山上才全家团聚。时间过了半个月，胡显钦担心日军再次侵扰，同时也为了躲避父亲的不白之冤，胡显钦父亲的亲戚胡清在平阳县任税务局长，他告诉胡显钦父亲："可以到鳌江税务所任职员，承担一家生计。"于是，父亲就调到平阳北港税务局任职员，得以重新就业。此后，胡显钦随全家人一起离开了瑞安。后来胡显钦专门写了一篇《记百岁高寿董吴淑贞姨妈》的文章以示感激，纪念这位在艰难岁月里生了十个子女还总是"让人不利己"的好姨妈。

胡显章小学期间，跟着做税务工作的父亲先后在平阳水头镇小学、鳌江小学、乐清实验小学、温州西郊小学就读。在小学三年级时，胡显章曾在乐清待过一年，"学会了一些乐清话"。对乐清民歌《对鸟》，至今念念不忘，偶尔还会唱一曲。"小时候我住过墨池坊、信河街、柴桥巷……柴桥巷的老家拆迁后就在原址上建起了温州饭店。"已是古稀之年，胡显章回忆起往事依然历历在目。1941年秋天，功夫不负有心人，胡显钦被温州中学和温州师范同时录取，他选择了温州中学。因为学习成绩优秀，家庭困难，享受公费生就学。

青年壮志　投身革命

　　1944 年秋，胡显钦温州中学高中毕业，正值日军第三次侵占温州，时称"九九事变"。当时，胡显钦父亲有个朋友叫王鲁，他与婺源同乡俞岩禄先生交往密切。一次闲聊时，王师母向胡显钦提起俞先生的独女俞华珍，正在温州永嘉中学（现温二中）念高中，并对胡显钦说："比你小三岁，如你愿意的话，你俩可互相认识一下。"经会面，俞小姐十分清秀、灵气、靓丽。于是胡显钦与俞小姐互相通了信。尽管信中写的都是有关学业与社会时局方面的事，但通信半年多，基本上双方就确定了恋爱关系。胡显钦还作为北港南雁中学抄写员工作了半年，这年底，胡显钦面临人生的方向选择。

　　当时胡显钦家境贫困，北洋工学院在泰顺招生（1941 年到 1945 年，因抗日战争时局动荡，天津大学前身国立北洋工学院由天津迁到西安和泰

国立北洋大学温属同学合影，前排左 1 为胡显钦

蹒蹀载輆

顺百丈口两地），国民政府对师范、航空和工程师三类高校生实行减免学费。在当时有这么一句话"国家不强，工业不发达，抗日战争打不过人家"。而北洋工学院又以工科见长，国内著名的培养工程技术人才的名校，于是，避难在平阳水头的胡显钦就近报考了北洋工学院，被录取并进入土木工程系专业。

1945 年 9 月，抗日战争胜利后，北洋大学从泰顺百丈口搬到温州城区的"山脚门外"（今清明桥，松台山西南首，旧址位于后来的温州商校。温州著名童谣《叮叮当》有另一个版本："叮叮当，叮叮当，三角门外孤老堂。琅琅声，琅琅声，清明桥畔有学堂。"这琅琅声说的就是这里的读书声）。当时，俞岩禄先生在生活和学业上都给予帮助，使胡显钦的学业大有长进。平日里，俞先生经常勉励胡显钦，好好读书，国家需要人才，要努力实现"工业救国"之梦。1946 年 9 月北洋大学复校迁返天津，胡显钦也去往天津求学。1948 年 9 月，胡显钦因任北洋大学学生会常委兼总务部长，参与和组织了历次学生运动（抗议美军暴行、反饥饿、反内战、保护华北学联等运动），被天津警备司令部以"匪谍嫌疑"全国通缉，被迫离校，由天津乘船潜往上海准备返温与未婚妻俞华珍会合共赴解放区。

回乡路上　遭遇重重劫难

在天津码头，胡显钦碰到在海关供职的温州中学同学曹时林，他并不知晓胡显钦被通缉，曹时林建议胡显钦将原先准备乘坐 3000 吨位的和顺海轮改成吨位较大、拥有 7500 吨位的沪广轮，胡显钦接受了曹时林的建议。沪广轮行至青岛海面遭遇台风，船底漏水幸被水泥冻塞，靠岸青岛维修三日，此后直达上海。胡显钦回温后得知，在青岛那次台风中，他原定乘坐的和顺号轮船沉没，有惊无险，也算逃过一劫。

抵沪后，胡显钦准备到天津大学担保人的上海介绍人杨叔伦先生（平阳人）处，杨先生是胡显钦未婚妻父亲俞岩禄的朋友，同为茶商。不料才见到杨叔伦先生，他就拿出了天津北洋大学保证人寄给杨叔伦的天津警备部的通缉令，要胡显钦到上海警备司令部报到。胡显钦没想到通缉令这么快就到了，不能连累杨先生。胡显钦诚恳地告诉杨叔伦不会让他为难，一人做事一人当，填饱了肚子就去警备司令部。一顿饭的工夫，杨叔伦大概和家人经过商量，跟胡显钦说："就当你没有来过我家吧。"杨叔伦让胡显钦不要逗留，马上动身回温，胡显钦又躲过一劫。温州解放以后，胡显钦在温州再次见到杨叔伦，感激杨先生当时的仁义之举。

改变计划　留温支援前线

一波三折，胡显钦终于到达温州，见到了未婚妻俞华珍，即日回到乐清住处，向父亲报平安。胡显钦父亲胡希周职位、工资都不高，为改善家计，胡显钦在温州龙师美术公司当过技术员，一个月工资 100 斤米。后来，胡显钦被他的中学老师当时温高工（浙江省立温州高级工业职业学校）的校长项启中聘到该校做兼职老师，教授工程材料力学等课程。当时温州信息相对闭塞，天津那边通缉令未传至温州。胡显钦岳父（俞岩禄，江西婺源茶业世家。约 1912 年从赣来温做茶商，是温州著名茶师，精于制作绿茶，思想也较进步。）不仅没有过问胡显钦被通缉一事，还将胡显钦和俞华珍的婚事提上日程，让他们两人举行了婚礼。

成婚后，胡显钦不仅要成为自己小家庭的一家之主，作为家中长子，还肩负起了整个家族的重担。二弟胡显宗在台湾就读台湾大学，是爱国进步学生；小妹胡桐香在瑞安师范读书，后赴浙南游击根据地投身革命；小弟胡显章尚幼，小学在读。1948 年冬，平津战役已起，天津被解放军包围，已不能北上。留温时，出乎胡显钦的意料，浙南中共地下党城工部的同志

跰莳载鞯

主动与他取得联系，他们知道胡显钦被通缉，让胡显钦为温州解放做好准备，留在温州进行城市调查。胡显钦接受了委托，这期间，胡显钦潜获当时国民政府民政科的"粮食保管结"近20万斤。所谓"粮食保管结"，就是当时工商业户被国民政府征用的储备粮，会有一纸凭证，每张表示100—1000斤不等，国民政府依靠这一凭证来提粮，这个凭证就是"粮食保管结"。

时任温州国民政府民政科的年轻科长严哲民，正巧是胡显钦北洋大学的同学严瑞瑜（也是北洋大学学生会常委，与胡显钦同被全国通缉）的亲弟弟，通过工作胡显钦请严哲民将这近20万斤的"粮食保管结"妥为保管。1949年5月7日，温州解放。胡显钦任温州军管会民食委员会总干事、浙南支前会军供军粮组长，接管了这近20万斤"粮食保管结"，作为支援温州解放后的军民粮食。5月中旬，接到军管会邱清华政委、曾绍文副主任召见并指令押运数万斤粮草。胡显钦在瓯江组织蚱蜢舟船队，用拖轮赶赴青田温溪设立粮站，筹集船只和马草，保证南下大军的给养。9月，被任命为温州高级工业职业学校校长。10月，新中国刚刚成立，百废待兴，当时温州地处东南沿海，交通不发达，但同志们开创新局面的决心很大。

亲历温州协商委员会的建立

1949年10月18日，温州市第一届各界人民代表会议第一次会议在县前头召开，参会代表有49人，胡显钦作为文化教育界代表参加了这次会议。紧接着，1950年1月25日至26日，又召开了第一届各界人民代表会议第二次会议，选举产生了温州市各界人民代表会议协商委员会，并通过19人的委员名单。市协商委员会的成立，标志着中国共产党领导的多党合作制度在温州形成。胡显钦作为第一届各界人民代表会议代表，亲

历了这难忘而重要的一刻。市协商委员会对当时的动员和团结各界代表接收城市、稳定物价、建立新秩序、实行民主革命、恢复和发展生产、完成各项重大任务、争取温州财政经济好转起了重大作用。

　　1950年10月，抗美援朝战争爆发，大家支援前线的愿望更加强烈。胡显钦担任温高工校长期间，为温高工创建并打下坚实的基础，为建设生产战线输送一大批中等专业人才。1951年，胡显钦被评为温州市劳动模范，并任民盟首届临时工会主任，后任第一至三届委员会副主任。同年，胡显章毕业于艺文小学（现温州墨池小学），胡显钦爱人俞华珍当时是这所小学教师，也是胡显章的老师。这里又有关照，也是一段缘分。一心为祖国发光发热的少年胡显章将自己的心力投之于书海。"少小离校老大回，师

1949年10月24日，温州市第一次各界人民代表会议合影留念，三排左7为胡显钦

235

蹴莳载鞣

长已改舍生辉。学子相见相激励，笑励墨池新腾飞。"这首诗是胡显章在温州墨池小学百年名校揭牌时献给母校的礼物。当时胡显章握着恩师盛从龙的手，紧紧拥抱。回忆起小学成为新中国第一批少年队员并担任大队委员上课时的样子，老师给予的许多难忘的启蒙教育，比如理想教育，关于未来美好情景的描述、为祖国美好明天好好学习的信念，胡显章说："小学时每个人都是懵懂的，老师的教导、点化对孩子的成长至关重要。"

家国情怀　兄友弟恭

1951年至1957年，胡显章的中学生涯是在温州二中度过的。温州二中由晚清名宿朴学大师孙诒让筹资创办于1897年，始名"永嘉蚕学馆"。五易校名，1954年至今，校名为温州二中。学习努力的胡显章文理兼顾，兴趣广泛，中学学校借书证上的表格根本不够用，图书馆老师要给贴上好几张纸还是满足不了他的阅读需求，于是胡显章就到市图书馆借书，近视眼是看课外书落下的毛病。"当年的教学模式没有文理分科一说，更侧重于全面发展。"就在读中学时期，胡显章立下要成为机械工程师为祖国设计制造拖拉机的夙愿。

后来，胡显章教授在温二中110周年校庆上寄语青年学子："为人在正，治学在严。"立志应趁早，志向是学习的新动力，他谈到自身在温州求学的经历时说："我做人的基础、为学的基础都是在中学阶段打下的。小学快毕业时，老师带我们去农场，见到苏联的拖拉机，而当时我国还没有自己生产的拖拉机，我就想以后要为祖国制造自己的拖拉机。"这志向一直激励着他，所以高考填志愿时，虽然有老师建议胡显章报考文科专业，但他最后还是选择了清华大学机械制造专业。胡显章认为，每个人在学生时代都应有一个大的志向，好好学习，为祖国作贡献，对得起父母和师长；

还要有一个中心的志向，具体要做什么行当；也要有阶段性的志向，比如初中什么目标、高中什么目标等等。同时，有了志向当然要行动。清华的校风就是"行胜于言"，不空谈，要实干。

胡显章在温州二中求学时，胡显钦已在温州建设局工作，他把建设局的宿舍给弟弟显章住，让显章能够专心学习。家中的一切很多时候都要靠胡显钦来支撑。作为胡家长子的胡显钦，出道早，年纪轻轻已经历大风大浪，青年老成，有理想抱负又具仁爱心，顾家有担当，正所谓长兄如父。胡显章平时的学习和生活在大哥胡显钦细心爱护下茁壮成长。1957 年，胡显章参加高考，由于反右，当年大学招生规模减半，竞争陡剧。胡显章三改志愿，原来他是填报了浙大，后改报哈工大。大哥胡显钦从弟弟胡显章在学校成绩优异情况出发，慎重考虑，鼓励他报考清华。后来，胡显章以第一志愿考上清华机械系，得偿所愿。从此，开始了他与清华园的半世情缘。

胡显钦：城建工作四十年

1953 年温高工学校并入杭州化学工业学校后，因海防工程的需要，胡显钦即调任温州市建筑工程局副局长兼温州国防工程建筑委员会工程处处长，并且接到温州军分区及温州地委的双重指令：从速组织一支 400 多人的建筑工程队伍，奔赴洞头列岛协助解放军（公安部队）筑造营房。

当时，大陈岛、南麂、北麂等沿海地带国民党残余分子活动还十分猖狂，为了加固海防，中央军委决定派遣解放军公安十七师进驻洞头，建设洞头列岛国防建设工程。1953 年 1 月，胡显钦第一次受命赴洞头踏勘地形进行测量时，是乘坐渔民的木帆船前往的，抵达时已经夜深人静，耳边还隐约听见滴滴答答的发报声，但无法确定是我方还是敌方的谍报人员在发电报，足见当时洞头的敌情、社情还很复杂。从 1953 年 8 月开始建设

附录载辑

洞头营房工程至 1954 年 12 月竣工，完成近两万平方营房施工。胡显钦和这支无坚不摧、英勇善战的队伍一起奋战，下定决心一定要把海防前哨建设成铜墙铁壁。遗憾的是，这个过程中我们共遭敌机轰炸、扫射近 10 次，解放军伤亡 72 人，群众伤亡 8 人，过程艰辛，每个人都付出了极大的热情和努力及代价。

担任温州市政协一届常委期间，行政上，胡显钦历任温州市建设局副局长、局长、建委副主任等职务；为了贯彻生产、科研、教学三结合，胡显钦兼任温州市建筑设计研究院首任院长、温州工学院副院长、温州城建中专校长等职。由于温州地处东南沿海、国防前沿，上级投资少，城市以维护为主，历届政府强调"勤俭节约、自力更生"，因此胡显钦亲历了那个时期依照温州市城市初步总体规划的一系列重大工程的设计、施工、建设和管理，如地处信河街的华侨饭店和邮电大楼、东屿电厂、西山水厂等一系列重大工程。

建设西山水厂的艰苦历程胡显钦记忆犹新。当时他兼任水厂筹建处主任，找水源这个过程也是一波三折，起初花了一年多探测全市地下水，但水质含氯高、水量也相对少，经讨论改由三溪塘河河流取水，但是这又会与夏季农田灌溉取水产生冲突，不得不放弃。最后有幸以建塘下坑水库作为水源，总算解决了西山水厂的水源问题。水厂投运后，水质优良，处理成本也低，完成各项指标均列全省首位。胡显钦主持了温州第一条柏油马路的修建，1957 年，人民中路进行沥青表面处置，掌握了关键技术，即如何防止路面冬天开裂、夏天泛油的核心技术，使温州进入了"柏油路时代"。

胡显钦参与并见证了温州公交从最初只有三辆车、两条线路起步，增加了车辆和线路、扩展了龙泉巷停车场的相关过程；经历了温州城市街坊道路解放街、和平路、环城东路、温强公路扩建以及下水道改造；温州园林建设、江心屿修建等一系列工程。作为一名有工程师职称的政府官员，胡显钦一直承担工程技术设计、施工和管理的一线领导和具体实施者，以及在文教、城建方面的具体行政任务，同时作为政协常委会的成员，积极参政议政，贯彻党与政府的政策方针与有关决议，这个过程使胡显钦成为温州市城建发展的参与者和见证者。

1959年5月胡显钦正式加入温州市中国共产党，到1993年离休，历任温州市建委副主任、副市长及市人大常委会副主任及党组成员。其间，参与了金温铁路的筹建、温州机场的选址、温州城市总体规划的修改、南北雁及楠溪江风景区申报国家风景区的勘察和上报审批等工作，在岗位上践行一个民盟成员和一名共产党员的义务与光荣使命。

胡显章：杏坛清华　出国访学

1957年，胡显章带着儿时要做机械工程师为祖国设计制造拖拉机的夙愿，以第一志愿考入清华大学机械制造系。进入清华，胡显章十分珍惜这一学习机会，一如既往地搏击在知识的海洋里。当时，清华文科已经调整到北大等兄弟院校了，喜欢文学艺术的胡显章颇觉遗憾。入学不久，参加了红专大辩论和十三陵水库劳动的胡显章，明确了要坚持又红又专的方向，并深受十三陵劳动热情的感染，立志把自己与国家命运、学校发展联系在一起。后来担任了班级宣传委员，参加了机械系《青年近卫军》编辑部，任编辑兼出版组组长，及学校广播台的记者，并负责起系里出版物的编辑出版工作。当年的无心插柳不想竟成为以后工作的"伏笔"——日后，他主管清华宣传思想工作并进而主管文科的恢复发展。

1959年转入新成立的光学仪器专业。1963年毕业留校，从事仪器设计基础的教学和大规模集成电路关键设备的研制。同时担任了精仪系学生辅导员、系教务科长，教学系副主任、系党委书记等。他在工作中，善

踔葑载鞾

于学习，勤于思考，敢于创新，做事爱探究事理。在他担任精仪系教务科长和教学系副主任后，就想做一个研究型的管理者。学习研究了教育学、教育心理学的知识，并在实践中运用。1983 年，他受命担任清华大学教改试点组组长，在推动教育改革方面进行了积极探索，试点组获 1985 年北京市模范集体称号。胡显章当时是一位学术与管理双肩挑的"工科男"。

随着改革开放打开了国门，清华和外国的合作交流明显增多。1987—1989 年，胡显章有了一次出国进修的机会——在美国国家标准技术研究院 NIST 参加分子测量机亚纳米工作台的研制。出国进修让他在学术上开阔了眼界，午饭期间不同学科的专家学者之间头脑风暴的活跃氛围给他留下了深刻印象。在 NIST 胡显章成功完成了一位 MIT 数学博士一直未能完成的任务，以有限元方法解决了建立微移动副变形物理——数学模型的关键问题，为隧道显微镜微动导轨提供了设计依据，这是一件相当提振信心的事情——尽管那位博士的酬金是他的 5—6 倍，而且，胡显章被规定只能在他下班后才能运行计算机服务器。工作中胡显章感受到美国管理层对中国学者的不信任和戒心。在一次加工精密零件的金刚车床厂家来介绍产品，当组织者看到胡显章这个中国人在座，就宣布：请所有访问学者离席。使胡显章感受到所谓的"透明天花板"。

在美期间，胡显章利用机会多方位地了解美国，曾经有过一段考察养老院的经历，感受到美国是"儿童的天堂，青年的战场，老人的坟墓"，那些没有亲人关照的老人晚年生活的孤独悲苦令人震撼。在美国，种族歧视依然存在，那时中国国力仍然较弱，中国人被人看不起，有双工资的节假日加班优先选择的次序是美国白人—黑人—南美人—菲律宾人，最后是中国人，而且中国人常常要替美国人背黑锅。在胡显章工作到期时，课题组负责人劝他留下并表示可以帮助把家人接到美国，说："你干得很棒，我们已为你申报嘉奖了，我们太需要你这样的精密仪器设计专家了。"然而，胡显章更愿意为了国家的精密仪器事业出力，谢绝了邀请。

弃理从文　共同转型

20 世纪 50 年代初，因为国家工业化的需求，清华由一所综合性大学转变为多科性工业大学。在"文化大革命"期间，整个文科受到冲击破坏。改革开放之初，清华开始向综合性大学回归。1983 年，清华大学以《关于清华大学建设文科的全面报告》向教育部党组作了正式汇报，提出"在清华增设文科，逐步把清华办成以工科为主的综合性大学是有利的""增设文科是提高清华大学教育质量的一项必要措施"。1985 年，清华首次提出了"有社会主义特色的世界一流大学"的奋斗目标。胡显章回国不久，因为工作需要，离开了精仪系，到学校领导岗位参与清华由多科性工科大学到综合性大学的转型之中，这种转型与文化整体时代性相适应，有利于学科的综合创新和全面发展人才需要。胡显章主持清华文科的恢复发展工作时，明确提出应该继承发扬清华老文科的优良传统，一是自觉的家国情怀，二是会通的学术范式。清华大学国学院曾开启了宝贵的"中西融会，古今贯通"的会通传统，后来在西南联大发展成为古今、中西、文理的会通。注重学科交叉融合成为新时期清华文科恢复发展的重要特点。在 1993 年成立人文社科学院后，胡显章为学院确立了"中西融会、古今贯通、文理渗透、综合创新"的学术范式。同时，提出：要按照文科学科和教育规律办文科，在注意政治方向的同时，要营建活跃的学术环境，倡扬建设性的批判思维，将"独立之精神，自由之思想"与对学术规范和学术道德的尊重、与高度的社会责任感实现和谐的统一。在投身清华文科建设的同时，他积极参与了清华以至全国文化素质教育和大学文化建设的组织策划工作。

1991—2002 年，胡显章出任清华校党委副书记，2002—2005 年任校务委员会副主任，其间兼任人文社科学院院长、21 世纪发展研究院副院长、传播系主任、新闻与传播学院常务副院长，法律系、法学院、公共管理学院筹委会秘书长；主持并参与清华大学文科恢复和建设的领导工作，兼任校文科领导小组副组长、文科工作委员会副主任（正职由学校主要领导兼任）、校美育委员会主任、校软科学研究中心主任、清华大学国家大学生文化素质教育基地主任等，2005 年退休后，胡显章不辞辛劳仍然担任清华大学及全国性的教育研究机构重要领导岗位和学术教授、顾问等职务。

胡显章在任期间，善于学习，能团结人，大家认为他是一位"聪明而宽厚"的领导人，威信比较高。胡显章是学理科的，但是文科基础比较好，书法也写得不错，清华多处有他的题字。经过大家共同努力，清华文科有了重大发展，胡显章个人也实现了由工科到文科的学科转型，并先后参与素质教育和大学文化研究与实践，为下一代的健康成长，殚精竭虑，受到肯定的评价。2012 年获素质教育学会开拓贡献奖，2013 年被中国高等教育学会评为从事高教工作逾 30 年高教研究有重要贡献学者，2020 年、2021 年先后被授予全国关心下一代工作先进工作者称号和教育系统关心下一代突出贡献奖。

20 世纪 90 年代以来，胡显章将学术定位在教育研究和大学文化研究。主持或参加多项国家及部委哲学社会科学和教育研究课题，获国家级教学成果一、二等奖各一项，编著《科学技术概论》《走出"半人时代"》《先进文化建设中的大学文化研究》《自强不息厚德载物 清华精神巡礼》《世纪清华人文日新 清华大学文化研究》《飞鸿印雪 大学之道寻踪》等 20 余部书籍；发表"全面认识教育的任务和功能""大学要重视文科教育""赋予文化素质教育持久的生命力""提高哲学自觉 深化通识教育""发展科学的大学理念 蕴育积极的大学精神""中西文化的融合、冲突和中国文化的综合创新""提高文化自觉，促进大学文化传承创新"等百余篇论文。

清华文科恢复发展关键在建设一支高水平的教师队伍。1994 年，清华法律学系开始筹建，时任校党委副书记胡显章担任筹建委员会秘书长。当时，法律系连间办公室都没有，教工"差不多只有两三个人"。清华法律系正是为了适应国家"依法治国"的需要而重建。为了尽快招揽人才，法律系书记李树勤总结了三种"请人"技巧：要有刘备三顾茅庐的精神，要有萧何月下追韩信的劲头，要有孔明七擒孟获的胸怀。胡显章又追加了一条，那就是要有"程门立雪"的虔诚。这是他在 1996 年邀请民法学教授马俊驹加盟清华的一段佳话。

当时，这位民法学家刚刚调入中国政法大学，还住在位于昌平校区的宾馆里。在法律系领导第一次邀请他未果后，胡显章亲自出面。那天，一行人在宾馆外面等了大概两个多小时，胡显章开玩笑说，这是所谓"程门立雪"。不过，这次马俊驹还是拒绝了清华的邀请。最终，胡显章找到了中国政法大学的校长，开口就说："当年院系调整我们一锅端给了你们，今天我们只要你们一个人。"当马俊驹最终加入清华时，他幽默地说："你们就差绑架我了。"这种诚意感动了很多人。清华有许多校领导恭对文科名师的佳话，前党委书记陈希谈起文科教师如数家珍，他常常通过工作餐与文科教授谈心听取意见；曾经是北京大学中文系教授的刘东，至今还记得，自己和原清华大学校长顾秉林吃饭时，这位校长当场背诵出当年陈寅恪为王国维纪念碑撰写的碑文"独立之精神，自由之思想"，顾校长多次强调要继承好清华文科好传统；当文学院院长、文科资深教授万俊人住院动手术时，时任校长邱勇院士特意去长庚医院同董家鸿院长商议手术方案。

曾经，经历了混乱、战争、新政权的成立，也发生过"文革"和改革开放。清华大学的文科传统中断了数十年之久，清华，在公众认知中变成了"以工科著称"。清华校史专家黄延复说："偌大的清华园，当时唯一与文科沾边的恐怕只有音乐室，以及图书馆馆藏的 30 万册珍贵古籍善本及甲骨文、

踏莩载辕

青铜器等一批珍贵文物了。"在这样的背景下恢复文科，困难可想而知。研究者称清华的命运与中国的命运紧密相连，实际上，清华文科传统的修复，也与这所大学在一个日益平衡和多元的社会中的定位息息相关。1996年，胡显章兼任人文社科学院院长，全面主持清华大学文科的恢复建设工作，这对理工出身的他无疑是巨大的挑战。

内充外腓道艺并树　初开八更展全才

胡显章回忆，自己在1996年参加了全国文科大学校长会议，发现文科不受重视是一个普遍现象。有人认为出一流成果如同打枣，要靠理工科的长竹竿，即所称的"竹竿论"。对此，胡显章提出了"木桶理论"，即对于一所综合性大学，整个综合性发展是制约于最短的一块木板。胡显章依靠领导班子整体力量特别是校长书记支持的同时，下大力气向历史学习、向能人请教。在相当长的时间里，凌晨5时许开始研读清华历史和文科大师名著，决心做一个研究型的管理工作者，努力以自身的转型适应学校的转型。胡显章在深入调研思考的基础上，针对当时清华存在重理轻文的情结，在发展一流文科上缺乏共识，他在1997年清华暑期干部会上，提出了学校上下要对文科发展达成三个认识一致，即：对文科在国家建设和清华实现总体目标中的地位作用，包括区别于理工科的特点的认识；对清华文科的历史、现状与未来发展的目标包括文科的结构、规模和侧重点的认识；对文科发展的方针政策的认识要取得一致。后来经过交流，大家终于达成共识，那就是"木桶""竹竿"都要，文科不仅要克服"短板"状况，也应出解决重大课题、打下学术前沿一流成果的长"竹竿"。

1998年，校领导班子听取了胡显章关于文科的规划建议，达成了清华要建设一流文科的共识和明确了建设目标与思路。在此基础上，胡显章带领大家做了大量艰苦细致的发展规划、学科建设、队伍建设以及适合文科的管理制度建设工作，使得清华文科的恢复发展走上了快车道。原本相对滞后兄弟院校的清华文科，在胡显章 2005 年退休时已名列全国前茅。

如今胡显章，依然能够准确地说出各个文科院系成立的时间表：1978 年成立马列主义教研组，1979 年成立文史教研组、教育研究室和经济管理系，1983 年复建外文系，1984 年成立社会科学系、经济管理学院，1985 年复建中文系，1993 年成立人文与社会科学学院，1999 年复建法学院，同年中央工艺美术学院并入清华，成为清华大学美术学院，2000 年成立公共管理学院，2002 年成立新闻与传播学院，2008 年成立马克思主义学院，2009 年复建国学研究院。这一连串的时间背后，是一连串著名学者、教授、名家。胡显章曾经对对他访谈的学生说："回顾历史，没有改革开放，就很难有清华大学历史性的变革，也没有我与国家与学校一起实现的重大转型。改革开放不仅是国家、社会的改革，它更在推动许多像我一样的人为国家的发展而成长，随国家的变革而转型。"

自强不息立德树人　简云兼和人文日新

胡显章在工作中常以"应当给清华的发展历史以交代"来给自己打气，这位清华精密仪器系的毕业生，下大力气研究清华的历史尤其是文科的历史。顾秉林校长说清华有三大宝：校训、校友、校园。1914 年，当梁启超到清华大学演讲时，那句"天行健，君子以自强不息；地势坤，君子以厚德载物"激起了当时清华学子的共鸣，之后"自强不息，厚德载物"成为清华校训。体现在爱国奉献、追求卓越的精神，体现在待人接物的宽容，中西、古今、文理的会通。胡显章认为这两种思想：坚强的意志、宽容的态度，在中国文化里面起了主导作用，是一种健康的正确的思想。在历史上，当中华民族受到外来侵略时，一定是反抗而绝不是屈服，为了救国强国，有一种坚定的不达目的誓不罢休的自强不息的精神。同时中国文化的又一特点是比较宽容、博大，像佛教、基督教、伊斯兰教进入中国都被中国文化所接纳。

1920（庚申）级学生毕业时，献给母校一个礼物，就是位于大礼堂草坪南端的日晷。上部的日晷是向学弟们提醒应珍惜时间，在下部底座分别镌刻了1920级的铭言，"行胜于言"的中文和拉丁文。后来，"行胜于言"发展成为清华的校风。

清华大学一贯重视学风要求和建设。1985年在第24届学生代表大会上，校党委书记李传信做"发扬优良的学风和校风"的讲话，提出"要坚持不懈地发扬严谨、勤奋、求实、创新的优良学风"。后来"严谨、勤奋、求实、创新"8个字被镌刻在第三教室楼的外墙上，也融入众多师生的心里，落实在行动上。

1926年清华毕业生献给学校"人文日新"匾牌，这四个字来自《周易象传》的"观乎人文"和《大学》的"苟日新、日日新"。用今天话讲，就是科学精神与人文精神的共同发展和不断提升。著名哲学家张岱年继承与发扬了清华国学院"中西融会，古今贯通"的学术传统，提出了文化综合创新论和"兼和"哲学观——"最高的价值准则曰兼赅众异而得其平衡。简云兼和，古代谓之曰和，亦曰富有日新而一以贯之。"这里"兼和""日新"与"自强不息，厚德载物"的精神是一脉相承的。张岱年的哲学观影响了清华文科恢复发展理念"中西融会，古今贯通，文理渗透，综合创新"的形成，使得清华"人文日新"的面貌在世人的心目中更加清晰。闻一多先生曾称"人文日新"为校箴，但未正式认定。本世纪初，为了提升修身自觉并适应向创新型国家转型的形势，胡显章向时任校长顾秉林建议正式将"人文日新"明确为清华校箴，使其与"行胜于言"的校风共同成为清华人的行为准则，达成共识，现在已经作为校箴写入学校文化建设规划。

1931 年，梅贻琦任清华大学校长，实行集体领导的民主制度，并提出："所谓大学者，非谓有大楼之谓也，有大师之谓也。"梅贻琦的"大师论"，让清华一跃成为学术名校，而他所提倡的人格教育和通识教育，更是奠定了清华注重修身与会通的教育理念。而原清华学子、20 世纪五六十年代任清华校长的蒋南翔提出"又红又专，全面发展""因材施教，殊途同归"；在新世纪实施"价值塑造—能力培养—知识传授"三位一体的育人理念。随着时代发展，清华以"自强不息，厚德载物"为核心不断升华着精神境界，演进着雪耻图强的爱国奉献精神、严谨求实的科学求真精神、海纳百川的包容会通精神和人文日新的追求卓越精神，孕育了众多优秀人才，为国家为人类文明创造着骄人业绩。

从学校的整体格局来看，清华文科的建设与清华本身的发展早已紧密相连，按照前校长王大中的说法，即"没有一流的人文科学，就没有一流的大学"。那"什么时候我们的教育才算成功了？"清华国学研究院教授刘东不禁畅想说，"就是忽然看见一个人走过来，你看他的面容和举手投足，有种君子之风，如果清华走出来的同学既有现代西方的科学技术的支撑，又有国学的气质和底蕴，那么这个人无论走到哪里，都是今后中国有价值的建设者。"

寄语学子　关心家乡发展

胡显章作为伴随着改革开放成长起来的一名大学教师，见证了改革开放给人民生活带来的巨大变化，面对国内外对待改革开放的困惑和质疑，胡显章希望青年大学生辩证地看待国家前进道路中所取得的成绩与困难，保持着充分的道路自信和责任担当，不忘爱国奉献、追求卓越的初心，自强不息，砥砺前行。提醒同学时刻牢记将个人发展与国家前途人类命运结合在一起。首先，应该有自觉的家国情怀与天下责任。其次，有鲜明的国情观念和大局意识，了解自己的国家，自觉适应国家的需求，进而能够发挥引领作用。这是最重要的两点。

其词作《沁园春·贺新中国 70 华诞》便明显有此两个特点：

赤帜高悬，覆地翻天，换了人间。看昆仑傲立，扬眉吐气；神州崛起，雪耻平冤。玉兔巡天，蛟龙探海，两弹一星气宇轩。怀天下，促和谐"带""路"，共享甘甜。

梦圆志向弥坚。永砥砺，排难克险艰。望民殷国富，河清海晏；尚法守正，祛腐褒鲜。勇固金瓯，中华一统，正义之师展壮颜。齐放眼，愿常新华夏，飞舞翩跹。

胡显章每一次回温州都是为了工作而来，"服务家乡义不容辞，也竭尽所能。"他很关心家乡的发展，三次世界温州人大会，他都参加了，对温州的文化建设和教育工作积极建言。他也很关心支持温州大学、温州医科大学以及母校温州二中、墨池小学的发展。他对温州学生考清华在坚持原则的前提下尽量提供"如何考清华"的指导，在可能条件下给予帮助。有时候会亲自到温州选材，同时也推荐清华高材生到温州就业。

现今的胡显钦也依旧热心于社会事业，保持着健康的心态，坚持锻炼，每天看新闻、唱京剧。已到耄耋之年的胡老平易近人，使用起微信、QQ、电子邮箱这些现代通讯得心应手。聊天的过程中，他拿着手机给我看："小胡，你看老胡在清华园骑车、活动、授课，还是那么英姿焕发、神采飞扬。""那他怎么称呼您呢？""胡老啊！"胡老，老胡，依然这么亲切。曾患难与共的兄弟，携手走过艰难岁月，一起见证时代变迁。胡显钦、胡显章兄弟，一位从政，一位从教，人生路不同，却都将个人发展与国家建设紧密联系在一起。在他们身上我们看到了共产党人"与时俱进、不断学习"的宝贵品质，也通过他们的经历，看到了波澜壮阔的时代进程和立志图强的美丽画卷。胡显钦、胡显章兄弟的一生是令人敬佩的一生，他们宽厚的为人处世、高尚的人格魅力、过硬的专业素养、自强不息的精神、追求卓越的品质，是我们后辈及胡氏族人的学习楷模。《诗·小雅·常棣》："常棣之华，鄂不韡韡。"郑玄笺："鄂足得华之光明，则韡韡然盛兴者，喻弟以敬事兄，兄以荣覆弟，恩义之显亦韡韡然。"孔颖达疏："言兄弟和睦实强盛而有光晖也……言兄弟相亲则致荣显也。"永嘉塘川胡氏古训："爱出者爱返，福往者福来。""恩莫大于父母，情莫切于兄弟。"

千古风流
华严砚

胡雄剑

山水永嘉，耕读传家。若论永嘉耕读文化的滥觞，则非王羲之加持的华严石砚莫属。华严砚是永嘉耕读文化的图腾和"圣"物，有着无可替代、无与伦比的专属性和唯一性。

吾乡古有华严石

南朝郑缉之（420—479）编纂的《永嘉郡记》，是温州最早的方志，其中有永嘉"砚溪"之说："砚溪一源，中多石砚。"砚溪，疑为华严川（《东瓯逸事汇录》）。

北宋书画大家米芾（1051—1107），完成了中国第一本有关砚台、砚石的专著《砚史》，根据"发墨为上"的排序，永嘉华严砚排在玉砚和方城砚之后，端砚之前，位列第三："温州华严尼寺岩石。石理：向日视之，如方城石，磨墨不热，无泡，发墨生光，如漆如油，有艳不渗，色赤而多有白沙点，为砚，则避磨墨处。比方城差慢，难崭而易磨。亦有白点，点处有玉性，扣之声平无韵。"方城石，是河南南阳方城县所出的一种砚石和工艺雕刻用石，至今仍有开采。"芾本工书法，凡石之良楛，皆出亲试"；"中纪诸砚，自玉砚至蔡州白砚，凡二十六种……自谓皆曾目击经用者，非此则不录，其用意殊为矜慎"。米芾曾见过或用过华严砚，应该是毋庸置疑的。米芾在温州"华严石"条下，还特地提到皇祐年间（1045—1054），秘阁"校理石扬休所购王羲之砚者，乃此（华严）石"的典故。北宋名臣石扬休是苏东坡的长辈亲戚，类似的记载，还见于宋李之彦《砚谱》、高似孙《砚笺》等。

约成书于南宋建炎至绍兴年间（1118—1133）的《云林石谱》，是我国古代载石最完整、内容最丰富的一部论石专著。作者是平生好石的绍兴人杜绾，"尝知英州"（英州乃四大名石之一的英石产地），其祖父丞相祁国公杜衍（978—1057）与石扬休同朝为官。《云林石谱》载："温州华严川石出水中，一种色黄，一种黄而斑黑，一种色紫。石理有横纹，微粗，叩之无声，稍润。土人镌治为方圆器。紫者亦堪为研，颇发墨。""砚者研也，可研墨使和濡也。"（汉刘熙《释名》）文中所述华严川，当指前述"砚溪"。杜绾强调了华严石的纹理构造，且颜色多样，尤以紫色者堪为砚；石质不甚细腻，可雕琢为器。"土人镌治为方圆器"，当属温州石雕和青田石雕的最早历史记录。

温州现存最早的《弘治温州府志》卷三"华严山"条载："在郡城北八里，有岩可为砚，《王羲之帖》云：近得华严石砚颇佳。"明《嘉靖温州府志》亦有载："罗浮山，去城北五里，有石可为砚"；"华严山，去城北十里有砚石，王羲之帖云，近得华严砚石颇佳"。明《万历温州府志》卷一《舆地志·山川·永嘉县·永宁山》条："一名北山，在江北，郡之主山也。绵亘贤宰、仙桂、永宁、清通四乡，其支山华严，石可为砚，王右军采之。"清《乾隆温州府志》"华严山"条："与永宁山相连，有黄岩硐，花木繁丽，其石可为砚。王右军帖言'近得华严石颇佳'，即此。"可见明清方志都明确东晋永嘉太守王羲之采华严石为砚的记述。

明嘉万间永嘉姜准（字平仲）《岐海琐谈》载："嘉靖乙卯（1555），永嘉周永岱升任主事，尽取罗浮石镶嵌什器等物，满载而归。时人夏仲鱼用前意赋诗云：'秋峰尚不载江山，只写临行入画间。今日江山移得去，罗浮石出水中山'。"秋峰，即陆鳌、陆秋峰，明正德温州知府。周永岱，即周岱，字永衍，永嘉县令，泰兴人，以肥胖闻名。瓯北罗浮山，与华严山毗邻，都是永宁山的支脉，有海上仙山之誉，"秦时从海上浮来"（《永嘉郡记》），故有"罗浮石出水中山"之说。显然，罗浮石系华严石的别名，而且是中国非遗温州彩石镶嵌的滥觞。

万历十二年（1584），温州知府卫承芳（号淇竹），在推官潘士藻的陪同下，过江寻访华严石（砚），并在罗浮蛇山脚下留下"砚台岩"篆书摩崖石刻，落款为"万历甲申孟夏同潘司理过访华源林大夫游此巴东淇竹卫承芳题"，遂成永嘉华严石砚的"国家地理标志"。世居罗浮的晚清诗人陆菊眠认为"砚台岩"乃因风流太守王羲之而起，"古砚何年剩有台，莓苔封后为谁开。风流太守留题笔，知是临池洗墨来"。陆在宣扬"吾乡古有华严石"（《与客品茶》）之余，坚信南朝永嘉太守谢灵运也曾得到过华严石，"谢公游迹在，得石便为佳"（《登华严山》）。

砚林巧琢华严砚

历代文人骚客也留下多首吟诵书圣华严石砚的诗歌，如清康熙元年（1662）来温避祸的金石名家朱彝尊的《永嘉杂诗·华严山》："闻昔华严寺，频经逸少过。洮河流石研，未若此中多。"逸少，即王羲之。永嘉嘉庆举人周衣德则赋诗强调华严砚与王羲之、米芾的渊源："华严石碿已无多，逸少风流尚不磨。研寿不如书寿长，烟云一片墨池波。"（《华严山》）"砚林巧琢华严砚，纸作新裁蠲府笺。安得襄阳好书手，鼠须煤麝化云烟。"（《永嘉杂诗》）西泠印社创始人丁辅之的三叔、清末四大私人藏书家"八千卷楼"主人哲嗣丁立中在温期间，见过不少华严石砚，且品质不输端歙："此地曾经逸少过，华严石碿至今多。试从砚谱求佳品，歙砚端溪胜若何。"（《华严山》）

现存最早的华严石砚实物见于唐代，日本古砚鉴藏大家北畠双耳和北畠五鼎兄弟的《古砚图录》（1981年出版），其封面就是华严古砚，并作风字砚铭曰："昔王羲之有一风字砚而谓温州石，此砚亦系温州之产者也，其式由，四直风字，极古，必是唐时物，历代宝之，至今凡一千百年。"风字砚，也叫凤字砚，"尝闻右军砚，凤字琢手奢"（元王恽）。书中还有日文附注："这方风字砚砚台，为唐末制作，材质使用浙江省出产的温州石。温州石，又叫永嘉石、华严石，这是唐代之前就开始开采的著名砚材。相传王羲之使用的砚台，也是这种温州石。这里记载的风字砚，是所谓的'四直风字'，看上去是从六朝时期的风字砚的制作方式发展起来的，这已经成为近代砚式的先驱了。这方砚台，大概是清代时期出土的，其风格，不是近代作砚所能及的。其石色，黄褐中带着红紫，中间散布着鱼子纹和白玉点，石质温润，研墨优异，轻叩此砚，木声余韵不尽。"

2013 年底，曾在浙江省博物馆举办过《百砚千姿》古砚收藏展的乐清方肖鸣，曾见过一方有"金华宋景濂华严砚"字样的明砚，砚材呈红紫色，可见灰白色岩屑，砚额刻有鸟纹，开门古砚，但款识疑为明初宋濂的寄托款。

华严石魄已无多

岁月荏苒，华严石和华严砚长期湮没于历史长河之中，永嘉乡土文化爱好者从未停息探究华严石的步伐，功夫不负有心人，2019 年 5 月 3 日，永嘉县志办高远组织了有十余人参加的华严石野外考察活动，在瓯江和楠溪江交汇处的华严山找到了华严石，而且其产状构造和岩性特征与宋代米芾和杜绾所论的华严石别无二致，迷失千年的永嘉名石之谜终于大白于天下。

同年，温州青年书法家伍文泽等，机缘凑巧，偶然间在罗浮山的坡积物中发现华严石滚石，并磨制成砚，并于 2020 年国庆节期间在温举办题为"千年一石，华严古砚"的展览，以琳琅满目的实物形式，为世人揭开了永嘉华严石的神秘面纱，并证实了明代"罗浮石出水中山"的论断。

华严石的岩性为叶蜡石化的条带状火山凝灰岩，颜色以淡红色、暗红色为主，并可见白色的长石晶屑，此即米芾所述："色赤而多有白沙点。"

华严石除红色外，也常见黄色、紫色或黑紫色，具有条带状构造，结构均匀，敲之声音发木，与杜绾所描述的岩石特点完全一样。其实，早在20世纪六七十年代，温州的石雕工厂和石雕艺人，一直在永嘉华严山开采华严石矿，并将之作为青田石雕、温州石雕和温州彩石镶嵌的彩石原料之一。永嘉民间的明清时期的古砚台，亦不乏华严石砚的身影。

贤哲相踵风流存

永和三年（347），继首任太守谢毅之后，王羲之出任永嘉郡守。

书圣王羲之，字逸少，曾任右军将军，故世称王右军。东晋门阀子弟组团南下，给永嘉带来了文化昌明。如南宋绍兴温州知府张九成："永嘉道德之乡，贤哲相踵，前辈虽往，风流犹存。"南宋淳熙温州郡守、礼部尚书楼钥："窃为左浙之奥区，独以永嘉为名郡。人才秀发，接王、谢之风流"；"惟此邦馀王、谢之风，而多士知伊洛之学"（《攻媿集》）。又如明初温州知府任敬《温州府图志》序："尝考自东晋置郡以来，为之守者如王羲之之治尚慈惠，谢灵运之招士讲书，由是人知自爱向学，民风一变"。明嘉靖《温州府志》："王右军导以文教，谢康乐继之，人乃知方"。

"何以清池唤墨池，昔年临此有羲之"；"自言官长如灵运，能使江山似永嘉"。王、谢所开创的永嘉文教之先河，风流徵于百世，"永嘉"之郡名虽于唐代为"温州"所取代，但永嘉却由地域名称升华为文化符号，如永嘉山水诗、永嘉学派、永嘉四灵、永嘉大师、永嘉昆曲等等。永嘉文化乃历代东瓯文人情怀之所系，其生存的土壤和源头则是薪火相传、积厚流光、光耀千年而绵延不绝的永嘉耕读文化，格物致知，曾得王羲之加持和背书的华严石砚当属永嘉耕读文化之滥觞，华严砚以其无与伦比的专属性、唯一性，足可视为永嘉耕读文化的图腾和"圣"物——书圣之爱物和遗物。

温州名中医李伯琦

—— 纪念祖父李伯琦诞辰一百四十一周年

李文照

我 的 祖 父 李 伯 琦（1881—1951），清光绪辛巳年（1881）六月廿六日出生，永嘉县罗溪乡南岙村人。我们家是中医世家。祖父从小学习中医，他三十余岁时开始定居温州城区，地址在现鹿城区信河街倪衙巷6号李宅。我祖父乃家传中医之第五代传人。据《李氏宗谱》记载："伯琦公参加浙江全省警务处考试医生，免试第一。时任四川测量局中医官；又任省立第十师范校医；又任永嘉义办慈善医院副院长；永嘉普

安局义务医师。参与合著温州《修正丸散膏丹配制法全集》兼校对。温州著名中医师。"

祖父医术精湛。《伯琦先生传》中有云："李君伯琦时医之中洵称良者也。琦父（我的曾祖父）味笙公，儒而精医，名噪一时。琦生而敏悟，奇特过人，幼读父书，通其奥而不泥其迹，克承厥志，大扩其业。求医者踵相而接也。"

祖父从小受父辈亲自面授，又好学中医经典，并善于实践。为了精进医术，他二十余岁开始便走出南岙，外出游学行医。曾赴福建、上海及省内许多地方，边学边医，或者寻访名医，切磋技艺，遂医术大有长进，名气也越来越大。

祖父特别精通叶天士的医术和清淮阴吴塘的"温病条辩"。更注重于"温病"的治理。他强调"温病"的特征，在诊治上要严格区别于"伤寒"。温病是感受"温邪"所引起的一系列外感急性热病的总称。所以通称"邪症"。"温病"的范围广，季节性强，一般有风温、春温、暑温、湿温、秋燥、温毒等。

在临床上，祖父对于滋液生津、平肝清热法的应用甚为突出。善用鲜石斛、鲜生地，以及椒、梅、连、黄、萸等为主药，灵活配伍。邪初陷，以透法；邪深陷，以泻法。祖父治邪症名气大，当时温州人称祖父为"蛇婆"，因为"蛇"和"邪"谐音。

有一天，离我家不远的仓桥，有一位地头蛇，其小老婆得瘟疫，病情紧急，深夜拉我祖父去看病。还扬言，若治不好她的病，要惩罚我祖父。可祖父还是秉着家传医道，前去赴诊，并亲自煎药以服之，直至天亮，终于将病人救过来了。从此，祖父的名声大振。

其次，他特别注重下一代培育。当时祖父的收入颇丰，但他淡泊名利，不置地，不多买房。而是着重培养后辈成才。祖父经常教诲他们：医，仁道也。而必智以先之，勇以副之，仁以成之。生民何辜？不死于病而死于医。是有医而不若无医也。故学医不精，不若不学医也。我祖父唯一购置的倪衙巷住宅，大门口有一幅石头浮雕的对联，上联为：经传函谷；下联为：学绍濒湖。横批为：紫气东来。祖父居住的楼门上题有："壶隐"二字。总的意思是传承李老子的道德经，学习李时珍的医术之道。这些理念由始至终贯穿于李氏祖传的中医世家之中。在父辈的熏陶下，我大伯李兆周，二伯李梧村，大姨李梅芬也先后成为温州的名中医。

此外，我祖父天性笃，待人和平慷慨，乐善好施。有一年正逢温州瘟疫大流行。每天死人颇多。我祖父却日夜操劳，免费为老百姓治病救人，深得百姓赞许。

叹时光如白驹过隙，不觉又近祖父诞辰。今谨以此文，纪念祖父李伯琦诞辰 141 周年。

一生只为体育谋

——纪念我的父亲诞辰一百一十一周年

李文照

前几年，温州市体育局征编了一本《天行健——温州体育老照片》大型影集。其中田径一章中，有一张堪称温州第一跳的撑杆跳高照片，画面上观者云集，个个屏息凝望那飞越横杆者的英姿，无不惊讶、震撼！

照片中的这位跳高者正是我的父亲李凤楠，号梦南。1911年7月出生于温州。1977年6月逝世，享年67岁。如今每当看到此照，我便对父亲产生更加崇敬与无限思念之情！

梦想成真

孩提时期，我父亲就生活在一个舒适安逸的百年中医世家里。我祖父李伯琦，温州著名的中医师，1881年出生于永嘉县罗溪乡南岙村。世代为医，祖父为第五代传人。他20多岁（约1905年）的时候，就开始离开南岙，在温州城区和浙江省内各地乃至福建、上海等处边行医边学习，医术大有长进。30多岁时，就定居今鹿城信河街倪衙巷李宅大屋。祖父收入颇丰，但不置田产。一方面培养子女和亲戚读书，一方面为贫穷病人免费施治，在温州声望很高。我父亲兄弟五个，一个姊妹。大伯李兆周，二伯李梧村，大姑李梅芬，他们都曾是温州的名中医。而我的父亲，从小却喜欢体育运动，尤其爱好翻筋斗、倒立之类的体育运动。1926年，我父亲16岁，毕业于永嘉县立一小。19岁的时候，毕业于瓯海中学，20岁时在敬业学校补习半年（高中建业）。读完高中后，他就到自己喜爱的上海东亚体操专业学校深造。

上海求学归来，我父亲正值青春韶华之年，被母校永嘉县立一小聘去当体育教师，开启了当一名体育教师的职业生涯。

坚守初心

从 1931 年 8 月开始至 1936 年 1 月间，我父亲先后又在乐清县立三小、瑞安中学、青田某师范等学校担任体育科长兼体育教师。

为了在事业上有更好的发展，进一步提高自己的体育技能水平，在我祖父的大力支持下，1936 年 8 月赴日本东京体操学校留学。在他想施展才华之时，正是全面抗战即将爆发的关头。他不得不中断了留学，1937 年 7 月回国返乡。虽然只学习一年，还是接受了高等的专业体操的正规教育，收获很大。在当时的温州体育界也称得上一件大事，也是我父亲一生中最风光的时期。

当时，邀请我父亲执教的学校很多，他还是先选择了县立一小。第二年又到瑞安中学执教。后来，瓯海中学校长谷寅侯先生聘请父亲去，当时父亲和谷校长交往也很好，于是欣然接受。从 1940 年开始，我父亲一直在瓯海中学担任体育教研室主任兼体育教师。1954 年，改为温州四中。直至 1963 年，父亲退休。父亲的提早退休是因为长期生病不得已所致。

父亲向来行事谨慎，待人亲和，乐于助人。当时我父亲收入颇丰，还经常资助贫困学生读书，因此，他在瓯中德高望重，口碑很好。在父亲生病期间。学校领导同事、好友及学生都很关心他，也常借节假日时间来探望他。

事业有成

执教三十多年来，我父亲对工作总是兢兢业业，以身作则，并带出了一批优秀的体育教师。温州大多数中小学体育教师都是他的学生。其中最为得意的，就是后来担任温州市第一届体委主任的周龙先生，还有温州六中的体育老师何国光先生。

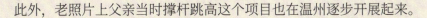

温州开大型体育运动大会时，周龙主任还多次请我父亲去当总裁判长。父亲每次都不负众望。

此外，老照片上父亲当时撑杆跳高这个项目也在温州逐步开展起来。

父亲一生对自己的本职工作专业又执著。父亲生前常对我们说，他对自己的一生从来没有后悔过。正可谓：淡泊人生终无悔，一生只为体育谋。

父爱如山

由于我父亲事业心很强，在我儿时记忆中，他几乎每天都早出晚归，一心扑在工作上。因此，他在家陪伴我们的时间很少，家中里里外外的事情都是我母亲在操劳。我有一个大姐，四兄弟。我1947年出生，排行老三，当我有记忆的时候，父亲已将到不惑之年了，所以我儿时对父亲的情况更是知之甚少。

记忆最深的一次，是有一年的暑假，父亲亲自带我们几个兄弟去瓯海中学玩。我那个高兴劲儿就甭提了。当时，瓯中的大门口对面就是九山湖。在湖边有一幢椭圆形的白墙砖瓦二层楼，很洋气。楼梯也是按椭圆形的房子绕上去。上了二楼就进了父亲的办公室（也是体育教研室）。当时，我们还不会游泳。父亲说下去游给我们看。我们站在朝南的窗口，往外望去，湖面上碧波荡漾，父亲如蛟龙戏水。那一天我们才第一次目睹了父亲的风采。他身高肩宽体壮，优美的泳姿在我的脑海中永生难忘。

人们都说父爱如山。一般父亲对子女的爱是不会轻易从嘴里说出，往往在细微的动作中，便可体会到父爱深沉与炽热。记得1966年，我正18岁。那年9月我在温州商校读书，学校组织串联活动。那是我第一次出远门。父母也非常支持。母亲还向人家借了十来元钱给我备用。那时眼看要转凉入冬了，父亲特地将自己穿在身上的，并穿了多年的唯一一条旧棉裤脱下来给我带上。这无声的爱刻骨铭心，我感动得流下了幸福的泪水。

今年7月8日，是我父亲诞生111周年纪念日。回首往事，缅怀亲人，我特意为他这张撑杆跳高照题诗一首：轻身似燕跃高杆，云集人群翘首看。飒爽风姿惊定格，瞬间落地稳如磐。

八九十年代我县煤炭购销与煤制品生产供应情况

叶建伟 口述

徐崇统 整理

1980 年，我进入永嘉县五金燃料公司工作。1991 年 10 月，我被任命为永嘉县煤制品厂厂长，至 1996 年 4 月份为止。永嘉县煤制品厂成立于上世纪七十年代，原来是永嘉县燃料五金公司的一家煤制品代加工企业。开始的时候，它是一家集体企业，有 40 多名员工。我任厂长以后不久，永嘉县煤制品厂转变为预算外全民企业。同时，还成立了一家永嘉县能源物资开发公司。这是一家全民企业，和永嘉县煤制品厂合署办公，实行两个牌子、一套班子的管理模式。此前，永嘉县煤制品厂仅仅是一家加工生产企业。永嘉县能源物资开发公司成立后，变为一家购销和生产一条龙服务的企业。

永嘉县煤制品厂的位置在清水埠江边，离码头很近，占地约 4000 多平方米，堆场很大，进出货物非常方便。本企业还在上塘、黄田、七都设有分厂，有通过全县供销社系统的销售网络。那时候，煤炭也是凭票供应的，而且只对非农业城镇居民和国家单位提供。按规定，每户 1 至 2 人的，每个季度发 120 斤煤球票；3 至 4 人的，发 240 斤煤球票；5 人以上的，发 480 斤煤球票。计划供应的煤球价格很便宜，100 斤只用 2 元 6 角钱。

在我任厂长期间，我们根据上面的政策，实行了两项制度改革，这也是当时永嘉县第一家国有企业进行改制，县人事劳动局领导陈久湘同志亲自带队来试点的。这次改革的主要内容：一是用工制度改革。所有全民制身份的员工，打破干部、职工界限，封存人事档案，一律改为合同制职工。二是分配制度改革。通过与县财政、劳动人事部门签订承包合同，完成规定的税收、工资总额之后，盈余部分由企业自主分配。在企业内部，我们实行岗位技能工资制度，工资、奖金与工效挂钩。实行改革以后，企业效益明显提高，企业实力不断增强。1991 年，我们厂的总资产仅 90 多万元。1996 年 4 月，当我离任的时候，企业总资产已达 361 万元。另外，还有一批应收未收的款项，实际达到 500 多万元。1993 年 9 月，浙江省计划

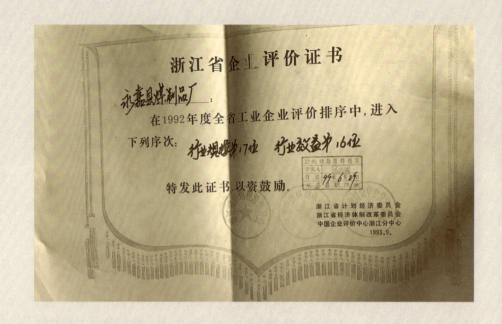

经济委员会、浙江省经济体制改革委员会、中国企业评价中心浙江分中心
联合颁发的浙江省企业评价证书中，在1992年度全省工业企业评价排序，
永嘉县煤制品厂进入行业规模第17位，行业效益第16位。永嘉县工商银
行授信永嘉县煤制品厂为AAA企业。同时，职工待遇也不断得到改善。
1991年，我们厂员工平均年收入约3000元。改革之后，他们的年收入达
到3至4万元。期间，还每年分批组织员工外出旅游两次。

当时，全县煤炭进口都在清水埠煤炭专用码头装卸。一般两天一条船，
有时候多达四五条船。每条船的装载量200至800吨不等。运输船只的计
划平衡由温州市航管处负责制定，具体由县航管所安排，而用于煤炭运输
的船只一般都是优先安排的。那个时期，煤炭也和其他重要物资一样，慢
慢的由计划向市场放开。1988年以后，开始为有计划的市场经济。1993
年的时候，已经完全是市场化、商品化了。而社会需求量也急剧增加。
1988年，全县煤炭供应量为四万五千多吨。1996年，已增至11多万吨。
因此，作为企业必须把握市场的需求，在竞争中求生存、求发展。有一次，

我从新闻中得知山东某地的黄河大桥将要封道维修，我马上意识到那是北方煤炭南运的必经之路，煤炭供应将会出现紧张，就立即向供货方下单买进了一批。当这批煤炭运到浙江镇海港的时候，果然价格大涨。因此，我们永嘉煤制品厂在确保供应的同时，还大大地赚了一笔钱。

永嘉煤制品厂在江边上，特别怕满大水。在我的任内就发生了两次大水。1994年的那一次，我在水里泡了18个小时。当时，有工人和家属十几个人在厂里。我和大家一起，首先把仓库里的两桶电石转移走。那是危险品，如果遇水发生爆炸，后果不堪设想。接着，我们紧急把家属特别是妇女老少人员，用铲车救出，转移到安全地带。这一次洪灾，被冲走了几百吨煤炭，全部设备都被淹没了。事后，我们马上让宁波方面运入煤炭，以确保市场供应和平抑物价。这一年，我被评为永嘉县级和温州市市级抗灾救灾先进分子，同时荣获县级优秀共产党员称号。

忆中国电视航拍第一人赵群力先生

王澄荣

"蜜蜂，蜜蜂，听见回答，尽快返回，油量不够了。"

"蜜蜂，蜜蜂，赶快返回……"

"小蜜蜂"加满油只能飞1小时20分钟，现已过了1个多小时。蒋晓玲（赵妻）的脸色显得忧郁和急躁，双眼紧盯着北方上空，期盼更深了，她冲着对讲机喊，声音急切又焦虑。随着时间一分一秒地流逝，她的表情似乎愈来愈凝重。由于飞行时间已超过极限，每个人都心急如焚。

"王局长，不好了……飞机出事了。飞机在黄南大学村撞上高压线掉下来了，是黄南乡里打电话告诉我的。当地村民已把一个人捞上来了，看来已经不行了，另一个人村民还在周围寻找。"我耳边的手机，如同一个炸弹响起，脑中瞬间一片空白。但我强迫自己冷静再冷静，马上对毛培益说："你赶快去现场，无论如何要抢救赵台，我们现在就去现场，你报告乡里保护现场，先组织人员援救。"我合上手机，此时是2001年9月2日下午12点24分，又是农历七月十五，一种不祥的感觉在我脑中掠过。

"刚接到黄南乡的电话，赵台的飞机在返回时迫降了，具体情况还不太清楚，我们现在就去现场。"我对仍在呼叫的蒋晓玲女士说。蒋女士神色一凝滞，就立刻钻进小面包车，一溜烟朝黄南方向开走。

楠溪江的公路九曲回肠，身边的流云不停地走动，我脑中的思绪如同汽车的轮子，一直晕晕地转个不停。我坐在车里，只有一个念头，越快越好，尽快赶到现场，争取抢回赵台的生命。

蒋女士的车像波涛上的小船，一颠一簸，险极了。

两点多，终于赶到出事现场。

现场人头攒动，夹杂着各色各样的面孔，询问声、叹息声等各种杂音充斥着现场，我的心怦怦直跳，忙拨开人群冲了进去。找到了民警和乡干部，"赵台长到底怎么样了？我是县旅游局的。"其中一位焦急地说："飞机出事不到五分钟，村民就到了现场，发现赵台长被压在飞机下面的溪水

里，手还紧紧地握着操纵杆，衣服被撕破，人已不行了，可能是被高压电击死的……"

我找了林坑村村民，他们说："当天12:10，他们就远远地看到赵群力的飞机出现在空中，在林坑村上空缓缓盘旋了五六圈，飞机压得很低的时候，可以清楚地看到机身上'寻找远去的家园'字样和凤凰金黄色的标志，还隐约看到赵台按动了快门的相机。他完成最后一圈盘旋，准备离开前，特意降低了机身，向我们村口站着的100多人挥手告别，没想到这一别就再不能看见了！"村民们红着眼圈说。

蒋晓玲在十分钟后驾车赶到，她悲痛欲绝，眼含泪水。小面包车的右侧大灯处被撞凹，挡风玻璃也被撞裂。对于蒋晓玲来说，楠溪江这条公路并不漫长，但它却连接着生存与死亡，让她从幸福过渡到悲凉。这时，蒋女士跌跌撞撞地朝我们这边冲过来，撕心裂肺地喊着要见赵台，其悲痛欲绝之状，令在场的所有人眼酸。

看到蒋女士冲过来，我急忙和一位民警、王策（县旅游局同志）一起去拦她，并极力地劝慰她要冷静。只见她一会儿又哭又喊，一会儿又异常平静，她拼命问我："王部长，群力到底怎么样？他没有事的，你如实告诉我。你们让我去看一下，他是非常坚强的，只要我去找他，他会马上站起来的。"突如其来的打击，使她的思想变得幼稚，而又充满深情。此时，我的心情非常难受，我真的不愿让蒋女士面对这样一个事实，也真希望，此时是苍天对我们开的玩笑。周围的气氛也越来越紧，刚刚嘈杂的环境突地不见了，身边很静，大家都心照不宣地停了下来，只有蒋女士令人肝肠寸断的声音在楠溪江上游飘荡，"是不是事情很严重，你让我去叫他，他真的会起来的。你相信我，群力真的很坚强，绝对不可能倒下的。""他真的会起来的……"苍天，你听到了这声声带血的呼喊吗？为什么这么残忍，让这顶天立地的男子汉瞬息长眠在楠溪江的山水之间。

这一瞬间，我的心如刀割般地疼痛，我真不愿蒋女士如此地悲痛欲绝。面对众人的目光，面对蒋女士呼天抢地的呼喊，我想，反正迟早要面对这一事实，还是如实告诉她吧。"蒋老师，你千万要冷静！"她说："我是电视新闻记者，现在我非常冷静。"听着她颠来倒去的语言，我知道她的内心几近崩溃。"赵台是在返回时撞到十万伏的高压线掉下来，事情比我们想象的还要差，已不行了。"我话音没落，蒋女士的脸已是惨白，撕裂似的叫："不可能的，绝对不可能的。你让我去，相信我，只要我去叫一声，他肯定会站起来的。"

我又何尝不想赵台站起来，从生命的废墟里站起来，站一个千古奇迹，站一个顶天立地，站一个举世皆喜。也许蒋女士这一去，真的会创造奇迹，赵台或许会真的奇迹般地站起来的。

几个年轻人扶着蒋女士来到江边。

蒋女士的手颤抖着，摸索着被单，她多么希望被单覆盖着的不是她心爱的赵群力，她更希望这被单下面的是一个活生生的群力，她更希望这是心爱的群力跟她开的一个玩笑！然而，扯开被单的一瞬间，赵群力那惨白的脸一下子击毁了蒋晓玲内心所有的希望。她大声哭喊着，泪流满面，双手扯住赵群力的衣服，用力地推着，竟至凝噎无声——鼻子竟哭出血来……

见此情景又怕蒋女士伤心过度，几个年轻人强行搀扶着她回到公路边。她大口大口地喘着气，眼睛始终盯着赵台的方向，愣愣地坐在地上。突然，她一下子又站了起来，哑着嗓子叫："我要把赵群力出事的情况全拍下来。"就踉跄着举着照相机，对着高压线、溪流、飞机残骸等通通拍了一遍。

围观的群众和旁边的工作人员都沉浸在一种不可言说的悲凉之中，大家默默无语。而楠溪江的溪流，像是知道了这件事，也在呜咽着、悲鸣着、青山为之含悲，风云因而变色。大地的儿子，以生命作了一次最完美又最让人心酸的诠释。

现场的救援工作在大家的努力下，五点钟左右匆匆结束了，赵台的遗体被送往温州殡仪馆。9月4日，当低沉的哀乐响起，人们向殉职的航空摄影家——香港凤凰卫视中文台副台长赵群力告别时，一只黑色的蝴蝶神秘地飞进大厅，身影孤寂而凄美。它是赵群力的灵魂，回来与朋友们告别，还是上帝派来的使者，来参加这人间的葬礼？有记者拍下了这个镜头，在第二天温州晚报上以"化蝶"进行了报道，世人为之叹惋⋯⋯

9月5日上午，在赵台的出事地点，黄南乡大学村，人们祭起了香，烧起了纸钱，当赵群力的亲人流着泪向天空呼唤他的名字，当赵群力的儿子赵航在溪流中寻找父亲的遗物时，突然，一只黑色的蝴蝶又翩然而来，上下翻飞，在树枝间忽高忽低地穿梭，与赵群力生前驾机航拍的英姿像极了⋯⋯

当天在林坑村，全村村民穿白戴素，为赵群力设立灵堂。他们站在灵堂的门口，默默地等候着赵台亲人的到来。"护救文化遗产壮士一去不复返，继承英烈遗志凤凰精神永长存"的挽联静静地挂在赵台遗像的两侧，偶尔一丝微风，挽联就轻轻地摆了摆，像是在致意，又像是在哀悼。桌上，一对插在银器上的白蜡烛，一盘苹果，一盘青橘，表达了林坑人所特有的纪念方式。桌前，整齐地放着51盆（赵合今年51岁）散发着幽香的楠溪江兰花，高洁的兰花让人想起赵台执著、无悔的一生。

事后，县长葛益平沉痛地说："这个代价太大了，太大了！我宁愿林坑迟一点宣传出去，也不愿意赵台长这样的男子汉失去！"

……

如今，一回首，又不觉已是赵台的周年祭。但那天的情景就如在昨天，更如在眼前。此时，窗外正夜色如墨，而赵台的音容笑貌却清晰可见。想起刚刚去过的林坑村，村民的纪念方式特别地令人感动，一讲起赵台，几个年老的村民就热泪盈眶，"他是真的汉子，为了事业，他什么都不顾了！他是令我们敬佩的"！而我，也从他们沧桑的皱纹上读出了些许的安慰，赵台一生的努力没有白费，他已深深地根植在林坑人的心中，根植在楠溪人的心中。

上半年，山花烂漫的时候，一群群天真的中小学生来到赵群力先生的纪念堂前，献上束束开得正艳的山花。这位让他们开了眼界，长了见识，哺育了他们幼小心灵稚嫩理想的空中英雄，也让孩子们沉默不已，原来活泼的他们也心事重重似的。

遥祝赵群力台长九泉之下安息！

2002 年 9 月 2 日

的婚俗

楠溪江畔

王国省

我今年（2020）虚龄82了。人老了，却常常回忆童年的快乐。童年时最快乐的是逢亲戚家做喜事。我家家族大，一年这位叔叔喜结良缘，过一年另一位叔叔要娶亲成家，多着呢。在喜事坦场，孩子们能分到新娘的"伴手"——喜糖、炒豆、落花生（染了色的），在酒席散席后还能吃到"盘脚菜"。

　　有一次，一叔叔要结婚，"当家"的爷爷（也是婚礼主持人）在派兵点将，要人背"高灯"，大我四岁的文欣大哥，是老"高灯"手，不用说是首选。但"高灯"有两盏，背"高灯"要两个人，另一灯手选谁？爷爷选中我，因为我小时候长得白白胖胖，蛮"喜面人"的。旁边有人担心，认为我年太小（11岁），说路远走不了。但"当家"爷爷坚持说："高灯"只有两三斤重，去新人家西岸村路途不远，只有"一铺"（10来里）路，就让他去走走。我高兴并且信心十足地说："西岸村是我娘舅地，我常走！'高灯'我能背得动。"就这样，我正式成为迎亲队伍的一员。

　　所谓"高灯"就是一棍棒，上头横安上一小木段，成丁字形（多像现在的地拖把子），小横木做灯座，上面套上大的红灯笼，灯笼里点上蜡烛，红彤彤的，光艳照人，扛着走，引人注目，还寓意着出人头地。

　　我们这一行人真不少：有轿夫两人、吹打班吹鼓手六七人，据说新人家有两对柜子，所以安排了八人去抬，每一只柜要备好两条抬棍和两条横肩和两条麻绳；还要两人抬圆木"家生"，要带一条抬棍，多条麻绳；还要一人挑尿盘和高脚盂；要一人背面盂架；加上两位伴姑等共有25个人。这都是主人家和当家人在出发前安排的。被派用的人分工明确，工具准备全齐，很多人是老内行。

　　文欣哥背着"高灯"走在队伍的最前头，可以说是队伍的领头，我紧跟着。有时候文欣哥会把灯左右舞动，气氛就非常活跃，而我只是老老实实地背（扛）着走。到了西岸村，因为新人家的路不熟悉，就停下脚步，

楠溪江畔的婚俗

由"当家"的爷爷领进新人的娘家。绕过石头墙的门台，里面鞭炮"啪啦啪啦啪啦"在响，迎接我们，真光彩！

我和哥把高灯停靠在正间门头，这一趟的一半任务已完成。接下来就是吃点心，称为吃"结圆"（汤丸）。吹打班已习惯地在门头的右边的桌旁就座，调音吹奏音乐。一下子，氛围非常热闹。

中午了，行堂们忙着送酒菜，酒席要开宴，主人家请各位嘉宾入座。请我们到正间里坐，大家推辞后就坐在门头和道坦里的桌位上，我们都非常明白：中堂的桌位是主家的贵宾座位。坐上了酒桌席，我觉得自己长大了，地位升高了，但心里记着妈妈的话，不能喝酒，吃相要好，看着，学着大人举筷夹菜、夹肉。

我们这一班人，最忙的是"当家人"，他代表新郎官家长，在进进出出，去应酬新人娘家的亲戚如爷爷、娘舅、姑爷等，要解决他们提出的各类问题。还要给裁缝师傅、做家具的木工、油漆工、厨师等发红包，而他们还要求"高升"，再"高升"。

后来，我也听到别人说："当家人"要选有见识的、大度的、有才学

的人来担当。因为有的女方会想方设法为难男方的。传说有一"当家人"
去某一个"大地方"娶新娘，对方嫌男方家在"小地方"，瞧不起，有意
为难，大轿子来了，道坦里还晒着稻谷。迎亲的队伍迈步不进。真是进退
两难，一看这场面，"路人皆知"，"当家人"心里明白，但他不急，不
动嘴、不动手，只是上前俯身在谷子上写了个"雨"字。对方看到，明白了，
说遇到了高人，马上动员家人收起稻谷，连连说太忙了，对不起。

　　"当家人"最难的是和娘家人讨价还价谈"财礼银"。"财礼银"付多少，
要摸清男女双方的家底和女方的嫁妆多少。付多了，男方难以承担，付少了，
女方家长发急、发牢骚，不仅现场情绪难堪，还会影响今后两家的亲情。

　　这次双方通情达理，气氛好，很快交谈结束。两对衣柜、圆木家具等
都已升到道坦里。圆木家具有大小矮脚盂，有各种大小形状不一样的盘、盂、
合和各种各样的桶，这样一大堆，怎么搬得去？根据原先分工的，一个人
已去背面盂架，一个人去挑尿盘和高脚盂。那一批圆木家具，内行人动手，
把大矮脚盂做底，其他盂、盘、合，按大小分别叠插在一起，为防止撒落，
就用麻绳当经、当纬，把它们扎紧（多像现在人的大网兜）。用一根抬棍

穿进绑绳，两人抬着走。

每一柜上还叠放几床棉被、夹被，每一柜都重重的，抬柜的汉子，熟练地把柜子捆绑在抬杠上，用手试抬一下是否扎实了，后来就移上肩，说："起程咯！"一柜跟着一柜，抬柜的起身先行。

新娘戴上珠冠、穿上蟒袍（是新郎家事先准备的），哭着拜别父母和亲戚，娘家的哥哥在吹打班的音乐声中，抱新娘上轿，伴姑护着花轿。接着三声炮仗响起，我们起身要走出门台，见新娘家人匆匆关闭了大门，意思是不让新娘带走娘家的财气。农村里流传这样一句古话，说："养女儿呀，三个炮仗响了后，娘家就没有你的份了。"

四个伴姑（新娘新郎家各两个）紧跟着轿子走。

上路了，新娘号哭了一会儿也就停止了。

在半路的路亭旁边，抬亲的队伍停下，新郎家还给我们送来点心：炒粉干。称为"半路接"。这是主人家给远路的抬亲者准备的，而我们主人家给近距离的迎亲队伍也准备了"半路接"，算是礼节到了和对我们关心。

吃了点心，我们继续起程。"当家人"吩咐：抬家生的先走，先进家，先收拾，把柜子、面盂架、尿盘和圆木家具都搬进新郎房间里，放在该放的地方。要腾空道坦，好让轿子进来。

在花轿将要抬进新郎家道坦时，炮仗、百子炮齐响，轿在道坦里停稳，轿夫的任务完成了。我们背高灯的把高灯竖靠在上间门头两边的门方上，也就完成了任务。

吹打班已在门头桌入座，眼睛看着新娘新郎，听着当家人和媒婆的口令在奏乐。新郎（我要叫叔叔）已穿上新衣服，头戴学士帽和祖公祖婆（我要叫爷爷奶奶）已在门头等候迎接。

"当家人"（现在已成了司仪）喊令："新娘落轿！"伴姑掀开花轿帘，头戴珠冠身穿蟒袍的新人在伴姑的扶持下，在音乐声中移步出轿。另两位伴姑各举着一牌米筛，遮在新人头的两边，跟着新人走。我好奇地问："用米筛遮着脸是什么意思？"有人告诉我是"避凶星"。接下是"过红门"：点燃了稻草和杉树枝，让新人从烟火上跨过去，祈求未来生活红红火火。

在"新人拜堂！一拜天地！二拜高堂！夫妻对拜！"的口令下新娘新郎照做了。而孩子们都上去要新娘的"伴手"，新娘从腰里掏"伴手"分给孩子，这样孩子们一哄而上，非常混乱，更听不到"新郎新娘入洞房"的口令，还是媒婆有经验，她把一合子的"伴手"撒在地上，孩子们去抢，新娘才脱开纠缠的孩子，步入洞房。

躲在洞房里的孩子也被大人赶出去了，媒婆马上关了洞房的门。我问大人，他们在里面干什么？大人告诉我：吃"和同饭"，怎么吃？已经结过婚的人告诉我："是媒婆端酒杯，夹菜肉、粉干、米饭给新郎新娘吃，只是做个样子。"

吃了"和同饭"后就开了洞房门，让孩子和青年朋友进来分伴手、"闹洞房"。但不等"闹洞房"开始，因为晚宴酒席要开始，媒婆要伴姑领出新娘做"定位"的"步舞"，这门头的"吹打班"已奏响"大开门"和"小开门"乐曲，新人得按照乐章走步、弯腰、作揖。先向祖先神位膜拜，示请。再是去请新郎的娘舅坐在"头桌头位"。再请新郎家其他长辈坐在"头桌"。二桌是新娘和媒婆、伴姑坐的。其他客人由主家出面邀请入座位。这"步舞"，新人和伴姑先前要学会，这脚步和手的作揖动作等都有规定的。否则手脚动作不协调，招人笑。

吃了喜酒，一般人是席散人走。可是一些年轻朋友，特别是新郎的结盟兄弟，就借着酒兴进入洞房，来调笑新娘新郎。纵使动作和言语有出格，也不在乎。新娘现在已经卸下珠冠网袍，这些朋友兄弟坐下后，新郎新娘"抬茶"给他们喝，可他们不是一般心态，是在想出各种办法来捉弄、调笑的。他们要新娘新郎做这样那样的动作，如接吻、拥抱、喝交杯酒、对口咬花生米等，引人哄堂大笑，才同意给收回茶杯。新娘新郎每收回一只茶杯，等于攻下一座碉堡。

时间晚了，我被妈拉回家睡觉了。第二天我听说，这班青年人"闹洞房"，一直闹到鸡啼才各自离开。

第二天的中午，才是结婚的正酒。新娘又要穿戴珠冠蟒袍，在吹打班乐曲中，又要拜堂、拜太公爷。又要"步舞""定位"，连伴姑也要参与进去。也有人说：今天就是要看伴姑的。开席后，新郎新娘还要到各席上敬酒。

第三天是新郎和新娘的"回亲"日，新郎要挑礼担去丈母娘谢礼。丈母娘家要摆酒请新郎。

过了年，新郎去丈母娘家拜年，叫"拜头年"，新娘家要好的亲戚都要设宴"请新女婿"。

后来有人问我：结婚抬花轿的习俗是怎么隐退了的？

我记得，1950 年土改工作队（后来土检工作队）进村后，农村里政治气氛浓厚，大搞破除迷信、移风易俗活动，反对封建婚姻，反对父母包办，提倡婚姻自由，不提倡花轿。不管路途遥远，十里二十里，新娘都要步行到新郎家。

我记得，当时一位干部这样宣传：抬花轿，新娘哭哭啼啼，说明是封建强迫婚姻。现在新娘快快活活走到夫家，说明是自由婚姻。那时，我是小学生（儿童团），老师教我打腰（花）鼓，村干部为了增添新婚气氛，要我们儿童腰鼓队去新娘家迎新娘。1950 年，我曾经参与几次本地青年的婚礼。

抬花轿迎新娘从那时起，退出历史舞台。

永嘉县读书学会成立的前前后后

杨丽和　陈忠德　黄永赞

陈　郑　丁存进

永嘉县读书学会，前身是瓯北读书学会，2010年10月成立。2017年5月，拥有100多名会员的瓯北读书学会升级为永嘉县读书学会，隶属于县文联旗下的一个以读书为主的民间文化团体。6月，在县民政部门正式注册登记，成为浙江省第一家注册登记的县级读书学会。12年来，永嘉县读书学会始终走在散发着浓浓书香的道路上，截至2022年10月底，先后获得县级以上阅读与推广集体荣誉9项，个人荣誉17人次。一个名不见经传的民间读书团体，却在全民阅读行动中贡献了自己的绵薄之力，引起了有关方面的热切关注。

成立背景

二十世纪八九十年代全民以经济建设为中心，下海经商、创业致富成为时代潮流，尤其是一些年轻人是"离开学校书置闲、下海经商去赚钱"，成为搏击商海的弄潮儿，新的读书无用论一时沉渣泛起，成年人的读书学习一度被社会边缘化。当时有调查资料显示，中国每人每年平均购书仅有5本，且每年还呈下降趋势，有超过一半的识字成人一年没完整地读过一本书，国民自主阅读和文化学习存在严重的缺失。这不得不引起引起社会有识之士的忧虑，更引起党和政府的高度重视和警觉。2002年11月召开的党的十六大报告中明确提出要构建全民学习、终身学习的学习型社会。全国政协委员朱永新2003年开始连年提案呼吁建立"国家阅读节"。自2006年开始，中宣部、原新闻出版总署（现国家新闻出版广电总局）等11个部门发出《关于开展全民阅读活动的倡议书》，并联合成立全民阅读组织协调办公室。此后，中国"全民阅读"正式开始。2009年4月中宣部、新闻出版总署联合发出《关于进一步推动做好全民阅读活动的通知》，倡导多读书、读好书的文明风尚，积极推进学习型社会的创建。到2010年，从中央到地方，有关部门积极开展全民阅读宣传活动，不断提高社会各界对全民阅读的认识，激发全民阅读的热情。

在我们千年古县的永嘉，耕读传家的古风犹存，民间阅读方兴未艾，而真正的全民阅读活动则率先从中小学生抓起。2006年5月，永嘉县委宣传部、县教育局、县文联、县新华书店等部门单位为贯彻"倡议书"精神开始举办一年一度的"新华杯"中小学生暑假读好书活动。至今已经举办17届，参加学生20多万人次。2010年，温州首次启动"书香社会.阅读温州"全民阅读节，在瓯江南北开始了全民阅读推广活动。

创建瓯北读书学会

2010年9月，永嘉县作协理事、《永嘉诗歌年鉴（2009）》主编杨丽和组织策划了在龙湾潭国家森林公园举办"中秋月明"诗歌朗诵会，邀请永嘉本土诗人和温州各县（市、区）诗人代表共80多人参加，在朗诵会结束时，大家讨论到诗人何为、阅读为何、学习的重要性等等，引起大家对阅读的共鸣。10月2日，时任瓯北镇文化站站长的吴永逸先生联系杨丽和，十分恳切地说："全民阅读势在必行，瓯北需要建立一支民间阅读队伍，引领市民学习中华优秀的传统文化，打造精神家园，促进社会和谐与文明，杨老师，您是永嘉文化人，能否牵头组建啊？"

杨丽和听后不无感慨地说："这是好事，利国利民，我愿意承担。"杨丽和当即联系其兄——时任县文联副主席杨大力，兄妹共同参与策划发起，同时联络几位阅读爱好者于10月22日在瓯北"三三"茶轩聚会，参加人员：杨大力、吴永逸、杨丽和、黄品辉、郑建兴、林陈国、陈冬勤等12人，品茶聊天说书事，认为要找回中华民族的根和魂，有组织地开展阅读引领必不可少，商议成立瓯北读书学会。11月12日，瓯北读书学会成立班子，推选杨丽和为会长，林陈国、陈冬勤为副会长，郑建兴为秘书长。杨大力、吴永逸为顾问。杨大力提出学会宗旨：传承东瓯文脉，传播学术新知，振兴楠溪文风，建设文化永嘉。大家一致同意这四句话作为学会宗旨。

瓯北读书学会的顺利成立，得到时任县文广新局副局长程爱兴、瓯北镇党委副书记傅道碎、党委委员李晓平的大力支持，他们经常以普通会员的身份参与学会的读书活动。2010年11月13日，学会建立QQ群、短信通知平台。11月19日，学会进行首期读书活动，会长杨丽和主持，主题为"书缘"。此后每周一次日常读书活动，取名为"两小时读书乐"——每次确定一个阅读主题，集中聚读两小时。12月19日，在第6期日常读书活动时，举办温州诗人叶坪专场诗歌朗诵会，特邀县文联主席鲍福星和温州诗人董秀红等参与活动。2011年1月7日，在汪少芳老师的支持下，瓯北读书学会在《今日永嘉》的《楠溪江周末》副刊开设专栏公开宣传。2月25日，学会设立"一月谈"活动形式，邀请名家讲座以开阔会员视野，同时接纳社会热爱读书人士参与活动。3月13日，学会在温都网开设博客。

2011年，中央文件中首次出现了全民阅读的身影——"深入开展全民阅读活动"被写入《中共中央关于深化文化体制改革、推动社会主义文化大发展大繁荣若干重大问题的决定》。2012年"建设'书香中国'"写入国家新闻出版总署年度通知标题。2012年11月，党的十八大报告提出"开展全民阅读活动"，全民阅读各项政策的制订开始正式起跑，关注阅读的社会各界为之沸腾，瓯北读书学会深受鼓舞。年底，瓯北读书学会五次打报告给县社科联、县民政局，要求注册登记读书学会，使这个民间读书组织合法化、规范化，但因种种原因未果。在这样的窘境下，瓯北读书学会班子没有气馁，抱着"读书改变气质、写作延长人生"的信念继续开展各类健康有益的阅读活动。2012年初，瓯北读书学会被温州市委宣传部评为"温州市民间文化建设示范点"。6月，在温州晚报《新瓯北》报开设专栏，刊发学会动态和会员作品。

瓯北读书学会成立后，坚持开展"两小时读书乐"聚读活动，坚持举办"一月谈"文化讲座活动，坚持开展户外采风、社会公益、县内外文化交流等活动，社会影响不断扩大。

永嘉县读书学会诞生

随着时间推移，瓯北读书学会队伍不断壮大，2010年会员20人，到2017年会员100多人。会员不仅分布在瓯北，而且桥下、桥头、枫林、岩头、巽宅都有会员，会员中有机关干部、教师、企事业人员、自由职业者、新居民等，学习的范围与形式也在不断扩大与变化。学会还成立了义工队、朗诵社、艺术团等下属机构。学会根据时节到企业、学校、社区、乡村开展一些有意义的文化活动，所到之处备受欢迎。2012年到2017年5月，学会积极致力于永嘉文化建设和发展，开展各类文化公益活动。2013年，读书会义工队被评为县慈善义工分会先进义工队，瓯北读书学会被市教育局评为2013年温州市优秀学习型社区居民团队。2015年5月，配合永嘉文化提升建设年宣传，承办全民阅读节活动之"书韵流香"诗歌朗诵会，朗诵会邀请温州市10多名朗诵家精彩演绎。在永嘉引领读书人行走在文化素质提升的道路上，读书学会还开展跨县文化交流活动，比如与法治报温州记者站站长汪海宝一行座谈交流。温州文化界人士，包括各县诗人、作家、画家、摄影师、企业精英等许多都到过学会访问或参加过学会活动。2015年底，学会印发了自己的内刊《读书会》，永嘉籍书法家陈忠康题写书名。一个充满活力的民间读书团体以文化为主导，活跃在充满生机的永嘉大地。

2016年12月，我国首个国家级"全民阅读"规划——《全民阅读

"十三五"时期发展规划》出台，进一步推动全民阅读工作常态化、规范化，温州市民间读书组织开始增多，共同建设温州书香社会摆上了有关部门的议事日程。2017年5月，县文联领导看到瓯北读书学会的蓬勃发展，主动伸出了橄榄枝，愿意接纳他们为下属团体单位。同时，县民政局也通过了审批。于是，瓯北读书学会升级为永嘉县读书学会。5月14日，永嘉县读书学会假瓯北街道食堂二楼会议室召开成立大会，6月，在县民政局正式注册登记。至此，这个颠簸了7年的孩子总算有一个温暖的"家"。

由于推广阅读活动积极、成绩突出，2017年初，永嘉县读书学会被邀请参与策划温州读书会联盟的成立，并成为联盟的创始会员。

稳步发展

2017年5月14日，永嘉县读书学会正式成立，选举产生了由杨丽和等17人组成的第一届理事会和监事会，杨丽和当选为会长，周永温、黄永赞、陈冬勤、陈朋泼当选为副会长，丁存进为监事长，郑建兴任秘书长。聘请杨大力、吴永逸、余哲春为顾问。学会下属机构有读书会义工队、朗诵社、艺术团，并在岩头设立分会。

2022年9月17日，永嘉县读书学会召开第二届会员大会，选举产生了由王景飞、杨丽和、吴成业、陈忠德、陈郑、林和、胡世彬、黄永赞、黄杏葳、葛小敏、滕新锐、戴柏葱等12人组成的第二届理事会，以及由丁存进、叶建光、叶永真组成的监事会。杨丽和连任会长，陈忠德任常务副会长，黄永赞、陈郑、滕新锐任副会长，胡世彬任秘书长。聘任周永温为名誉会长，陈冬勤、陈朋泼为名誉副会长，聘请吴永逸、余哲春、胡跃中三位同志为学会顾问，并聘任傅剑文、王成德等12位同志为学会发展指导委员会专家。

读书学会汇聚各方人才，吸纳热爱读书学习、热爱永嘉文化的会员，主要从区域层面、单位层面来发展会员，力争永嘉每个乡镇、街道都有学会会员，遍布社会各界。现有核心会员 128 人。

12 年来，永嘉县读书学会围绕宗旨开展一系列活动，学会的同心圆不断壮大，学会已经成为我县乃至温州区域内一支稳定的民间文化力量。

2022 年 11 月 12 日

郑庆海的人生颠簸路

王国省

地主儿子

郑庆海，1938 年出生于永嘉县桥下镇郑山村（原昆阳乡郑山村），家庭成分地主，父亲是民国军官。舅父家庭成分地主。

土地改革镇压反革命期间，声势浩大的审判大会在本乡昆阳召开，接到通知，地富反家属不准外出。郑庆海听说其父亲押来受审执意去看看父亲。母亲整理了几件衣服要他带给父亲。

他跑到昆阳乡东村祠堂外，看见有很多背枪的民兵把守着不准他进入，没有看到父亲，衣服由民兵转交。他找空子钻进了祠堂，躲到祠堂角的柱子后。

大会开始，这些地主反革命分子被押上戏台批斗，孩子在大人屁股后看不到戏台。他就两手抱着柱子，两腿一夹往上爬，右手抱柱，左手攀着梁，探头看戏台，寻找父亲。这时，台上有人通过扩音喇叭高呼："地富反子女滚出会场！"周围群众振臂高喊，"地富反子女滚出会场！"震耳的口号声把他吓蒙了，一颤抖，掉下来——他失禁了，小便都撒到裤裆里，两条裤脚筒湿漉漉的，又惊怕又羞愧，更不敢挤往人前。

他听到大会上斗争了三个地主恶霸，其中有他的父亲。台上有人控诉地主恶霸的罪行，不时地有人喊口号。批斗后，口号高喊："坚决镇压反革命！"就把三个地主恶霸拉去枪毙。刑场在祠堂前面田坎下的溪坑谷里。

"要枪毙了！去看枪毙！"群众骚动，都涌去看热闹。庆海好容易才挤出祠堂，跟着跑。"叭！叭！"扣人心弦的枪声响了。还在田岸上奔跑的庆海一震，脚一滑，扑倒在麦田里。挣扎着爬起来，他看到了，三个罪犯，其中两个倒下，他父亲还跪着。群众中有人在问为什么？群众中也有人说，地主郑某某罪恶轻一点，是陪毙的。

父亲已到了鬼门关还能留下一命，他流着泪，高兴地看着父亲被军人、

　郑庆海的人生颠簸路

民兵押着带走了。远远看见，父亲手里拿着妈妈给的衣服。刚才一跌倒，尿湿的裤子粘上了很多坭粉，更污秽昭然，多难看呀。他不顾什么了，像一只受惊的羊，穿过零散回村的群众队伍，快速爬山越岭，跑到了家里，气喘吁吁地告诉母亲，说："爸——阿爸——被拉去枪毙——有两个人死了——阿爸没有死——爸是陪毙——爸没有死——没有死。"

母亲把儿子抱在怀里哭了，此刻说不出是惊恐还是惊喜，分不出是痛苦还是高兴。后来得知，他父亲被判刑 10 年，去苏北农场劳改。

1952 年暑假，郑庆海考入永嘉县济时中学。9 月份，他来校上学后，有人写信告到了学校，说他是"地主儿"，不能上中学。当时学校里地主家庭出身的学生不止他一个，上级也没有明文规定不准读书，学校领导没有对他处理。郑说是陈校长保护了他，让他读完初中。

在初中里，郑庆海和我同一个班，曾和我同桌，当时，我没有发现他是"地主儿"，也没有见到他受到老师和同学的歧视。他在生活上没有与众不同，我记得他用竹筒蒸番薯干，配的是菜干炒黄豆，有时也见到猪肉。他长得白白胖胖的，笑眯眯的像个小弥勒。

家庭成分不好，这是他的思想大包袱，他以少说话来约束自己。他处处小心，遵守纪律，积极参加集体活动和劳动，不敢调皮捣蛋，不和同学争是非闹矛盾。我记得，当时学校的一节体育课，老师改为带同学挖古坟扩建操场的劳动课。同学们或多或少有点迷信思想，缩手缩脚的迟迟不动手，而郑庆海不声不响地抢在前，抡锄头带头挖古坟，其他同学也跟上干起来。郑庆海受到老师的表扬，这给我留下很好的印象。

1955 年暑假，郑初中毕业，由于这样的家庭和社会关系，在贫下中农翻身做主人的大气氛中，他升不了高中。回到农村，村里群众背地里都称他"地主儿"。

郑的母亲担负着全家的经济压力和社会给予的政治压力，因为受管制，常常被村委会（合作社）叫去训话，布置给她额外任务，如去捉稻飞虱、卷叶虫、螟蛾、番薯虫，打老鼠、拍苍蝇，扫路积肥等，母亲完成不了任务，做儿子的庆海得去帮助。

村里常常召开地富反及家属的训话会，郑庆海也被列入参加受教育。训话内容是"必须老老实实""不能做坏事""定期向干部汇报思想活动""遇事出门要请假"等。

"同工同酬"是合作社生产队的记分原则，但对郑庆海却"同工"不"同酬"，在合作社生产队里，他和别人干同样的农活，劳动工分却比别人低。在公共场合他入不了伍、合不了群，同村青年也不愿意和他交朋友。出门没有朋友，想笑也笑不起来。他多么想念初中读书时的生活，多么想念初中里的同学。

这种受排斥歧视矮人一等的生活使他无法过，他像被关在笼里的孤零零的小鸟，要想方设法冲出这个笼子。

北上辽宁

郑庆海的舅舅潘玉峰是苏联留学生，回国后任中国煤炭研究院工程师，兼共青团书记，研究院地点在东北辽宁省抚顺市。

1957年8月，他母亲写信给舅舅，说外甥在家过不下去了，要想方设法给找点事做。舅舅有恋心，要他马上来辽宁。母亲为他筹借路费，整理衣被，准备干粮，还买了几十斤全国粮票，为遮人耳目，在半夜三更偷偷地送他出村。

母亲和他告别时对他说："上下岭要连心慢走，挑担疲倦了就歇一歇。在舅舅那里要听舅舅的话，分给你什么工作要好好地干。舅舅工作很忙，不可能什么都关照到你的，生活上的事要靠自己料理。"

　　　　　　　　　　　　　　　　郑庆海的人生颠簸路

他觉得母亲在家压力大，也太辛苦了，姐姐也去杭州投亲靠友了，所以他对母亲说，过几年，在外面找到了好工作，就带母亲出去。但母亲说："人嘛，古话说'生落处，住落处'，家里还有你爷爷，我还要等你爸回来。不用替我担心，我在家也会很好的。"

郑庆海每天都在想离开这个家，真的要离开时却舍不得母亲和这个家。他挑着行李向前迈了几步，回望了母亲和家乡的山、水、田，忽然心中泛起对亲人对家乡的眷恋之情。

他独自一人挑行李翻山越岭到永临韩埠，坐小客轮到温州，再坐汽车到金华，然后坐火车到抚顺。从山区小村子来到了大城市，天高地阔，到处是高楼大厦，街道上人来人往，厂房巍巍，烟囱林立，机器轰鸣，一切是那么新鲜。此刻真像小鸟飞出笼子，他说："我想飞，我想飞得更高。"

舅舅介绍他到研究院下属厂当一名临时工，试用考察期为三个月。

郑庆海刚到研究院工厂上班没有几天，出现了一件意想不到的事：舅舅潘玉峰因隐瞒家庭成分被划为右派分子，下放在锅炉房烧锅炉了。

舅舅对他说，不要到舅舅宿舍里去，尽量少接触、少说话。对外人说，要和舅舅划清界限。并吩咐他今后要依靠组织，服从领导，努力工作，争取转为正式工。

舅舅是他靠山，现在靠山倒了，郑庆海握紧拳头，下了决心：只能靠自己努力，加油干！

临时工试用期间干的是装卸煤工作。当时运煤还没有翻斗车，大车大车的煤运来，几个人上去用煤铲卸煤。郑庆海记住舅舅的话在拼命干，铲的煤比别人多，速度比别人快，一干就满头大汗。东北的冬天来得早，也特别冷，他以干活来取暖。

有一天，煤车没有按时到，他站在零下40度的雪地里等煤车。因为他的衣服鞋袜没有北方人那么厚，保暖功能差，冻得直发抖。戴的是工作手套，手在手套中被冻住了，他赶忙到火炉旁烤，手套脱下来连手皮也剥下了，急忙去医院，住院医治10多天。出院后，领导对他说，经三个月的考察，工作积极，同意留下当临时工。

这期间，他得知，院领导接到家乡干部的检举信，说郑是地主儿子私自外出。但院领导看到他工作表现，没有"唯成分论"，不理会这份检举信，使郑成为正式临时工。后来，领导安排他在金工车间工作，此时郑庆海看到了希望，便写决心书给领导，表示今后加倍努力工作为社会主义建设事业多做贡献。

1958年，大跃进到来，他更是干劲冲天，没日没夜地干工作，人家做不了的事他抢着干。每天夜里工人下班，车间关门了，他爬气窗进去加班，把第二天的生产任务先完成。第二天，大家上班，他再向领导要求新任务。每天晚上都是干到深夜二点钟才回寝室，星期天也不休息。他坚持着忘我地工作，工友和车间领导有目共睹，大家称赞他真正做到"革命加拼命"，都佩服他，月月季季都评上先进，从车间评到研究院，他成了生产红旗手，成为工人学习的榜样。同时，团组织批准他为共青团团员。他心里乐开了花。

郑从1959年底转到研究院修配厂至1960年10月，学徒期满。同期60来名学徒工转正，只有他破格提升为二级工。

郑的抽屉里还存有一张从原单位复印来的"学徒期满技术鉴定升级审查表"。表格中，段组评定意见：工作干劲足，积极参加大跃进，早来晚走；文化学习钻研，工作不怕脏，不怕累，埋头苦干。车间审查意见：政治上积极要求进步，站在运动的前列，表现不完成任务不下火线，我们厂同意该同志转正并提为二级工。党委审批：该同志到院二年的学徒中思想进步技术理论实际操作有一定水平，同意提前转正并晋级为二级工。研究院党委1960.10.13.（签章）（原件文字，个别地方有病句，予以保留。）

临时工没有户口，也没有粮票，吃饭成问题。郑庆海只能靠母亲到温州黑市（东门大榕树下）买高价粮票，每月寄来30斤左右全国粮票。厂里关心他，每月补助10来斤。吃饭难题就是这样解决的。

转为正式工后，根据上级有关文件规定，可以迁入户口，粮食转入国家供应，工人干的是体力活，定量每月36斤，加上干重体力活，食堂另外照顾10斤。这样就吃得饱饱的了，这是理想的生活，人生的追求，今天就要实现，郑庆海无比高兴。

他满怀喜悦的心情把迁户口公函寄给昆阳公社，希望组织能将他的户口迁过来。几个月后不见音信，就写信给母亲。郑的母亲去公社找当文书的亲戚郑庆佐了解情况，得知公社书记知道郑庆海的家庭历史和社会关系，不同意办理户口迁移手续，还撕了公函。

郑的母亲心酸，束手无策。郑庆佐建议：郑庆海再办个公函，直接寄到他家里，他背着领导耳目，帮助办好户口迁移手续。

郑庆海要把补办公函的原委向院领导汇报，院领导要求保卫科科长亲自与公安派出所联系，给郑再办一份迁户口公函。当地（抚顺）派出所领导听了要补办公函的理由，也不理解，还质疑："你们为什么一定要给一个地富反的儿子办户口迁移？"

保卫科长理直气壮地回答："我院只有一个小郑，如果有20个小郑，我院生产就会搞得大有起色、热火朝天了。所以小郑的户口一定要给迁过来。"

两个月后，郑庆海的户口终于迁到了煤炭研究院下属厂，粮食由国家供应，吃饱饭的愿望终于实现了。

郑庆海说："我父亲在服刑劳改期间能积极劳动，服从改造，表现好，又因为多病，劳改场领导于1959年给提前释放回家。1960年我回家探亲，见到父亲。父亲脸色憔悴，见到我，深有感触地说，由于自己解放前的经历和家庭成分影响子女的前程，非常内疚，希望儿子今后继续努力工作，争取更好的前途。

1960年，国家三年困难时期，经济建设方针转为大办农业大办粮食。上级规定：凡是大跃进时期创办的企事业单位要整顿停办；凡是从农村招来的工作人员，都要下放回农村务农。郑庆海是属于下放之列，但厂领导爱惜人才，想方设法要留住他，特地派他去外地的某金工机械厂学习"万能铣床"。因为厂里进口了一台"万能铣床"，没有技术工人，一直搁置在那里。以此为由，派他去学习技术，日后在群众面前能讲得过去。厂领导还特地吩咐，没有院领导招呼就不要回来。这是领导为留住郑想出的高招。

在某金工机械厂学习一年里，他不敢回厂和大家见面，但由于对研究院修配厂领导有感情，很想和领导会个面，说说心里话，也只能在夜里偷偷回厂。

1962年，国家急需科技人才，舅舅潘玉峰已平反，重返工作岗位。那年3月份，领导同意郑庆海回原厂原车间工作。工友们久别重逢握手问长问短，特别高兴。但个别老工人，因为家属工下放回家，见到郑，先是奇怪，后来就眼红嫉妒了，说："什么学习新技术，分明是搞鬼把戏。"也有人乘机向领导提出要求，让自己子女重新来厂工作。领导的压力确实很大。

5月份，上级又在贯彻精兵简政指示，厂里要继续下放人员。这次领导迫于上级文件精神和舆论压力，找郑谈话，动员他回家务农。

郑庆海当场表态：过去领导对我关心帮助和培养，我心中明白，感激不尽，永远铭记在心。现在领导决定，我不会埋怨领导，志愿返回家乡务农。当天就办了下放手续，交了工作证、医疗证、工会证。组织发给他三个月的工资，安排人员送他回乡。

南下福建

郑庆海回到昆阳公社郑山大队，在家乡参加农业劳动，但生产队里记工分还是比别人低，别人记10分，他只记7—8分。10分的分值也只3角钱，他拿的是低劳动力的工分，这是无法生活的。

1966年3月，听闻永嘉有一批人在福建省鹰潭、邵武、太宁等县背毛竹能赚钱。郑庆海和郑庆炉、郑昌、潘泰银、郑亮等人一起商量，也要到太宁县背毛竹，大家推郑亮为队长。郑庆海此时已结婚有了孩子，他把孩子交给母亲，带老婆一起去，给大家烧饭当后勤。

太宁县是个大山区，崇山峻岭中漫山遍野是原始森林，并且有大量的毛竹。深山冷岙，村庄冷落，村民不多，山上的毛竹属林场集体所有，只有把毛竹运出山外才是财富。林场管理人员把山上竹林分片包给外来打工者采伐。打工者在高峻的山垄上砍倒毛竹，斩断竹顶，将毛竹顺着陡峭山坡滑溜下山谷。再把毛竹搬运出去。

要把堆在狭窄谷底的毛竹运出去可不容易。从谷底到山谷外的运输埠头（转运站），一般有5里路远，打工者先去开挖一条路。路要顺坡，尽量做到直，要转弯也要打大弯。打工者来到谷底，根据自己的劳力提取毛竹，用绳子在竹茬部打捆，捆了两捆，人站在两捆毛竹中间，用扁担钩一钩，像挑桶担水一样钩起两捆毛竹拖着走。长长的毛竹在地上拖，这样可大大减轻担子的重量。但是道路不平，两捆毛竹会摇动摆荡，会碰伤脚腿，两只手必须用力提起并撑开，才免于伤脚。脚步要快走，越快越省力，因为毛竹顺坡滑下来有惯性。

毛竹运到埠头，林场工作人员以竹茬部口径大小来计量，编上1、2、3、4、5的号子，再点根数来估重量与计算工钱。郑庆海刚开始时，每趟拖出来重量约两三百斤，后来加分量，一趟能拖四五百斤，根据埠头工作人员估量计算，工钱有4—5元。他一天能拖三趟，可赚十几元钱。虽然雨天没法干活，没有工资，但有这样的收入也很不错了。通过这样重体力劳动的锻炼，臂力过人，体壮如牛。

郑庆海和郑亮等十来个民工住在林场的太源自然村，村民住的房子破旧，租给民工们住的房子更差。十多人办了个小食堂，庆海老婆在小食堂里烧饭。太宁是落后山区，米、油等食品要到相隔50里路远的邵武县城去采购，大家轮流去买。有一次连续下几天雨，去不了邵武，断了粮，大家饿了一天。

住房破烂不堪，雨来怕漏水，风来怕倒塌。有一次刮台风，租住的房子塌了，有七八个民工被压。幸好是简易小木屋，虽然没有人被压死，但个个头破血流。其中一人伤势重一点，休息了三个月，林场也给补助100元。郑庆海夫妻不怕苦不怕累，收入不错，在那里一干就两年。

过着这样劳苦的生活，也不那么"安生"。

永嘉县各公社生产队，为了加强管理，控制劳动力外流，要求外流人员向生产队交纳公积金，定的指标又高，每月要交40—50元。这样高的指标就是逼大家回家种田。郑庆海家因为没有及时交纳公积金，家中结婚时做的新堂床也被生产大队搬走抵押了。

原始森林竹丛中藏有各种毒虫、毒蚊、毒蛇、野兽等，有一种毒蛇叫竹叶青，颜色如同竹叶，体型小，毒性强，隐蔽在竹叶里，很难辨认，一不小心就会遭受侵害。同伴小刘，大岙公社人，砍毛竹时被竹叶青咬了，呼天抢地。在另一山头砍毛竹的同伴慌忙赶来，见他坐地上用右手卡住左手，说左手被竹叶青蛇咬了，已开始发肿。同伴解下解放鞋的带子，把左臂扎紧，送他回住地，向当地村民讨求蛇药。虽然吃下蛇药，但是，蛇毒已渗透全身，第二天，断了气，同伴们十分悲伤。

当地有这样的风俗：村民在壮年就早早备了寿方（棺材）来"压寿"

棺材制作简单，就地取材，大树有的是，选了口径一米左右大树的一段，将木段树心挖空成槽，加一木片为盖，外面涂了黑或红漆，这就是棺材。还有个习俗：谁家突然死人，如果还没有备好棺材的，村民会无代价争先送棺材去任丧家挑选。棺材被选用了，送家还高兴，说有人代他先去见阎罗王，他会更长寿了，这叫"争寿"。当村民打听到小刘将要断气，就送来了五六只棺材，让民工们挑选。门口摆着那么多的棺材，同伴们见不惯，心里不好受，觉得这不是好兆头，人人心里着急。队长郑亮发牢骚说："你们这样子不是希望我们多死几个人吗？"选了一具，就令其它的马上搬走。

大家悲痛地安葬了小刘。因为通讯交通落后，几天后，小刘家属才赶到，哭天喊地，更令人悲伤。家属说，家里已经准备好了新人"洞房间"，年底等他回家结婚的，想不到他在这里走了。家属还提出要挖坟开棺看看，被大家劝住了，但这殇情更使人难忘。

一天上午，郑庆海在高山顶上砍倒 500 多株毛竹，将毛竹溜滑到山下谷底，再从山顶下来，在杂乱毛竹堆里一株株抽出来打捆。凌乱的竹堆被抽动了，突然有一株毛竹跟着前一株毛竹向他飙射过来。他赶紧放下手中的竹子，立马一跳，那株毛竹从脚腿边擦过，裤子被撕破，脚腿也被刮伤，血在滴。他被惊呆了，坐在那里一个小时还站不起来。虽然躲过了大灾大难，保住了生命，但思想斗争了：命只有一条，在这里会随时断送掉。

郑庆海决定不干了，带着伤和老婆回了家乡。

卷入派性

1969 年，郑庆海进了永嘉县碧莲农业机械厂当工人。因为他有机械车床技术，成为厂里技术骨干，每月工资 58 元，在厂里第二高，有一位清华大学的右派分子在厂里当工程师，月工资是 65 元。

郑庆海心中明白自己的家庭出身和社会关系, 对政治不闻不问。"文革"中, 社会上形成两大派, 他也不问谁是谁非, 采取明哲保身不介入的态度。他的宗旨是守住自己的职业, 早出晚归, 上班做工, 拿到工资, 养家糊口。

1974 年 3 月的一天早上, 郑庆海从郑山村家里去碧莲农业机械厂上班的路上, 在碧莲下村的渡船头, 被机械厂的副书记徐某某拦住, 要郑跟他去帮助解决一技术难题。

郑随他到了四川巽宅农机厂, 见到有武装民兵站岗放哨, 心里有点紧张。进了农机厂, 徐给郑讲了永嘉的革命形势, 什么阶级斗争尖锐, 要"文攻武卫""保卫红色政权"等, 还说永嘉两派都在加强战备, 制造武器。这些他不感兴趣。徐副书记要他在这里干, 白吃饭, 工资照样拿, 这一点, 他有点动心。家里有老婆孩子, 粮食紧张, 生活也困难, 但他还有点犹豫。徐吩咐他不要到外面去, 需要什么厂里会给什么, 只要他在这里好好地干, 解决了这里造枪的技术难关以后, 就让他回去。看来难以推辞了。进了农机厂的车间, 看到工人们在加工手枪的零部件, 郑还在犹豫, 看着徐副书记一脸的严肃表情, 打不了退堂鼓, 没有办法, 只得服从领导留下干。

社会上形成政治观点对立的两大派组织, 有人是思想认识有共鸣而积极主动参加的, 有人是不知不觉地卷进去的, 有人是身不由己被拉进去的。也有人说, 参加了派性组织, 就如同上了贼船, 上船容易下船难。虽然郑不是志愿参加派别活动, 但哪知道他已卷入了派的潮流中。

郑的家人好久不见郑回家, 就到碧莲农械厂找人。厂领导说, 郑有紧急任务出差外地了。郑在四川农机厂一干就是两个月, 造出枪管和枪支部件, 组装后, 经测试, 产品合格。任务完成后, 他才获准回碧莲农业机械厂。

1974 年 5 月 25 日, 碧莲的"反逆联"派武斗人员 (称反潮流战士) 冲进了碧莲农业机械厂和草席厂, 见人就打。郑庆海的头部挨了好几棍,

郑庆海的人生颠簸路

昏昏晕晕中看到一女同志被刀砍倒，血流一地。郑不顾自己的伤痛，冒着石块乱砸的危险跑去救这位女同志。女同志的家人也过来了，郑一起把她背到卫生院抢救。郑的头部受了伤，本也想请医生看看，在受诊过程中被"反逆联"的反潮流战士发现带走，扣押在碧莲粮管所中。

"反逆联"的头头掌握了郑庆海在四川巽宅农机厂为"炮联"造过武器的事，现在活口捉到，把他蒙上眼睛，拳打脚踢，边拷打边审问，要他坦白交代。郑没有交代。后来加施土刑，将其反手捆扎，倒挂着抽上梁，接着用拳头棍棒乱打。他像拳击场上的沙袋，几次被打昏过去，放下在地上用冷水浇醒。武装人员要郑坦白交代的是：谁指使你去造武器？造了多少？给了谁？郑觉得这是无法交代的问题。讲了，祸就会闯到别人身上，日后怎么相见！郑只是说：为了吃白饭自己去的，做过几天的工，造了多少记不起了。

后来，更滑稽了，要求他证实：昨天，即5月24日，是"炮联"派武装人员先攻打碧莲的反潮流战士，才有5月24日的反击事件。这件事他更无法签字。永嘉两派群众常常有冲突，自己没有参加，分不出是非，帮谁说话？作什么证？郑只是说：昨天（24日）没有上班，不知道。

"不老实坦白交代，打！"头头又发令，郑又遭暴打，又被打昏过去，被冷水浇醒。全身的疼痛无法忍受，哭爹喊娘。郑意识到：今天死定了！

郑庆海"身陷囹圄"，凶多吉少，生死叵测。厂里的工友、领导在担心着急，但无能为力去解救，只能听天由命。

永嘉两派在武斗，像孩子打架，今天你打我，明天我打你，打架后到老师（上级）那里告状，说自己被打了，哪个哭得惨叫得高的，老师就信以为真。而老师（领导）偏爱的学生受到欺负，就马上从办公室里出来，为受欺负的学生伸张正义。

温州地委批林批孔小组和永嘉县革命委员会，5月24日傍晚接到碧莲区反潮流战士的"凶报"：碧莲事件死伤多人，有1600多名反潮流战士被围困，急待解救等，于是地委批林批孔小组立刻组织调查组赶到碧莲调查。调查组有地委批林批孔小组周英其、徐松林、孙庆中，永嘉县党的核心小组高圻祥、周茂泉、施合春，县人武部政委徐克及群众代表潘、刘俩，共九人。

调查组于25日下午一点到碧莲区所在地，区革领小组楼里空无一人，在公社办公楼里见到副书记麻永金，了解到上午两派冲突之后，还有伤员未处置。

两派群众组织各点人头，"炮联"派的群众找不到郑庆海，就在调查组前面说，郑庆海被反潮流战士抓去，已被打死了。

反潮流战士说："造谣！郑庆海好好。"

郑庆海是死是活各执一词，调查组领导说："不要争吵，活要见人，死要见尸。"

这时郑才被反潮流战士扶着到区革领小组办公室，给调查组当面见证，人还好好的。

调查组问："你叫什么名字？"

"我叫郑庆海！"回答后，扶持人一松手，郑就瘫在地上。

反潮流战士警告说："郑庆海，你不要装死！"

郑躺在地上发出哀吟："领导救命，领导救救命呀！"

调查组一边组织"被围困群众"各自撤离碧莲区所在地，同时下令：不管是哪一派的群众，有伤就得送去医治。

调查组是反潮流战士请来的地、县领导，他们想借领导的权威为自己撑腰，威压对方一把，想不到调查组成为郑庆海的"救世主"。

郑庆海能死里逃生，三生有幸，也真要感谢活教主了。

郑庆海在家属的陪同下，先到温州医院，后到杭州浙二医骨科医治，诊断结果是第5腰椎骨严重挫伤变形，给装了一付钢支架。在杭州治疗一年多，得到厂领导和县各方人士的照顾和关怀。虽然经过治疗、康复、锻炼，能走路会活动，郑说自己身体基本康复了，但当他掀起衣服让人看他的后腰，第5腰椎骨处有突出馒头大的硬块，是骨头，腰椎骨挫伤变形了。尽管多年坚持锻炼，还是不能痊愈恢复原状，这是"文革"历史遗留给他的伤残痕迹。

攀登高峰

1980年，郑庆海转入永嘉自来水厂家属厂做金工工作。邓小平提出改革开放后，全国各行各业都在解放思想创新发展。郑也产生了"谋求发展"的想法。他从老单位煤炭研究院那里，得知国家65攻关项目《风电闭锁装置》历经三个厂几年时间试制都没有成功的消息后，异想天开，凭借自己的技术和工作经验，想试制开发这个项目。

他联系同乡郑金村等人合股，在永嘉建立防爆机电厂，他任厂长。1982年和煤炭科学院签订了共同开发国家65攻关项目的合同。合同到他手里觉得既荣幸，又责任重大，便聘请研究院工程师王延新来长驻永嘉搞技术研究。

通过技术人员和工人们的不懈努力，历经四年多次试验，终于拿出样品，品名为《风电沼气闭锁装置》。1987年煤炭部、煤炭研究院国家科委等派员在温州当时最高建筑"十三层"大楼里召开专家鉴定会，经鉴定产品合格。与会领导专家称赞是"国内首创，达到世界水平"。这是温州改革开放后，国家部级鉴定验收的第一个产品。郑至今还保存证书。

在鉴定会上，郑庆海也荣幸地登上了主席台，和煤炭研究院、国家科委、国家防爆站等上级领导、高级专家及永嘉县长坐在一起，这是他一生最大的荣耀。

拿出产品，永嘉光荣，大家高兴。煤炭研究院领导赞扬郑庆海和永嘉防爆厂为他们立了汗马功劳，表示祝贺和感谢。

产品成功了，春风得意。可是今后怎么办？讲具体些是如何集资，如何投产，如何营销，收益如何分红等，合伙人各有各的想法，各有各的理由。厂领导班子各执己见，虽然副县长徐绍星也做了好多协调工作，还是难以统一。后来矛盾闹大了，互相攻击，互泼脏水，甚至还质疑煤炭部某高级工程师有暗中搭股份等等。郑庆海是工人出身，没有行政工作魄力和经验，面对厂内班子（合伙人）的复杂矛盾，招架不了，一气之下忍痛割爱，宣称：不贪功，不求利，产品专利等留给防爆厂，交出了厂的印鉴和各种证书，自己退出防爆厂。

郑决心要另起炉灶，再找出路，要在改革开放路上再拼搏，再创辉煌。

1989 年，郑庆海任永嘉县电器厂（集体小企业）厂长，和煤炭部领导联系，接了预防瓦斯爆炸的《防爆器》MFBB—100 型的业务。这也是煤炭部研究院攻关的项目，是煤矿上安全生产防止瓦斯爆炸必备的器材。

郑担负起重任，同技术人员，在电器厂车间里历时 4 年反复试制。1993 年，和工程师张某某一起到吉林省通化矿务局五矿进行实地防爆试验，花了 3 个多月时间和煤矿工人一起上下矿井 50 来次。每次从矿井出来，和矿工们一样变成黑炭似的，你看我，我看你，只是眼球转动还有点白的，觉得很可笑。通过实验，取得数据，有关领导和技术部门一致认为产品非常成功。

煤炭工业部司局发了 1994 年第 44 号文件 "……部安全司于一九九三年十月对 MFBB—100 型发爆器组织了鉴定，鉴定意见认为'该产品电路设计合理，技术性能先进，结构简单，维修使用方便，工作安全可靠，属国内首创，其技术性能达到国内领先水平。'鉴定委员会同意该产品批量生产，尽快推广使用，以代替老型发爆器……"山西、河南、河北等省的煤炭工业厅和下属的煤炭工业局等都发了强行推广该产品的通知。

郑庆海带着煤炭部的文件和各省厅的通知书，如同带着尚方宝剑，到各大小矿区推广产品非常顺利。该产品在河南、河北、山西等省的煤矿广泛推广使用。业务多，厂兴旺，永嘉县电器厂生产搞得红红火火。温州市人民政府对该产品授予二等奖；永嘉县人民政府给郑庆海颁发了科学技术进步奖。有好多机关干部都愿意将自己的老婆、子女安排在厂里当工人，厂里工人增加了，还造了厂房。那一阵子，作为一厂之长的郑庆海，也非常风光。

1995 年，全国煤炭生产走向低潮，煤矿停工停产，工人也拿不到工资，厂矿购置了产品，但无能力交付资金。

如河南平顶山煤矿管理局，一挥手为下属厂订了一批业务，但发货后好久不见汇款。郑多次登门讨账，那领导就是一推再推，说下属煤矿停产确实没有钱。郑说："欠账总要还账，我厂工人也要饭吃呀！"管理局领导被追逼得没有办法，答应陪郑一起到下属煤矿去讨账。第二天，郑到他办公室，没有见到人，找到他家，也是铁将军守门，吃尽了闭门羹的苦。郑庆海到市政府部门找领导，领导见到是来讨账的也摇头说爱莫能助，连句公道话也不说，这里有实际问题，也有地方保护主义。

过去宣传只说欠债苦，现在他尝到讨账也不好受。郑想，不能空手而归呀，只得留下打经济官司。起诉、开庭、裁决……不达目的再起诉，向高一级法院起诉。一住几个月，郑庆海思想负担重重，精神萎靡，累垮了身体，连连发烧，住院治疗。医生说是淋巴发炎，要开刀做手术。郑庆海远在他乡，回家旅途遥远，又在等待法院开庭，不能回家，只好在平顶山人民医院里做了手术。

尽管挖空心思，锲而不舍上告，法院一判再判还是不公正。他拖着衰弱的身体，到省里找人大主席和省电视台台长说理。人大和电台领导考虑到本省的声誉，不能熟视无睹，在他们的指令下，平顶山市领导才出面调解。调解结果：厂方要支付已用的产品金额，退还未用的产品……

诸如此类，发出的产品如同倒进水潭。这个煤矿欠几十万元，那个煤矿也欠十几万元，数目加起来非常可观。永嘉县电器厂是个合资小企业，资金有限，担当不起，面临倒闭，难以起死回生。

2001年，已过花甲年的郑庆海面对现实，对电器厂进行处理，卖了厂房，帮职工办好社保，做好善后工作，以稳定人心。

这时的郑庆海摇头叹气，这只能埋怨时运和命运了。

现在，郑庆海的孩子都已成家立业，子女办厂开店，个个有出息。他自己家住在上塘屿后巷，身体健康，精神乐观，是个安享晚年的幸福老人。有空也做一些公益事业，"吃自家饭、当别人家"，大家非常钦佩他、尊重他。

上塘城北小区公园和草坪

李志德

公园和草坪现在来说相当普遍，它是时代的象征，代表着城市或城镇的建设程度。1996年，城北小区建成之前，县城上塘尚没有一个像样的公园和草坪。即时，我们利用城北小区规划中在第9幢的房前设计一个面积1亩余的小块，和四周房前屋后的6块绿化面积的机会创建城北小区公园。虽然面积小了一点，可也算县城里的一个公园。

当时，小区的居民住进去时，上塘镇党委、政府相当重视，计划将城北小区作为一个样板小区建设。镇委专门确定一名宣传委员负责，同时在小区里专门成立了一个绿化建设小组。是时，时任永嘉水电局局长的我，也被列入这个班子作为成员帮助小区建设。时任副县长的李寿权，从县政府的农业开发基金中拨出2万余元资金给小区搞绿化建设。空余之中我还画了一张第9幢房前公园的设计图和整个小区的绿化计划交给小组。

此计划，主公园设计1个，副公园设计6个，绿化总面积近10亩。主公园（第9幢房前）的设计，中央为长方形的一个草坪、四周以花为主，即紫薇、杜鹃、罗化松等，四角以竹为主，即紫竹、方竹、荆竹、圆竹；副公园的设计分别在7幢房后，16幢、17幢、18幢、19幢、20幢的房前，设计以植杜鹃、桂花、桃树、梅树、白玉兰为主，整个公园布置有杜鹃800丛、桂花100株、其他桃树、梅树、白玉兰等花木100余株。

公园建成后，成为八月桂花香、六月树阴凉，春天百花开、夏天草坪绿的新景象。虽然是一个小小的公园，但它是当时的上塘县城的第一个公园，第一个草坪，靓丽一时。1997年5月，时任永嘉县委书记的徐令义在秘书戴晓勇和县委办公室主任金伯林的带领下，亲自来到城北小区视察，并在草坪中合影留念，附近的居民也纷纷来到城北公园采风观光和在草坪中拍照纪念。我也曾为城北小区写下《八月桂花香》、《城北杜鹃艳》和《园中闻啼鸟》的诗篇赞美它。

可是，因对草坪生长规律的认识不足，和管理方式上实行开放的原因，

公园里草坪存在时间不长，1997 年 7 月，因走的人多了它开始渐渐地褪去绿色的风光，逐渐变成为一个稍带黄色的草坪。

1999 年，上塘镇政府为使公园不逊色，确保城北小区公园的青春和活力，开始对公园和草坪进行第一次改造。它将公园改造为一个中央以花为轴心的公园形式；公园草坪第二次改造是在 2007 年，公园的中央设计一个小小的圆圈并栽有冬青，再在圆圈的中央植上一株桂花。但这两次的改造终未获成功，因为它设计简单，使公园既逊色又没有格调，简直不像一个公园，也不像一个花坛，使人非常失望。

2008 年下半年，公园进行了第三次改造，这一次改造非常成功，它使公园上到一个较高的档次，显得美观、大方、坚实。这次的公园设计非以草坪为主，而是花岗岩块石为主体的游乐场，四周配上阶条、台阶、植上

樟树，形成一个中央耸立石碑，以岩石为中心、花木为主角的新型的公园模式。如今城北小区公园坚持着的就是这种模式，它树木参天、绿道成荫、桂花飘香、环境清幽。虽与后来县城兴建的中塘溪公园、鹅浦河公园相比较为逊色，然它仍是上塘县城中一个充满活力的所在，特别是它在风雪之夜的妖娆美丽，和在洪水之中的那种勇敢和顽强的景象，仍令人留恋。

1999 年，城北小区草坪

上塘城北小区公园和草坪

图书在版编目（CIP）数据

永嘉文史资料 . 第三十六辑 / 永嘉县政协文化文史
和学习委员会编 . -- 北京 : 中国文史出版社 , 2022.10

　　ISBN 978-7-5205-3956-2

　　Ⅰ . ①永… Ⅱ . ①永… Ⅲ . ①文史资料—永嘉县
Ⅳ . ① K295.54

中国版本图书馆 CIP 数据核字 (2022) 第 215734 号

责任编辑：詹红旗

出版发行：中国文史出版社

社　　　址：北京市西城区太平桥大街 23 号邮编：100811
印　　　装：温州市北大方印务有限公司
经　　　销：全国新华书店
开　　　本：787mm×1092mm 1/16
印　　　张：20.5
字　　　数：184 千字
版　　　次：2022 年 12 月北京第 1 版
印　　　次：2022 年 12 月第 1 次印刷
定　　　价：88.00 元

文史版图书如有印、装错误，工厂负责退换。